本书为国家自然科学基金资助项目(项目编号：41776142)
本书为上海海洋大学与深圳市联成远洋渔业有限公司、华为云计算有限公司和上海观安
信息技术股份有限公司校企合作成果

神经网络模型及渔业应用

主　编　袁红春
副主编　张天蛟　梅海彬

上海交通大学 出版社
SHANGHAI JIAO TONG UNIVERSITY PRESS

内容提要:

本书详细介绍了人工神经网络和深度学习模型的原理,并在此基础上增加了关于渔业应用的实际案例以供学习。本书分为基础篇、实战篇及附录,基础篇共有 14 章,主要介绍神经网络和深度学习模型和算法,包括:绪论、人工神经网络基础、感知器、BP 网络、RBF 网络、对传网、Hopfield 网络、NARX 网络、自适应共振理论、深度信念网络、循环神经网络、卷积神经网络、生成式对抗网络和 Transformer 网络。实战篇主要为笔者团队长期积累的研究成果与实际案例,包括基于 BP 神经网络的溶解氧预测、基于 LSTM 的渔业产量预测、基于 CNN 的水产图像识别、基于 U-Net 的鱼群游动视频帧预测、基于 YOLOv5 的水下珍品目标检测、基于信息蒸馏的水下图像超分辨率生成。附录包括深度学习环境及 PyCharm 的搭建。

本书可作为高等院校人工智能、计算机、自动化、电子和通信等相关专业的研究生或本科生教材,也可供相关领域的研究人员和技术工程师参考。

图书在版编目(CIP)数据

神经网络模型及渔业应用 / 袁红春主编. -- 上海 :
上海交通大学出版社,2025.2. -- ISBN 978-7-313-24151
-1

Ⅰ. F326.4-39

中国国家版本馆 CIP 数据核字第 2025575V6K 号

神经网络模型及渔业应用

SHENJING WANGLUO MOXING JI YUYE YINGYONG

主　　编:	袁红春		
出版发行:	上海交通大学出版社	地　　址:	上海市番禺路 951 号
邮政编码:	200030	电　　话:	021-64071208
印　　制:	苏州市古得堡数码印刷有限公司	经　　销:	全国新华书店
开　　本:	787 mm×1092 mm　1/16	印　　张:	16
字　　数:	347 千字		
版　　次:	2025 年 2 月第 1 版	印　　次:	2025 年 2 月第 1 次印刷
书　　号:	ISBN 978-7-313-24151-1		
定　　价:	78.00 元		

前　言

人工神经网络是 20 世纪 80 年代以来人工智能领域的研究热点。它从信息处理角度对人脑神经元网络进行抽象，建立某种简单模型，按不同的连接方式组成不同的网络。在工程与学术界也常直接简称为神经网络或类神经网络。近十余年来，人工神经网络的研究持续深入，已经取得了很大的进展，其在模式识别、智能机器人、自动控制、预测估计、生物、医学、经济等领域已成功地解决了许多现代计算机难以解决的实际问题，表现出良好的智能特性。

深度学习的概念源于人工神经网络的研究。含多隐藏层的多层感知器就是一种深度学习结构。深度学习通过组合低层特征形成更加抽象的高层表示属性类别或特征，以发现数据的分布式特征表示。

笔者所在团队通过 20 余年钻研人工神经网络与深度学习模型在渔业领域的应用，在水质环境预测、渔业产量预测、水产图像识别与检测等方面取得了较大进展。

主要内容

全书分基础篇与实战篇共 15 章，基础篇第 1 章至第 14 章主要剖析了神经网络与深度学习相关理论；实战篇第 15 章是相关模型在渔业领域应用的实际案例。主要内容如下。

第 1 章首先介绍智能内涵、人工智能定义及学术流派，然后介绍人工神经网络概念、基本特点及其发展过程，以便读者对相关概念有基本了解。

第 2 章介绍人工神经网络的基本知识，主要包括：基本的生物神经网络模型，人工神经元模型及其典型的激活函数；人工神经网络的基本拓扑特性，有监督(Supervised)训练与无监督(Unsupervised)训练等基本概念。

第3章介绍感知器与人工神经网络的早期发展；线性可分问题与线性不可分问题；单层感知器的工作原理和感知器的训练算法以及异或问题及其解决方案。

第4章介绍BP网络的基本原理；BP训练算法中使用Delta学习规则(最速下降法)的理论推导；算法的收敛速度及其改进讨论和BP网络中的几个重要问题。

第5章介绍RBF网络的构成及其映射关系；训练准则和常用算法；RBF和BP网络对比。

第6章介绍对传网(CPN)的网络结构、Kohonen层与Grossberg层的正常运行、对传网关于输入向量的预处理要求与处理方法、Kohonen层的训练算法及其权矩阵的初始化方法；Grossberg层的训练和完整的对传网。

第7章介绍Hopfield神经网络的基本概念、网络结构和工作方式，并根据不同的研究问题对Hopfield神经网络做了分类；然后对Hopfield神经网络收敛到稳定状态做了相关证明；最后对Hopfield神经网络的应用领域进行了简要分析。

第8章介绍一种有外部输入的非线性自回归模型(NARX)，包括NARX网络的基本概念、基本结构以及两种NARX网络的训练算法，即RTRL算法与LM算法。最后举例说明了该网络在预测方面的应用。

第9章介绍自适应共振网络模型，包括：网络的可塑性与不可塑性；ART模型的总体结构，各模块功能；比较层的连接矩阵与识别层的连接矩阵的初始化；识别过程与比较过程，查找的实现和ART的训练。

第10章介绍深度信念网络模型及组成元件受限玻尔兹曼机的基本原理。

第11章介绍循环神经网络及LSTM模型的基本原理和改进。

第12章介绍卷积神经网络的网络结构和训练方法，以及常见的网络模型。

第13章介绍生成式对抗网络(GAN)的网络结构及其两个重要组成部分：生成网络和判别网络，以及它们的工作过程与原理。并且针对原始GAN存在的问题，提出若干具有里程碑意义的改进模型。

第14章介绍Transformer的网络结构和算法原理，以及基于Transformer的衍生模型。

第15章介绍神经网络在渔业领域中的应用案例，主要包括：基于BP神经网络的溶解氧预测、基于 LSTM 的渔业产量预测、基于 CNN 的水产图像识别、基于 U－Net 的鱼群游动视频帧预测、基于 YOLOv5 的水下珍品目标检测和基于信息蒸馏的水下图像超分辨率生成。

本书的附录为深度学习环境及 PyCharm 搭建教程。

本书特色：

（1）力求简单易懂，使用简单的语言描述神经网络的基本原理和算法；

（2）以具体实现及应用为导向，配有具体的渔业应用案例详解；

（3）案例使用简单易懂的高级程序设计语言 Python 作为编程语言，易学易实践。

本书由上海海洋大学信息学院袁红春教授担任主编，张天蛟和梅海彬老师担任副主编，主要内容由人工智能鱼实验室成员共同编写，其中，第 1 章由毛瑞和秦恩倩共同编写；第 2、13 章由秦恩倩编写；第 3、9 章由毛瑞编写；第 4、5 章由王丹编写；第 7 章由王越编写；第 8 章由王敏编写；第 10 章由周晖编写；第 11 章及案例 15.2 由陈璁昊、杨钰锐和高凯编写；第 6、12 章以及案例 15.1、15.3 和附录由陈冠奇编写；第 14 章由史经伟编写；案例 15.4、15.5 和 15.6 分别由蔡震宇、戚学通和孔令栋编写；赵诣参与了案例代码的调试和校对。本书部分案例成果来源于国家自然科学基金资助项目（项目编号：41776142）。卡内基梅隆大学袁樱对本书第 10～14 章提出了宝贵意见和建议，上海交通大学出版社张勇、倪华为出版本书所做的大量工作，提出很多宝贵的修改意见，在此一并表示衷心的感谢。

限于篇幅，加之水平有限，书中疏漏和错误之处在所难免，恳请读者批评并指正，我们视读者的满意为己任，更期待读者的宝贵建议和意见，如果您发现了错误或者对本书有任何看法，可通过电子邮箱 hcyuan@126.com 联系我们。如果您需要本书的样例代码也可发送邮件与我们联系。

目　录

基　础　篇

实　战　篇

附　　录

基　础　篇

第1章 概论

1.1 概述

1956年夏天，在美国达特茅斯学院举行了历史上第一次人工智能研讨会，被认为是人工智能诞生的标志。人类对人工智能的研究可以分成两种方式，这两种方式对应着两种不同的技术：从心理角度模拟的传统的人工智能技术和从生理角度模拟的基于人工神经网络的技术。目前，人们除了从不同的角度对这两种技术进行研究外，也已开始探讨如何能将这两种技术更好地结合起来，并且已取得了良好的效果。人们期待着通过大家的不懈努力，真正打开智能的大门。

本章从介绍智能和人工智能开始，然后介绍人工神经网络的基本特点及其发展过程，从而使读者对相关概念有一个基本了解。

1.2 人工神经网络提出

人工神经网络（artificial neural networks，ANN）自其被提出以来一直是自动化控制、计算机技术和人工智能等领域的研究热点。人工神经网络是仿生学的一个研究成果，是在模拟生物大脑对信息处理的基础上经过抽象而建立起来的数学模型，在处理非线性信息处理问题上拥有良好的表现。用计算机技术模拟人工神经网络是人工智能的一种研究方法，因此先介绍一下智能内涵、人工智能定义及学术流派等基本内容。

1.2.1 智能与人工智能

智能是指个体有目的的、行为合理的思维及有效地适应环境的综合能力。也可以说，智能是个体认识客观事物和运用知识解决问题的能力。所以，人类个体的智能是一种综合能力，具体可以包含如下8个方面。

1. 感知与认识客观世界和自我的能力

感知是人类在自然界中生存的最基本的能力，也是认识世界、推动社会发展的基础。

人类首先必须感知客观世界,使客观世界中的事物在自己的头脑中有一个反映,并根据事物反映出来的不同特性将事物区分开来,这是一切活动的基础。任何事物都有存在的价值,只有认识了事物我们才能制造出支持生存、生活的工具,才有可能不断地提高人类的生存能力并不断地改善人类的生活质量。因此可以说感知是智能的基础。

2. 通过学习取得经验与积累知识的能力

学习是人类在自然界中能够不断发展的最基本的能力。通过学习不断地取得经验和积累知识,进一步地增强了人类认识客观事物、客观世界和自我的能力,从而推动人类社会不断发展。而且随着社会的发展,知识的积累不仅孤立地发生在作为个体的人的身上,更重要的是这种积累能够代代相传,先辈们获取的经验、知识通过一定的形式传给下一代。正是这样,才使得人类所掌握的知识越来越多,越来越丰富,以至于人们称现在是知识爆炸的时代。这表明,随着社会的进步,人类的知识积累速度会不断加快。

3. 理解知识,运用知识和经验分析、解决问题的能力

这一能力可以算作是智能的高级形式,是人类对世界进行适当的改造推动社会不断发展的基本能力。有了知识以后,要使其发挥作用,必须运用这些知识和经验去分析和解决实际问题。所以作为教育的重要目标,我们要努力培养学生认识问题、分析问题和解决问题的能力。当知识得到恰当的应用后,会发挥巨大的作用。所以,不要只读书尤其不要死读书,要在灵活地运用书本知识的基础上去解决实际问题,并在应用中不断地丰富知识。

4. 联想、推理、判断、决策的能力

这是智能的高级形式的又一方面。人类通过这种能力,去促进对未来的甚至是未知事物的预测和认识,使我们具有了一定的判断未来、把握未来的能力,使我们对未来的东西也能有所准备,从而进一步增强了我们在这个世界上生存并不断发展的能力。我们说,无论是学习、工作还是生活都有"主动"和"被动"之分。联想、推理、判断决策的能力是"主动"的基础;同时,它也是我们有时要"主动"地采用"被动"策略去更有效地解决问题的基础——因为我们较好地掌握了事物发展的趋势。

5. 运用语言文字进行抽象、概括的能力

人类的语言和文字是最为丰富的,它除了可以表达实际世界中的事物外,还可以表达出人类的情感以及一些不可见的东西,这些使得我们的生活更加丰富多彩。抽象和概括已成为人类认识现实世界和未来世界的一个重要工具。从更高的形式来看,它是形式化描述的基础,而形式化描述则是计算机化、自动化的基础。

正是有了语言和文字,人类才有了交流,而且这种交流被广泛地扩展到了人与机器之间,使得机器能更好地完成人类所交付的各项任务。丰富的语言文字抽象和概括能力,使得其他方面的能力可以更充分地被发挥出来。

上述这5种能力,被认为是人类智能最基本的能力,从一定的意义上讲,后续的3种能力是这5种能力的综合表现形式。

6. 发现、发明、创造、创新的能力

这种能力主要是第3种能力的一种高级表现形式,在这里,我们强调更多的是创新能

力。因为只有创新,才能有活力,从而不断地发展。人类正是在不断地发明与创造中前进的。

7. 实时、迅速、合理地应对复杂环境的能力

这是实时反应能力,表示人类对自己遇到的环境及事物可以作出适当的反应。因为世界上几乎所有的事物都将时间作为一个"自变量",而且随其变化而变化,人类面对繁乱复杂的环境,必须有能力做出"实时"恰当的反应,从一定意义上说,这也是人类生存的基本能力。

8. 预测、洞察事物发展、变化的能力

这种能力可以根据历史的经验和现实的信息,判断事物的未来发展,以对未来将出现的事物做出必要的准备。

"人工智能"(artificial intelligence,AI)一词,是麦卡锡(J. McCarthy)1956 年在达特茅斯会议(Dartmouth Conference)上首次提出的。而人工智能真正的源头则要追溯到艾伦·图灵(A. M. Turing)在 1950 年发表的《计算机器和智能》中提到的"图灵测试"(Turing Test)。图灵测试是通过一套简单的测试给出了一个判定智能的标准,通过图灵测试的机器即为有智能、能思考的机器。这不仅引发了认知科学的巨大轰动,同时在认知哲学、心灵哲学、语言哲学界引发广泛讨论,随之而来,学科交叉发展出认知科学、认知哲学。

尼尔逊教授对人工智能作了这样一个定义:"人工智能是关于知识的学科——怎样表示知识以及怎样获得知识并使用知识的科学。"而另一位美国麻省理工学院的温斯顿教授认为,"人工智能就是研究如何使计算机去做过去只有人才能做的智能工作。"这些说法反映了人工智能学科的基本思想和基本内容。即人工智能是研究人类智能活动的规律,构造具有一定智能的人工系统,研究如何让计算机去完成以往需要人的智力才能胜任的工作,也就是研究如何应用计算机的软硬件来模拟人类某些智能行为的基本理论、方法和技术。

由于人类对自己的大脑确实知之甚少,所以自从"人工智能"一词诞生以来,人们从不同的出发点、方法学以及不同的应用领域出发进行了大量的研究。正是由于存在这些不同,导致了对人工智能的几种不同的认识,也就形成了不同的学术流派。较有代表性的包括:符号主义(符号逻辑主义)学派、连接主义(并行分布处理)学派和进化主义(行动响应)学派。

1.2.2 物理符号系统假说

物理符号系统(physical symbol system,PSS)是西蒙(Simon)和纽厄尔(Newell)提出的一个特殊类别的系统,他们对逻辑和计算机的研究,对探究人类智能本质奠定了至关重要的基础。

1. 约束条件

Newell 认为在建立一套心灵本质理论之前,需要了解作为心灵的约束条件,因为这

个心灵本质的理论一旦被构造出来,它就必须能够满足所有心灵的约束条件。他将这些条件概括如下。

(1) 表现普通环境中的任意功能。

(2) 在真实时间中运转。

(3) 展现理性,例如高效的自适应行为。

(4) 使用大量关于环境的知识。

(5) 面对错误、未料与未知,具有健全的表现。

(6) 使用符号(和抽象概念)。

(7) 使用(自然)语言。

(8) 展现自我意识及具有自我的感觉。

(9) 从环境中学习。

(10) 通过环境来习得能力。

(11) 通过进化来提升。

(12) 能在作为物理系统的大脑中可实现。

(13) 作为物理系统可实现。

对 Newell 而言,这些约束并不是同一层面的东西。他认为,物理符号系统关注的焦点在于如何为心灵研究寻找一个特定类别的系统作为理论基础。该系统至少能够满足两种约束条件——普遍性和符号行为,并且提供好的证据来使得其他约束条件得到满足。基于此,他们提出的物理符号系统结构如图 1-1 所示。

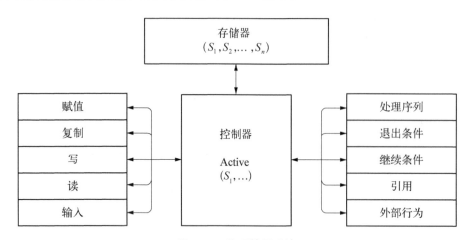

图 1-1　物理符号系统

S_1 物理符号系统包含一个存储器(memory)、一个控制器(control)、一套算子(operator)以及输入(input)和输出(output)。输入是指处于特定位置的对象,输出则是对那些在特定位置的对象进行修改或创造。大的环境系统加上符号系统就构成一个封闭的系统,输出对象可能成为下一个输入对象。它的内部状态由它的存储状态和控制状态构成,它的内部行为就是内部状态根据时间的变化。一个算子和一个输入连接就称为一个操作(operation)。这些行为通过控制器来支配。

2. 功能性操作

Newell 将一个特殊性的符号系统可以实现的功能性操作归纳如下。

(1) 赋值(assign)。一个赋值算子的功能就是建立一个符号和实体之间的联系。这里存在着一些重要性质：在任何时间，一个符号指向一个实体；许多符号可以指向同一个实体；一个符号可以被用来指向任何实体。

(2) 复制(copy)。系统获得一个表达式(没有限制)和一个符号。

(3) 写(write)。创造任意表达式。一个通用机器必须能够创造任意性质的表达式。

(4) 读(read)。获得在早先时间写入表达式的符号。要求系统存储器必须稳定。

(5) 处理序列(do sequence)。能够描述表达式的行为，不论是描述直接生成行为还是其他类型的描述，本质上都是操作的整合与合成。

(6) 退出条件和继续条件(exit-if and continue-if)。通过有条件地退出或继续一个序列，将符号转换为行为。

(7) 引用(quote)。将过程视为数据，不将这种算子解释为一个表达，而直接作为结果。

(8) 外部行为(behave)。存在一些类型的符号结构，它们指导器官产生外部行为。

(9) 环境输入(input)。输入算子被唤醒，凭借在存储器中的新产生的表达来将外部环境输入系统。

Simon 将特殊的符号系统扩展到普遍的物理符号系统，对上述功能整合并补充，提出了 6 种功能：输入、输出、存储、复制、建立符号结构和条件性转移。前几点都比较清楚，条件性转移是指根据原来存储的信息加上当前的输入信息而进行的活动。如果有条件 A，就进行活动 B；如果没有条件 A，就不进行活动 B。

在建构和阐述了一个物理符号系统之后，返回问题的起点，即回答心灵本质。Simon 和 Newell 在 1976 提出物理符号系统假说 PSSH，假说认为知识的基本元素是符号，智能的基础依赖于知识，研究方法则是用计算机软件和心理学方法进行宏观上的人脑功能的模拟。PSSH 认为一个物理符号系统对于一般智能行为而言，是充分和必要的。

"必要性"是指任何表现出智能的系统都是一个物理符号系统。"充分性"是指任何物理符号系统都能够表现出一般性智能。"一般性的智能行为"是指与人类行为相同范围的那些行为。在 Simon 看来，任何智能的系统都必须能够执行上述 6 种功能，而任何具有上述 6 种功能的系统就能表现出智能性。

进而由此物理符号系统假说得出 3 个推论：① 人具有智能，所以人是物理符号系统；② 计算机是物理符号系统，所以计算机能表现出智能；③ 人是物理符号系统，计算机是物理符号系统，所以计算机可以模拟人的活动。

1.2.3 连接主义观点

为了研究智能，在现代神经科学的研究成果的基础上，人们提出了另一种观点：智能的本质是连接机制。神经网络是一个由大量简单的处理单元组成的高度复杂的大规模非线性自适应系统。虽然按此说法刻画的神经网络未能将其所有的特性完全描述出来,但它却从以下4个方面出发,力图最大限度地体现人脑的一些基本特征,同时使得人工神经网络具有良好的可实现性。人工神经网络就是力求从这4个方面去模拟人脑的智能行为。

1. 物理结构

现代神经科学的研究结果认为,大脑皮层是一个广泛连接的巨型复杂系统,它包含有大约一千亿个神经元,这些神经元通过一千万亿个连接构成一个大规模的神经网络系统。人工神经网络也将是由与生物神经元类似的人工神经元通过广泛的连接构成的。人工神经元将模拟生物神经元的功能,它们不仅具有一定的局部处理能力,同时还可以接收来自系统中其他神经元的信号,并可以将自己的"状态"按照一定的形式和方式传送给其他的神经元。

2. 计算模拟

人脑中的神经元既有局部的计算和存储功能,又通过连接构成一个系统。人脑的计算就是建立在这个系统的大规模并行模拟处理的基础上的。各个神经元可以接受系统中其他神经元通过连传送过来的信号,通过局部的处理,产生一个结果,再通过连接将此结果发出去。神经元接收和传送的信号被认为是模拟信号。所有这些,对大脑中的各个神经元来说都是同时进行的,因此该系统是一个大规模并行模拟处理系统。由于人工神经网络中存在大量具有局部处理能力的人工神经元,该系统能够实现信息的大规模并行处理,从而提高其性能。

3. 存储与操作

研究认为大脑对信息的记忆是通过改变突触(synapse)的连接强度来实现的。神经元之间的连接强度确定了它们之间传递的信号的强弱,而连接强度则由相应的突触决定。即除神经元的状态所表现出的信息外,其他信息都被以神经元之间连接强度的形式分布存放。存储区与操作区合二为一。这里的处理是按大规模、连续模拟的方式进行的。由于其信息是由神经元的状态和神经元之间实现连接的突触的强弱所表达的,所以说信息的分布存放是它的另一个特点。这是人工神经网络模拟实现生物神经系统的第3大特点。

信息的大规模分布存放给信息的充分并行处理提供了良好的基础。同时,这些特性又使系统具有了较强的容错能力和联想能力,也给概括、类比、推广提供了强有力的支持。

4. 训练

生活实践的经验告诉我们,人的大脑的功能除了受到先天因素的限制外,还被后天的训练影响。在先天因素和后天因素中,后天的训练更为重要。一个人的学习经历、工作经历都是他的宝贵财富。这些研究表明,人脑具有很强的自组织和自适应性。同我们看到的表象不同,从生理的角度来讲,人的许多智力活动并不是按逻辑方式进行的而是通过训练形成的。所以,人工神经网络将根据自己的结构特性使用不同的训练学习过程,自动从"实践"中获取相关的知识,并将其存放在系统内。这里的"实践"就是训练样本。

实际上,虽然人类对神经网络的研究起源很早,然而真正广泛地将其用作人工智能的一项新的技术来研究只是几十年的事。这种努力在 20 世纪 60 年代受到挫折后,停顿了近 20 年。后来,人们发现传统的人工智能技术要在近期取得大的突破还较为困难,同时加上人们在生物神经网络和人工神经网络方面研究的进展,重新唤起了人们对用人工神经网络来实现人工智能的兴趣。希望通过共同的努力,尽快构造出一个较为理想的人工智能系统。

为此,许多邻域科学家分别从各自的学科入手,交叉联合,进行研究。所以说,人工神经网络理论是许多学科共同努力的结果。这些学科主要包括神经科学、生物学、计算机科学与技术、生理学、数学、工程、心理学、哲学和语言学等。

1.2.4　两种模型的比较

基于人脑的不同智能行为,将其分为基于心理过程和生理过程的两个方面进行对比,其区别如表 1-1 所示。

物理符号系统主要是从人的心理学出发,旨在模拟人类问题求解的心理过程。它模拟人的逻辑思维,可以将它看作是思维的高级形式。而在许多系统中,一些形象思维的处理若用逻辑思维来实现,会导致处理效率不高,如图像处理类问题。

表 1-1　两种模拟的区别

智 能 行 为	心 理 过 程	生 理 过 程
模拟方式	物理符号系统	人工神经网络
处理方式	逻辑运算	模拟运算
执行方式	串行	并行
动作	离散	连续
存储	局部集中	全局分布

作为连接主义观点的人工神经网络,它是从仿生学出发,从生理模拟的角度去研究人的思维。它是对人的形象思维的模拟,是人类思维的低级形式。从目前的研究结果来看,由于这种系统存在非精确性的特点,使得它对以逻辑思维为主进行求解的问题的处理较为困难。图 1-2 给出了两种系统与人类思维形式的对应比较。

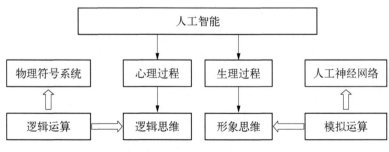

图 1-2　两种模型的模拟对照

这两种观点导致了两种不同的人工智能技术：基于物理符号系统的传统人工智能技术和基于连接主义观点的人工神经网络技术。从表 1－2 中可以看出，这两种技术导致处理问题方法的不同，使得相应系统的开发方法和适应的对象有着很大的区别。他们的关系并不是完全可以互相取代的，而是有着不同的应用面。

表 1－2　两种人工智能技术的比较

对 比 项	基于物理符号系统的 传统人工智能技术	基于连接主义观点的 神经网络技术
基本实现方式	串行	并行
基本开发方法	设计规则、框架、程序；用样本数据 进行调试	定义人工神经网络的结构原型，通过样本数据，依据基本的学习算法完成学习——自动从样本数据中抽取内涵
适用领域	精确计算：符号处理，数值计算	非精确计算：模拟处理，大规模数据并行处理
思维模式	逻辑思维	形象思维

1.3　人工神经网络的特点

信息的分布表示、运算的全局并行和局部操作、处理的非线性是人工神经网络的 3 大特点。其构造和处理均是围绕这 3 点进行的。

1.3.1　人工神经网络的概念

1. 定义

人工神经网络是人脑及其活动的一个理论化的数学模型，它由大量的处理单元通过适当的方式互联构成，是一个大规模的非线性自适应系统。1988 年，Robert Hecht － Nielsen 曾经给人工神经网络定义如下。

人工神经网络是一个并行、分布处理结构，它由处理单元及称为连接的无向信号通道互连而成。这些处理单元（processing elememt，PE）具有局部内存，并可以完成局部操作。每个处理单元有一个单一的输出连接，这个输出可以根据需要被分支成希望个数的许多并行连接，且这些并行连接都输出相同的信号，即相应地处理单元的信号，信号的大小不因分支的多少而变化。处理单元的输出信号可以是任何需要的数学模型，每个在处理单元中进行的操作必须是完全局部的，也就是说，它必须仅仅依赖于经过输入连接到达处理单元的所有输入信号的当前值和存储在处理单元局部内存中的值。

该定义主要强调了 4 方面的内容：① 并行、分布处理结构；② 一个处理单元的输出可以被任意分支，且大小不变；③ 输出信号可以是任意的数学模型；④ 处理单元完全的局部操作。这里说的处理单元就是人工神经元（artificial neuron，AN）。

按照 Rumellhart、McClelland、辛顿(Hinton)等人提出的并行分布模型(parallel distributed processing，PDP)理论框架(简称为 PDP 模型)，人工神经网络由 8 个方面的要素组成。

(1) 一组处理单元(PE 或 AN)。

(2) 处理单元的激活状态(a_i)。

(3) 每个处理单元的输出函数(f_i)。

(4) 处理单元之间的连接模式。

(5) 传递规则($\sum w_{ij}O_i$)。

(6) 把处理单元的输入及当前状态结合起来产生激活值的激活规则(F_i)。

(7) 通过经验修改连接强度的学习规则。

(8) 系统运行的环境(样本集合)。

可以将 PDP 模型表示成图 1－3 的形式。

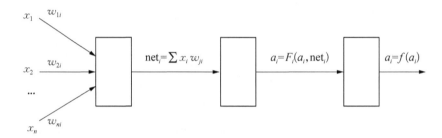

图 1－3　PDP 模型下的人工神经元网络模型

以上定义比较详细、复杂。为了使用方便，1987 年，辛普森(Simpson)从人工神经网络的拓扑结构出发，给出了一个虽然不太严格但却是简明扼要的定义：人工神经网络是一个非线性的有向图，图中含有可以通过改变权大小来存放模式的加权边，并且可以从不完整的或未知的输入找到模式。它对一般的应用来说，是足以说明问题的。

2. 人工神经网络特征

人工神经网络除了可以叫做并行分布处理系统外，还可以叫做人工神经系统(ANS)、神经网络(NN)、自适应系统(adaptive systems)、自适应网(adaptive networks)、连接模型(connectionism)、神经计算机(neurocomputer)等。

人工神经网络不仅在形式上模拟了生物神经系统，而且它也确实具备大脑的一些基本特征。

(1) 神经元及其连接。从系统构成的形式上看，由于人工神经网络是受生物神经系统的启发构成的，从神经元本身到连接模式，基本上都是以与生物神经系统相似的方式工作的。这里的人工神经元(AN)与生物神经元(BN)相对应，可以改变强度的连接则与突触相对应。

(2) 信息的存储与处理。从表现特征上来看，人工神经网络也力求模拟生物神经系统的基本运行方式。例如,可以通过相应的学习/训练算法,将蕴含在一个较大数据集中的数据联系抽象出来。就像人们可以不断地摸索规律、总结经验一样,可以从先前得到的例子中按要求产生出新的实例,在一定程度上实现"举一反三"的功能。

1.3.2　学习能力

人工神经网络可以根据所在的环境去改变它的行为。也就是说,人工神经网络可以接受用户提交的样本集合,依照系统给定的算法,不断地修正用来确定系统行为的神经元之间连接的强度,而且在网络的基本构成确定之后,这种改变是根据其接受的样本集合自然地进行的。一般来说,用户不需要再根据所遇到的样本集合去对网络的学习算法做相应的调整。也就是说,人工神经网络具有良好的学习功能。由于在传统的人工智能系统的研究中,虽然人们对机器学习问题给予了足够的重视并倾注了极大的努力,但是,系统的自学习能力差依然是其获得广泛应用的最大障碍。而人工神经网络具有良好的学习功能的这一性能,使得人们对它产生了极大的兴趣。人工神经网络的这一特性被称为"自然具有的学习功能",这与传统的人工智能系统总要花较大的力气去研究系统的学习问题形成对照。

在学习过程中,人工神经网络不断地从所接受的样本集合中提取该集合所蕴含的基本东西,并将其以神经元之间的连接权重的形式存放于系统中。例如,可以构造一个异相联的网络,它在接受样本集合 A 时,可以抽取集合 A 中输入数据与输出数据之间的映射关系。如果样本集合变成了 B,它同样可以抽取集合 B 中输入数据与输出数据之间的映射关系。再例如,对于某一模式,可以用它的含有不同噪声的数据去训练一个网络,在这些数据选择得比较恰当的前提下,可以使得网络今后在遇到类似的含有一定缺陷的数据时,仍然能够得到它对应的完整的模式。也可以说,这表明,人工神经网络可以学会按要求产生它从未遇到过的模式。有时候,又将人工神经网络的这一功能叫做抽象功能。

目前,对应不同的人工神经网络模型有不同的学习/训练算法,有时,同种结构的网络也拥有不同的算法,以适应不同的应用要求。对一个网络模型来说,其学习/训练算法是非常重要的。例如,作为一般的多级网络学习/训练算法的 BP 算法,虽然已被发现并应用多年,但仍然有许多人还在研究如何提高它的训练速度和性能。

1.3.3　普化能力

由于其运算的不精确性,人工神经网络在被训练后,对输入的微小变化是不反应的。与事物的两面性相对应,虽然在要求高精度计算时,这种不精确性是一个缺陷,但是,有些场合又可以利用这一点获取系统的良好性能。例如,可以使这种不精确性表现成去噪声、容残缺的能力,而这对模式识别有时恰好是非常重要的。还可以利用这种不精确性,比较自然地实现模式的自动分类。

尤其值得注意的是,人工神经网络的这种特性不是通过隐含在专门设计的计算机程序中的人类的智能来实现的,而是其自身的结构所固有的特性所产生的。

1.3.4　信息的分布存储

信息的分布存储给人工神经网络提供了另一种特殊的功能。由于一个信息被分布存放在几乎整个网络中,所以,当其中的某一个点或者某几个点被破坏时,信息仍然可以被存取。这能够保证系统在受到一定的损伤时还可以正常工作。但是,这并不是说,可以任意地对完成学习的网络进行修改。也正是由于信息的分布存储,对一类网络来说,当它完成学习后,如果再让它学习新的知识,这时就会破坏原来已学会的知识,BP 网就是这类网。

1.3.5　适用性问题

人工神经网络并不是可以解决所有问题的,它应该有自己的适用范围。人脑既能进行形象思维又能进行逻辑思维,传统的人工智能技术模拟的是逻辑思维,后来的人工神经网络模拟的是形象思维,而这两者的适用范围不同,人工神经网络擅长适用形象思维的问题的处理。主要包括两个方面。

(1) 对大量的数据进行分类,并且只有较少的几种情况。

(2) 必须通过学习形成一个复杂的非线性映射。

这两个方面对传统的人工智能技术来说都是比较困难的。目前,人们主要将其用于语音处理、图像识别、计算机视觉等方面。此外,在数据压缩、模式匹配、系统建模、模糊控制、求组合优化问题的近似解等方面也有较好的应用。

1.4　人工神经网络简史

人工神经网络的发展并不是一帆风顺的,从人类对智能行为的探索至今,发展曲折。其发展史大致分为以下 7 个时期。

1.4.1　孕育期(1800—1940)

人工神经网络是指对人类的生理行为进行模拟。人类对生理的探索以及对神经元的认知大致发生在 19 世纪～20 世纪上半叶的时间段。

1872 年,在意大利的一家厨房中产生了神经科学的一次重大发现。帕维亚大学年轻的医学研究生卡米洛·高尔基(Camillo Golgi)出于对大脑的强烈兴趣建立了一个简易实验室。困扰高尔基的问题是关于物质脑的本质:脑是由什么组成的? 那时,尽管可将大脑切成碎片,但在显微镜下只能观察到一堆均质的苍白色浆状物。高尔基徒手将脑组织切成薄片,用重铬酸钾-硝酸银浸染法染色,第一次在显微镜卜观察到了神经细胞和神经胶质细胞。这为神经科学的研究提供了最为基本的组织学方法。

之后,西班牙神经组织学家圣地亚哥·拉蒙·卡哈尔(Santiago Ramón y Cajal)在

Golgi 染色法的基础上发明了独创的银染法——还原硝酸银染色法,此法可显示神经纤维的微细结构。他发现神经细胞之间没有原生质的联系,因而提出神经细胞是整个神经活动最基本的单位(故称神经元),从而使复杂的神经系统有了进一步研究的切入口。

1906 年,Santiago Ramón y Cajal 与 Camillo Golgi 共同获得诺贝尔生理学或医学奖。

1.4.2　萌芽期(1941—1950)

自艾伦·麦席森·图灵(Alan Mathison Turing)在他的文章 *Computing Machinery and Intelligence* 中提出了几个标准来评估一台机器是否可以被认为是智能的,从而被称为图灵测试后,人们对利用机器模拟人脑建立了相应的评判标准。

起初,人类对自己的智能研究,有着各种各样的推测。这些推测既有生理方面的,也有精神方面的。一直到神经解剖学家和神经生理学家提出人脑的"通信连接"机制后,人类才对人脑有了一点了解。到了 20 世纪 40 年代初期,对神经元的功能及其功能模式的研究结果才足以使研究人员通过建立起一个数学模型来检验他们提出的各种猜想。

1943 年,美国神经生理学家沃伦·麦卡洛克(Warren Mcculloch)和数学家沃尔特·皮茨(Walter Pitts)合写了一篇关于神经元如何工作的开拓性文章:《神经活动中思想内在性的逻辑演算》(*A Logical Calculus of Ideas Immanent in Nervous Activity*)。该文指出,脑细胞的活动像断/通开关,这些细胞可以按各种方式相互结合,进行各种逻辑运算。按此想法,他们用电路构成了简单的神经网络模型,并预言大脑的所有活动最终将被解释清楚。虽然问题并非如此简单,但它给人们一个信念,即大脑的活动是依靠脑细胞的组合连接实现的。文章首次提出神经元的 M - P 模型,该模型借鉴了已知的神经细胞生物过程原理,是第一个神经元数学模型,此模型沿用至今,并且直接影响着这一领域研究的进展。因而他们两人可称为人工神经网络研究的先驱。

1949 年,唐纳德·赫布(Donald Olding Hebb)提出的 Hebb 学习规则为神经网络的学习算法奠定了基础,在此基础上,人们提出了各种学习规则和算法,以适应不同网络模型的需要。巴甫洛夫(Ivan Petrovich Pavlov)的条件反射实验:每次给狗喂食前都先响铃,时间一长,狗就会将铃声和食物联系起来。以后如果响铃但是不给食物,狗也会流口水。Hebb 学习规则与"条件反射"机理一致,并且已经得到了神经细胞学说的证实。

受该实验的启发,Hebb 的理论认为在同一时间被激发的神经元间的联系会被强化。比如,铃声响时一个神经元被激发,在同一时间食物的出现会激发附近的另一个神经元,那么这两个神经元间的联系就会强化,从而记住这两个事物之间存在着联系。相反,如果两个神经元总是不能同步激发,那么它们间的联系将会越来越弱。

1.4.3　第一次高潮期:感知机(Perception)(1958—1968)

感知器是弗兰克·罗森布莱特(Frank Rosenblatt)在 1957 年就职于康奈尔航空实验

室(Cornell Aeronautical Laboratory)时所发明的一种人工神经网络。它可以被视为一种最简单形式的前馈式人工神经网络,是一种二元线性分类器。

为了"教导"感知机识别图像,Rosenblatt 在 Hebb 学习法则的基础上,发展了一种迭代、试错、类似于人类学习过程的学习算法——感知机学习。除了能够识别出现较多次的字母,感知机也能对不同书写方式的字母图像进行概括和归纳。但是,由于本身的局限,感知机除了那些包含在训练集里的图像以外,不能对受干扰(半遮蔽、不同大小、平移、旋转)的字母图像进行可靠的识别。

首个有关感知器的成果,由 Rosenblatt 于 1958 年发表在 *The Perceptron: A Probabilistic Model for Information Storage and Organization in the Brain* 的文章里。1962 年,他又出版了 *Principles of Neurodynamics: Perceptrons and the theory of brain mechanisms* 一书,向大众深入解释感知机的理论知识及背景假设。此书介绍了一些重要的概念及定理证明,例如感知机收敛定理。

1959 年,美国著名工程师威德罗(B. Widrow)和霍夫(M. Hoff)等人提出了自适应线性元件(Adaptive linear element,Adaline)和 Widrow-Hoff 学习规则(又称最小均方差算法或称 δ 规则)的神经网络训练方法,并将其应用于实际工程,成为第一个用于解决实际问题的人工神经网络,促进了神经网络的研究应用和发展。ADALINE 网络模型是一种连续取值的自适应线性神经元网络模型,可以用于自适应系统。

1.4.4　冰河期(1969—1981)

虽然最初被认为有着良好的发展潜能,但感知机最终被证明不能处理诸多的模式识别问题。1969 年,马文·明斯基(Marvin Minsky)和西蒙·派珀特(Seymour Papert)在 *Perceptrons* 书中,仔细分析了以感知机为代表的单层神经网络系统的功能及局限,证明感知机不能解决简单的异或(XOR)等线性不可分问题,但 Rosenblatt 和 Minsky 及 Papert 等人在当时已经了解到多层神经网络能够解决线性不可分的问题。

在冰河期的过程中,仍有很多科学家作出了不小的贡献。主要积极成果有 Arbib 的竞争模型、芬兰科荷伦(Kohonen)教授的自组织特征映射模型(Self-Organizing feature Map,SOM)、美国格罗斯伯格(Grossberg)教授的自适应共振理论模型(Adaptive Resonance Theory, ART)、日本福岛(Fukushima)的新认知机和鲁梅尔哈特(Rumellhart)等人的并行分布处理模型。

1.4.5　第二次高潮期:Hopfield 神经网络(1982—1995)

随着人们对感知机兴趣的衰退,神经网络的研究沉寂了相当长的时间。直到美国加州理工学院生物物理学家约翰·霍普菲尔德(John Hopfield)的两篇重要论文分别于 1982 年和 1984 年在美国科学院院刊上发表。神经网络的研究迎来新的高潮期。

1982 年,John Hopfield 提出循环网络,并将 Lyapunov 函数引入人工神经网络,作为网络性能评定的能量函数,阐明了人工神经网络与动力学的关系,用非线性动力学的方法来研究人工神经网络的特性,建立了人工神经网络稳定性的判别依据,指出信息被存放在网络中神经元的连接上。实际上,这里所指的信息是指长期存储的信息(Long Term Memory)。这是一个突破性的进展。

1984 年,John Hopfield 设计研制了后来被人们称为 Hopfield 网的电路。在这里,人工神经元被用放大器来实现,而连接则是用其他电子线路实现的。作为该研究的一项应用验证,它较好地解决了著名的 TSP 问题,找到了最佳解的近似解,并引起了较大轰动。

1985 年,美国加州大学圣地亚哥分校(UCSD)的 Hinton、塞伊诺夫斯基(Sejnowsky)、Rumelhart 等人所在的并行分布处理(PDP)小组的研究者在 Hopfield 网络中引入了随机机制,提出所谓的 Boltzmann 机。在这里,他们借助于统计物理学的方法,首次提出了多层网的学习算法。但由于它的不确定性,其收敛速度成了较大的问题,目前主要用来使网络逃离训练中的局部极小点。

1986 年,并行分布处理小组的 Rumelhart 和 McClelland 为首的科学家重新提出一种适用于多层感知器的反向传播算法—BP 算法,较好地解决了多层网络的学习问题。BP 算法在传统神经网络正向传播的基础上,增加了误差的反向传播过程。反向传播过程不断地调整神经元之间的权值和阈值,直到输出的误差减小到允许的范围之内,或达到预先设定的训练次数为止。BP 算法完美地解决了非线性分类问题,这让人工神经网络再次引起人们广泛的关注。

人们重新认识到神经网络的威力以及付诸应用的现实性。随即,一大批学者和研究人员围绕着 Hopfield、Hinton 等提出的方法展开了进一步的工作,形成了 80 年代中期以来人工神经网络的研究热潮。1987 年 6 月在美国加州举行的第一届神经网络国际会议就有 1 000 余名学者参加。1990 年 12 月,国内首届神经网络大会也在北京成功举行。

1.4.6 沉寂期(1996—2005)

神经网络由于其浅层结构容易过拟合以及参数训练速度慢等原因,曾经火热的神经网络又慢慢地淡出了人们的视线。

步入 20 世纪 90 年代后,人们发现,关于人工神经网络还有许多待解决的问题,其中包括许多理论问题。所以,近期要想用人工神经网络的方法在人工智能的研究中取得突破性的进展还为时过早。因此又开始了新一轮的再认识。

与此同时,许多研究者致力于根据实际系统的需要,改进现有的模型和基本算法,以获取较好的性能。例如,1997 年,Sepp Hochreiter 和 Jurgen Schmidhuber 首先提出长短期记忆(LSTM)模型。

1.4.7 繁荣期:深度学习(2006 年—至今)

2006 年,由 Hinton 等人正式提出了深度学习的概念。他们在世界顶级学术期刊《科学》发表的一篇文章中详细地给出了"梯度消失"问题的解决方案——通过无监督的学习方法逐层训练算法,再使用有监督的反向传播算法进行调优。该深度学习方法的提出,立即在学术圈引起了巨大的反响,以斯坦福大学、多伦多大学为代表的众多世界知名高校纷纷投入巨大的人力、财力进行深度学习领域的相关研究,而后又迅速蔓延到工业界。

2011 年,由斯坦福大学计算机科学教授吴恩达(Andrew Ng)和谷歌工程师杰夫·迪恩(Jeff Dean)共同主导的深度神经网络技术在图像识别领域取得了惊人的成绩。他们建立的神经网络在 16 000 个服务处理器上运行,随机上传了 1 000 万张没有标签的来自 YouTube 的截图,经过为期 3 天的处理,返回了一个包含 3 个模糊图像的输出,这些图像描述了它在测试图像中一次又一次看到的"图案"——人脸、人体和猫。在计算机视觉任务中使用神经网络和无监督学习,是一个重大突破。该事件也标志着谷歌大脑项目(Google Brain Project)的开始。

2012 年,在著名的 ImageNet 图像识别大赛中,多伦多大学教授杰弗里·辛顿(Geoffrey Hinton)领导的小组采用深度学习模型 AlexNet 一举夺冠。AlexNet 的 Top-5 错误率是 15.3%,而使用传统方法的第二名的成绩是 26.2%。AlexNet 采用 ReLU 激活函数,从根本上解决了梯度消失问题,并采用 GPU 极大地提高了模型的运算速度。深度学习算法在世界大赛中脱颖而出,也再一次吸引了学术界和工业界对深度学习领域的关注。

随着深度学习技术的不断进步以及数据处理能力的不断提升,2014 年,Facebook 基于深度学习技术的 DeepFace 项目,在人脸识别方面的准确率已经能达到 97% 以上,跟人类识别的准确率几乎没有差别。这样的结果也再一次证明了深度学习算法在图像识别方面一骑绝尘。

2016 年,随着谷歌公司基于深度学习开发的 AlphaGo 以 4∶1 的比分战胜了国际顶尖围棋高手李世石,深度学习的热度一时无两。后来,AlphaGo 又接连和众多世界级围棋高手过招,均取得了完胜。这也证明了在围棋界,基于深度学习技术的机器人已经超越了人类,AlphaGo 的出现把深度学习推向了一个新的高度。

2017 年,基于强化学习算法的 AlphaGo 升级版 AlphaGo Zero 横空出世。其采用"从零开始""无师自通"的学习模式,以 100∶0 的比分轻而易举打败了之前的 AlphaGo。除了围棋,它还精通国际象棋等其他棋类游戏,可以说是真正的棋类"天才"。此外在这一年,深度学习的相关算法在医疗、金融、艺术、无人驾驶等多个领域均取得了显著的成果。所以,也有专家把 2017 年看作是深度学习甚至是人工智能发展最为突飞猛进的一年。

本章小结

本章介绍了人工智能的基本概念、发展历史及研究方向。在人工智能领域中,专家学者主要从人类的心埋和生埋两个角度来探索和模拟生物智能,并形成了两种主要的人工智能技术,即基于逻辑运算的物理符号系统和基于模拟运算的人工神经网络。

本章还回顾了人工神经网络发展历史,将其划分为 7 个历史时期,并分析列举了各个时期的重要人物及主要成果,从人工神经网络发展历史可以看出,其发展并不是一帆风顺的,而是呈现出冷热交替的模式。随着人们对生物智能和人工智能的深入研究,不断地发现现有模式的局限性,不断地去解决和完善,从而不断推动人工智能技术的理论创新和应用实践。

参考文献

［1］蒋宗礼.人工神经网络导论[M].北京：高等教育出版社,2002.

［2］TURING A M. Computing Machinery and Intelligence[J]. Mind（New Series），1950，59（236）：433－460.

［3］MCCULLOCH W S, Pitts W. A Logical Calculus of the Idea Immanent in Nervous Activity[J]. Bulletin of Mathematical Biology，1943，5（4）：115－133.

［4］NEWELL A. Physical symbol systems[J]. Cognitive science，1980,4（2）：139.

［5］HOPFIELD J J. Neural networks and physical systems with emergent collective computational abilities[J]. Proceedings of the National Academy of Sciences of the United States of America，1982，79（8）：2554－2558.

［6］ROSENBLATT F. The perceptron：A probabilistic model for information storage and organization in the brain[J]. Psychological Review，1958，65（6）：386－408.

［7］WHITE B W, ROSENBLATT F. Principles of Neurodynamics：Perceptrons and the Theory of Brain Mechanisms[J]. The American Journal of Psychology，1963，76（4）：705.

［8］司马贺.人类的认知：思维的信息加工理论[M].荆其诚,张厚粲,译.北京：科学出版社,1986.

［9］冯祥.智能的核心是计算吗？[D].济南：山东大学,2017.

［10］焦李成,杨淑媛,刘芳,等.神经网络七十年：回顾与展望[J].计算机学报,2016,39（8）：1697－1716.

［11］胡守仁.神经网络导论[M].长沙：国防科技大学出版社,1993.

［12］刘毅娟,雷鸣,何旸,等.人工神经网络概述[J].电子测试,2015（11）：74－75.

［13］丁士圻,郭丽华. 人工神经网络基础[M].哈尔滨：哈尔滨工程大学出版社,2008.

第2章 人工神经网络基础

2.1 概述

人工神经网络是人们根据对生物神经网络的研究成果设计出来的，它由一系列的神经元及其相应的连接构成，具有良好的数学描述，不仅可以用合适的电子线路来实现，还可以方便地用计算机程序加以模拟。本章将介绍人工神经网络的基本知识，主要包括：基本的生物神经网络模型、人工神经元模型及其典型的激活函数、人工神经网络的基本拓扑特性、存储类型(CAM-LTM, AM-STM)及映像、有监督(supervised)训练与无监督(unsupervised)训练等基本概念。

2.2 生物神经网络

由于人工神经网络是受生物神经网络的启发构造而成的，所以在开始讨论人工神经网络之前，有必要首先考虑人脑皮层神经系统的组成。

科学研究发现，人的大脑中大约含有 10^{11} 个生物神经元，它们通过 10^{15} 个连接被连成一个系统。每个神经元具有独立地接受、处理和传递电化学(electrochemical)信号的能力。这种传递经由构成大脑通信系统的神经通路所完成。如图 2-1 所示是生物神经元及其相互连接的典型结构。为清楚起见，在这里只画出了两个神经元，其他神经元及其相互之间的连接也与此类似。

如图 2-1 所示，枝蔓树突(dendrite)从胞体(soma 或 cell body)伸向其他神经元，这些神经元在被称为突触(synapse)的连接点接收信号。在突触的接受侧，信号被送入胞体，这些信号在胞体里被综合。其中有的输入信号起刺激(excite)作用，有的起抑制作用(inhibit)。当胞体中接受的累加刺激超过一个阈值时，胞体就被激发，此时它沿轴突通过枝蔓向其他神经元发出信号。

在这个系统中，每一个神经元都通过突触与系统中很多其他的神经元相联系。研究认为，同一个神经元通过由其伸出的树突发出的信号是相同的，而这个信号可能对接收它的不同神经元有不同的效果,这一效果主要由相应的突触决定:突触的"连接强度"越大,接收的信号就越强;反之,突触的"连接强度"越小,接收的信号就越弱。突触的"连接强度"可以随着系统受到的训练而被改变。

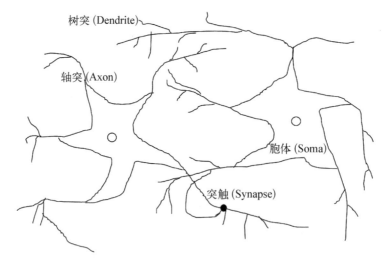

图 2-1　典型的生物神经元

总结起来,生物神经系统有如下 6 个基本特征。

(1)神经元及其连接。

(2)神经元之间的连接强度决定信号传递的强弱。

(3)神经元之间的连接强度是可以随训练而改变的。

(4)信号可以是起刺激作用的,也可以是起抑制作用的。

(5)一个神经元接收的信号的累积效果决定该神经元的状态。

(6)每个神经元可以有一个"阈值"。

2.3　人工神经元

从上述可知,神经元是构成神经网络的最基本单元(构件)。因此,要想构造一个人工神经网络系统,首要任务是构造人工神经元模型。这个模型不仅是简单容易实现的数学模型,而且它还应该具有生物神经元的六个基本特性。

2.3.1　人工神经元的基本构成

根据上述对生物神经元的讨论,希望人工神经元可以模拟生物神经元的一阶特性——输入信号的加权和。

对于每一个人工神经元来说,它可以接受一组来自系统中其他神经元的输入信号,每个输入对应一个权,所有输入的加权和决定该神经元的激活(Activation)状态。这里,每

个权就相当于突触的"连接强度"。基本模型如图
2-2所示。

设 n 个输入分别用 x_1，x_2，$\cdots$，x_n 表示，它们对
应的连接权值依次为 w_1，w_2，$\cdots$，w_n，所有的输入
及对应的连接权值分别构成输入向量 $\boldsymbol{X}$ 和连接权向
量 $\boldsymbol{W}$

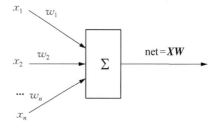

图 2-2　不带激活函数的人工神经元

$$\boldsymbol{X}=(x_1,\ x_2,\ \cdots,\ x_n)$$
$$\boldsymbol{W}=(w_1,\ w_2,\ \cdots,\ w_n)^{\mathrm{T}}$$

用 net 表示该神经元所获得的输入信号的累积效果，为简便起见，称之为该神经元的
网络输入。

$$\mathrm{net}=\sum x_i w_i \tag{2-1}$$

写成向量形式，则有

$$\mathrm{net}=\boldsymbol{XW} \tag{2-2}$$

2.3.2　激活函数

神经元在获得网络输入后，它应该给出适当的输出。按照生物神经元的特性，每个神
经元有一个阈值，当该神经元所获得的输入信号的累积效果超过阈值时，它就处于激发
态；否则，应该处于抑制态。为了使系统有更宽的适用面，希望人工神经元有一个更一般
的变换函数，用来执行对该神经元所获得的网络输入的变换，这就是激活函数（Activation
Function），也可以称之为激励函数、活化函数。用 f 表示。

$$o=f(\mathrm{net}) \tag{2-3}$$

其中，o 是该神经元的输出。由此式可以看出，函数 f 同时也用来将神经元的输出进行放
大处理或限制在一个适当的范围内。典型的激活函数有线性函数、非线性斜面函数、阶跃
函数、s 型函数等四种。

1. 线性函数

线性函数（Linear Function）是最基本的激活函数，它起到对神经元所获得的网络输
入进行适当的线性放大的作用。它的一般形式为

$$f(\mathrm{net})=k\times\mathrm{net}+c \tag{2-4}$$

式中，k 为放大系数；c 为位移；它们均为常数。图 2-3(a)所示是它的图像。

2. 非线性斜面函数

线性函数非常简单，但其线性性极大地降低了网络的性能，它甚至使多级网络的功能
退化成单级网络的功能。因此，在人工神经网络中有必要引入非线性激活函数。

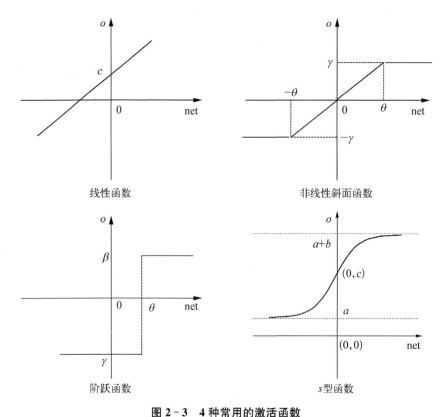

线性函数   非线性斜面函数

阶跃函数   s型函数

图 2-3　4种常用的激活函数

(a) 线性函数；(b) 非线性斜面函数；(c) 阶跃函数；(d) s 型函数

非线性斜面函数(Ramp Function)是最简单的非线性函数,实际上它是一种分段线性函数。由于它简单,所以有时也被人们采用。这种函数在于把函数的值域限制在一个给定的范围 $[-\gamma, \gamma]$ 内。其中,γ 为常数,一般规定 $\gamma > 0$,被称为饱和值,为该神经元的最大输出。式(2-5)是它的一般表达形式,图 2-3(b)所示是它的图像。

$$f(\text{net}) = \begin{cases} \gamma & if\ \text{net} \geqslant \theta \\ k \times \text{net} & if\ |\ \text{net}\ | < \theta \\ -\gamma & if\ \text{net} \leqslant -\theta \end{cases} \qquad (2-5)$$

3. 阈值函数

阈值函数(Threshold Function)又叫阶跃函数,当激活函数仅用来实现判定神经元所获得的网络输入是否超过阈值 θ 时,使用此函数。

$$f(\text{net}) = \begin{cases} \beta & if\ \text{net} > \theta \\ -\gamma & if\ \text{net} \leqslant \theta \end{cases} \qquad (2-6)$$

其中,β、γ、θ 均为非负实数,θ 为阈值。图 2-3(c)为阈值函数的图像。通常,人们用式(2-6)的二值形式,即

$$f(\text{net}) = \begin{cases} 1 & if\ \text{net} > \theta \\ 0 & if\ \text{net} \leqslant \theta \end{cases} \tag{2-7}$$

有时候,还将式(2-7)中的 0 改为 -1,此时就变成了双极形式,即

$$f(\text{net}) = \begin{cases} 1 & if\ \text{net} > \theta \\ -1 & if\ \text{net} \leqslant \theta \end{cases} \tag{2-8}$$

4. s 型函数

s 型函数又叫压缩函数(Squashing Function)和逻辑斯特函数(Logistic Function),其应用最为广泛。它的一般形式为

$$f(\text{net}) = a + \frac{b}{1 + \exp(-d \times \text{net})} \tag{2-9}$$

其中,a、b、d 为常数。图 2-3(d)所示是它的图像。图中

$$c = a + \frac{b}{2}$$

它的饱和值为 a 和 $a+b$。 该函数的最简单形式为

$$f(\text{net}) = \frac{1}{1 + \exp(-d \times \text{net})}$$

此时,函数的饱和值为 0 和 1。

也可以取其他形式的函数,如双曲正切函数、扩充平方函数。而当取扩充平方函数

$$f(\text{net}) = \begin{cases} \dfrac{\text{net}^2}{1 + \text{net}^2} & if\ \text{net} > 0 \\ 0 & \text{其他} \end{cases}$$

时,饱和值仍然是 0 和 1。当取双曲正切函数

$$f(\text{net}) = \tanh(\text{net}) = \frac{e^{\text{net}} - e^{-\text{net}}}{e^{\text{net}} + e^{-\text{net}}}$$

时,饱和值则是 -1 和 1。

s 型函数之所以被广泛地应用,除了它的非线性性和处处连续可导性外,更重要的是由于该函数对信号有一个较好的增益控制:函数的值域可以由用户根据实际需要给定,当 $|\text{net}|$ 的值比较小时,$f(\text{net})$ 有一个较大的增益;在 $|\text{net}|$ 的值比较大时,$f(\text{net})$ 有一个较小的增益,这为防止网络进入饱和状态提供了良好的支持。

2.3.3　M-P 模型

将人工神经元的基本模型和激活函数合在一起构成人工神经元,这就是著名的 Mcoch-Pitts 模型,简称为 M-P 模型,也可以称之为处理单元(PE)。

在上一章曾经提到过,UCSD 的 PDP 小组曾经将人工神经元定义得比较复杂,在本书中,为方便起见,均采用这种简化了的定义,同时简记为 AN。图 2-4 所给出的神经元在今后给出的图中均用一个结点表示。

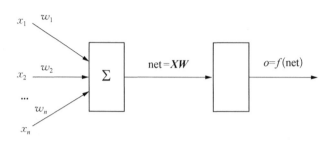

图 2-4　人工神经元

2.4　人工神经网络的拓扑特性

为了理解方便,用结点代表神经元,用加权有向边代表从神经元到神经元之间的有向连接,相应的权代表该连接的连接强度,用箭头代表信号的传递方向。

2.4.1　连接模式

在生物神经系统中,一个神经元接收的信号可以对其起刺激作用,也可能对其起抑制作用。在人工神经网络系统中,注意到神经元是以加权和的形式接受其他的神经元给它的信号的,所以无需特意去区分它们,只用通过赋予连接权的正、负号就可以了:

(1) 用正号("+",可省略)表示传送来的信号起刺激作用,用于增加神经元的活跃度。

(2) 用负号表示传送来的信号起抑制作用,用于降低神经元的活跃度。

那么,如何组织网络中的神经元呢? 研究发现,物体在人脑中的反应带有分块的特征,对一个物体,存在相应的明、暗区域。根据这一点,可以将这些神经元分成不同的组,也就是分块进行组织。在拓扑表示中,不同的块可以被放入不同的层中。另一方面,网络应该有输入和输出,从而就有了输入层和输出层。

层次(又称为"级")的划分,导致了神经元之间三种不同的互联模式:层(级)内连接、循环连接、层(级)间连接。

1. 层内连接

层内连接又叫做区域内(Intra-field)联接或侧连接(Lateral),是本层内的神经元到本层内的神经元之间的连接,可用来加强和完成层内神经元之间的竞争。当需要组内加强时,这种连接的连接权取正值;在需要实现组内竞争时,这种连接权取负值。

2. 循环连接

循环连接在这里特指神经元到自身的连接。用于不断加强自身的激活值,使本次的输出与上次的输出相关,是一种特殊的反馈信号。

3. 层间连接

层间(Inter-field)连接指不同层中的神经元之间的连接。这种连接用来实现层间的信号传递。在复杂的网络中,层间的信号传递既可以是向前的(前馈信号),又可以是向后的(反馈信号)。一般地,前馈信号只被允许在网络中向一个方向传送;反馈信号的传送则可以自由一些,它甚至被允许在网络中循环传送。

在反馈方式中,一个输入信号经网络变换后产生一个输出,该输出又被反馈到输入端,对应这个"新的"输入,网络又会产生一个新的输出,这个输出又被再次反馈到输入端……如此重复下去。随着循环的推进,在某一时刻,输入和输出不再发生变化,网络趋于稳定,此时网络的输出,便是针对最初输入所产生的最为理想的输出结果。在这个过程中,信号被一遍一遍地修复和加强,最终得到适当的结果。但是,最初的输入是一个可以"修复"的对象吗? 如果是,系统是否真的有能力修复它呢? 这种循环是否会永远地进行下去? 这些问题构成了循环网络的稳定性问题。

2.4.2　网络的分层结构

为了更好地组织网络中的神经元,把它们分布到各层(级)。按照上面对网络的连接的划分,称侧连接引起的信号传递为横向反馈;层间的向前连接引起的信号传递为层前馈(简称前馈);层间的向后连接引起的信号传递为层反馈。横向反馈和层反馈统称为反馈。

1. 单级网

虽然单个神经元能够完成简单的模式分类,但是为了完成较复杂的功能,还需要将大量的神经元联成网,有机的连接使它们可以协同完成规定的任务。

1)简单单级网

最简单的人工神经网络如图 2-5 所示,该网接受输入向量

$$\boldsymbol{X} = (x_1, x_2, \cdots, x_n)$$

经过变换后输出向量

$$\boldsymbol{O} = (o_1, o_2, \cdots, o_m)$$

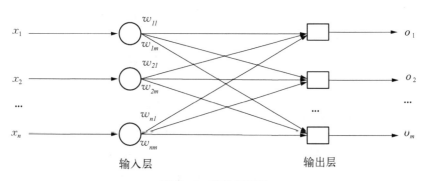

图 2-5　简单单级网

图 2-5 表面上看是一个两层网,但由于其中的输入层的神经元不对输入信号做任何处理,它们只起到对输入向量 X 的扇出作用。因此,在计算网络的层数时,人们习惯上并不将它作为一层。

设输入层的第 i 个神经元到输出层的第 j 个神经元的连接的强度为 w_{ij},即 X 的第 i 个分量以权重 w_{ij} 输入到输出层的第 j 个神经元中,取所有的权构成(输入)权矩阵,即

$$W = (w_{ij})$$

输出层的第 j 个神经元的网络输入记为 net_j:

$$\text{net}_j = x_1 w_{1j} + x_2 w_{2j} + \cdots + x_n w_{nj}$$

其中,$1 \leqslant j \leqslant m$。 取

$$\text{NET} = (\text{net}_1, \text{net}_2, \cdots, \text{net}_m)$$

从而有

$$\text{NET} = XW \tag{2-10}$$

$$O = F(\text{NET}) \tag{2-11}$$

其中,F 为输出层神经元的激活函数的向量形式。F 对应每个神经元有一个分量,而且它的第 j 个分量对应作用在 NET 的第 j 个分量 net_j 上。一般情况下,不对其各个分量加以区分,认为它们是相同的。对此,今后不再说明。

根据信息在网络中的流向,称 W 是从输入层到输出层的连接权矩阵,而这种只有一级连接矩阵的网络叫做简单单级网。为方便起见,有时将网络中的连接权矩阵与其到达方相关联。例如,上述的 W 就可以被称为输出层权矩阵。

2) 单级横向反馈网

在简单单级网的基础上,在其输出层加上侧连接就构成单级横向反馈网。如图 2-6 所示。

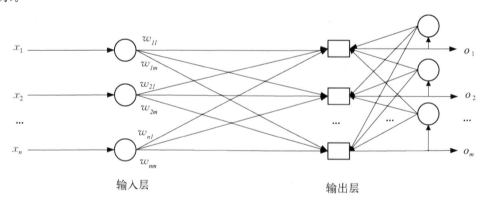

图 2-6 单级横向反馈网

设输出层的第 i 个神经元到输出层的第 j 个神经元的连接的强度为 v_{ij}，即 O 的第 i 个分量以权重 v_{ij} 输入到输出层的第 j 个神经元中。取所有的权构成侧连接权矩阵

$$V = (v_{ij})$$

则

$$\text{NET} = XW + OV \tag{2-12}$$

$$O = F(\text{NET}) \tag{2-13}$$

在此网络中，对一个输入，如果网络最终能给出一个不变的输出，也就是说，网络的运行逐渐会达到稳定，则称该网络是稳定的；否则称之为不稳定的。网络的稳定性问题是困扰有反馈信号的网络性能的重要问题。因此，稳定性判定是一个非常重要的问题。

由于信号的反馈，使得网络的输出随时间的变化而不断变化，所以时间参数有时候也是在研究网络运行中需要特别给予关注的一个重要参数。下面假定，在网络的运行过程中有一个主时钟，网络中的神经元的状态在主时钟的控制下同步变化。在这种假定下，有

$$\text{NET}(t+1) = X(t)W + O(t)V \tag{2-14}$$

$$O(t+1) = F(\text{NET}(t+1)) \tag{2-15}$$

其中，当 $t=0$ 时，$O(0)=0$。

2. 多级网

研究表明，单级网的功能是有限的，适当地增加网络的层数是提高网络计算能力的一条途径，这也部分地模拟了人脑的某些部位的分级结构特征。

从拓扑结构上来看，多级网是由多个单级网连接而成的。

1）层次划分

图 2-7 所示是一个典型的多级前馈网，又叫做非循环多级网络。在这种网络中，信号只被允许从较低层流向较高层。用层号确定层的高低：层号较小者，层次较低；层号较大者，层次较高。各层的层号按如下方式循环定义。

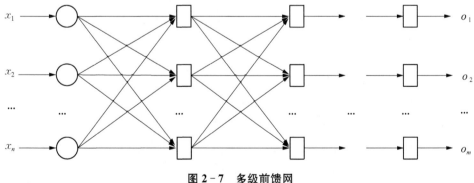

图 2-7　多级前馈网

（1）输入层：与单级网络一样，该层只起到输入信号的扇出作用。所以在计算网络的

层数时不被记入。该层负责接收来自网络外部的信息,被记作第 0 层。

(2) 第 j 层:第 $j-1$ 层的直接后继层 $(j>0)$,它直接接受第 $j-1$ 层的输出。

(3) 输出层:它是网络的最后一层,具有该网络的最大层号,负责输出网络的计算结果。

(4) 隐藏层:除输入层和输出层以外的其他各层叫隐藏层。隐藏层不直接接收外界的信号,也不直接向外界发送信号。

2) 各层层号约定

(1) 输出层的层号为该网络的层数,并称一个输出层号为 n 的网络为 n 层网络或 n 级网络。

(2) 第 $j-1$ 层到第 j 层的连接矩阵为第 j 层连接矩阵,输出层对应的矩阵叫输出层连接矩阵。今后,在需要的时候,一般用 $W^{(j)}$ 表示第 j 层矩阵。

3) 非线性激活函数

非线性激活函数在多级网络中起着非常重要的作用。实际上,它除了能够根据需要对网络中各神经元的输出进行变换外,还使得多级网络的功能超过单级网络,为解决人工神经网络所面临的线性不可分问题提供了基础。

增加网络的层数在于提高网络的计算能力。但是,如果使用线性激活函数,则多级网的功能不会超过单级网的功能。事实上,设有 n 层网络,X 是其输入向量,$W^{(1)}$,$W^{(2)}$,$\cdots$,$W^{(n)}$ 是各级连接矩阵,NET_1,NET_1,$\cdots$,NET_n 分别是各级的网络输入向量,F_1,F_1,$\cdots$,F_n 为各级神经元的激活函数,现假定它们均是线性的,则

$$F_1(\mathrm{NET}_1)=K_i\mathrm{NET}_i+A_i \quad 1\leqslant i\leqslant n \tag{2-16}$$

其中,K_i、A_i 是常数向量,而且这里的 $K_i\mathrm{NET}_i$ 有特殊的意义,表示 K_i 与 NET_i 的分量对应相乘,结果仍然是同维向量。

令

$$\boldsymbol{K}_i=(k_1,k_2,\cdots,k_m)$$
$$\mathrm{NET}_i=(\mathrm{net}_1,\mathrm{net}_2,\cdots,\mathrm{net}_m)$$

则

$$\boldsymbol{K}_i\mathrm{NET}_i=(k_1\mathrm{net}_1,k_2\mathrm{net}_2,\cdots,k_m\mathrm{net}_m) \tag{2-17}$$

网络的输出向量为

$$
\begin{aligned}
\boldsymbol{O} &=F_n(\cdots F_3(F_2(F_1(\mathrm{NET}_1)))\cdots)\\
&=F_n(\cdots F_3(F_2(K_1XW^{(1)}+A_1))\cdots)\\
&=F_n(\cdots F_3(K_2(K_1XW^{(1)}+A_1)W^{(2)}+A_2)\cdots)\\
&=F_n(\cdots F_3(K_2K_1XW^{(1)}W^{(2)}+K_2A_1W^{(2)}+A_2)\cdots)\\
&=F_n(\cdots(K_3(K_2K_1XW^{(1)}W^{(2)}+K_2A_1W^{(2)}+A_2)W^{(3)}+A_3)\cdots)\\
&=F_n(\cdots(K_3K_2K_1XW^{(1)}W^{(2)}W^{(3)}+K_3K_2A_1W^{(2)}W^{(3)}+K_3A_2W^{(3)}+A_3)\cdots)
\end{aligned}
$$

$\cdots\cdots$

$$= K_n \cdots K_3 K_2 K_1 X W^{(1)} W^{(2)} W^{(3)} \cdots W^{(n)}$$
$$+ K_n \cdots K_3 K_2 A_1 W^{(2)} W^{(3)} \cdots W^{(n)}$$
$$+ K_n \cdots K_3 A_2 W^{(3)} \cdots W^{(n)}$$
$$\cdots\cdots$$
$$+ K_n \cdots K_{i+1} A_i W^{(i+1)} \cdots W^{(n)}$$
$$\cdots\cdots$$
$$+ K_n A_{n-1} W^{(n)}$$
$$+ A_n$$
$$= KXW + A$$

其中 $K = K_n \cdots K_3 K_2 K_1$

$$W = W^{(1)} W^{(2)} W^{(3)} \cdots W^{(n)}$$
$$A = K_n \cdots K_2 K_1 A_1 W^{(2)} W^{(3)} \cdots W^{(n)}$$
$$+ K_n \cdots K_3 A_2 W^{(3)} \cdots W^{(n)}$$
$$\cdots\cdots$$
$$+ K_n \cdots K_{i+1} A_i W^{(i+1)} \cdots W^{(n)}$$
$$\cdots\cdots$$
$$+ K_n A_{n-1} W^{(n)}$$
$$+ A_n$$

上述式子中,向量 K_i 之间的运算遵循式(2-17)的约定。

从上述推导可见,这个多级网相当于一个激活函数为 $F(\text{NET}) = K\text{NET} + A = KXW + A$,连接矩阵为 W 的简单单级网络。显然,如果网络使用的是非线性激活函数,则不会出现上述问题。因此说,非线性激活函数是多级网络的功能超过单级网络的保证。

3. 循环网

如果将输出信号反馈到输入端,就可构成一个多层的循环网络,如图 2-8 所示,其中的反馈连接还可以是其他的形式。

实际上,引入反馈的主要目的是解决非循环网络对上一次的输出无记忆的问题,在非循环网络中,输出仅仅由当前的输入和权矩阵决定,而和较前的计算无关。在循环网中,它需要将输出送回到输入端,从而使当前的输出受到上次输出的影响,进而又受到前一个输入的影响,如此形成一个迭代。也就是说,在这个迭代过程中,输入的原始信号被逐步地"加强"和"修复"。

这种性能,在一定的程度上反映了人的大脑的短期记忆特征——看到的东西不是一下子就从脑海里消失的。

当然,前面曾经提到过,这种反馈信号会引起网络输出的不断变化。如果这种变化逐渐减小,并且最后消失,则称网络达到了平衡状态。如果这种变化不能消失,则称该网络是不稳定的。

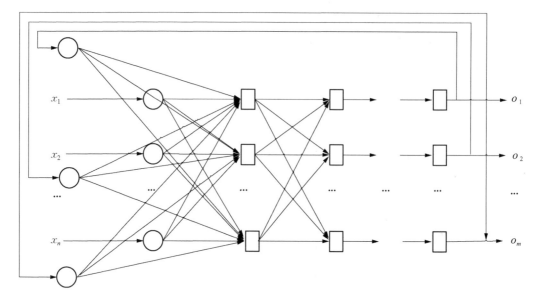

图 2-8　多级循环网

2.5　存储与映射

人工神经网络是用来处理信息的。可以认为,所有的信息都是以模式的形式出现的:输入向量是模式,输出向量是模式,同层的神经元在某一时刻的状态是模式,所有的神经元在某一时刻的状态是模式,网络中任意层的权矩阵、权矩阵所含的向量都是模式。在循环网络中,所有的神经元的状态沿时间轴展开,这就形成一个模式系列。所以说,在人工神经网络中,有两种类型的模式:空间模式(Spatial Model)和时空模式(Spatialtemporal Model)。网络所有的神经元在某一时刻的状态所确定的网络在该时刻的状态称为空间模式;以时间维为轴展开的空间模式系列称为时空模式,这两种模式之间的关系如同一个画面与整个影片的关系。仅在考虑循环网络的稳定性和网络训练的收敛过程时涉及时空模式,一般情况下,只研究空间模式。

在日常生活中,当寻找某一单位时,需要知道它的地址,然后根据地址去访问它;在计算机系统中,目前习惯的做法也是通过地址去存放和取出数据。实际上,在人工神经网络技术中,空间模式的存取还有另外两种方式。所以,按照信息的存放与提取的方式的不同,空间模式共有三种存储类型。

1. RAM 方式

RAM 方式即随机访问方式(random access memory)。这种方式就是现有的计算机中的数据访问方式。这种方式需要按地址去存取数据,即将地址映射到数据。

2. CAM 方式

CAM 方式即内容寻址方式(content addressable memory)。在这种方式下,数据自动地找到它的存放位置。换句话说,就是将数据变换成它应存放的位置,并执行相应的存储。例如,在后面介绍的人工神经网络的训练算法中,样本数据被输入后,它的内容被自动存储起来,虽然现在还不知道它们具体是如何被存放的。这种方式是将数据映射到地址。

3. AM 方式

AM 方式即相联存储方式(associative memory)。这种方式是数据到数据的直接转换。在人工神经网络的正常工作阶段,输入模式(向量)经过网络的处理,被转换成输出模式(向量)。这种方式是将数据映射到数据。

后面的两种方式是人工神经网络的工作方式。在学习/训练期间,人工神经网络以CAM 方式工作:它将样本数据以各层神经元之间的连接权矩阵的稳定状态存放起来。由于权矩阵在大多数网络的正常运行阶段是一直被保存不变的,所以权矩阵又被称为网络的长期存储(long term memory,LTM)。

网络在正常工作阶段是以 AM 方式工作的。此时,输入模式被转换成输出模式。由于输出模式是以网络输出层的神经元的状态表示出来的,而在下一个时刻,或者在下一个新的输入向量加到网络上的时候,这一状态将被改变,所以,称由神经元的状态表示的模式为短期存储(short term memory,STM)。

输入向量与输出向量的对应关系是网络的设计者所关心的另一个问题。和模式完善相对应,人工神经网络可以实现还原型映射。如果此时训练网络的样本集为向量集合

$$\{A_1, A_2, \cdots, A_n\} \tag{2-18}$$

在理想情况下,该网络在完成训练后,其权矩阵存放的将是上式所给的向量集合。此时网络实现的映射将是自相联(Auto-associative)映射。

人工神经网络还可以实现变换型和分类型映射。如果此时训练网络的样本集为向量对组成的集合

$$\{(A_1, B_1)(A_2, B_2)\cdots(A_n, B_n)\} \tag{2-19}$$

则在理想情况下,该网络在完成训练后,其权矩阵存放的将是上式所给的向量集合所蕴含的对应关系,也就是输入向量 A_i 与输出向量 B_i 的映射关系。此时网络实现的映射是异相联(Hetero-associative)映射。

由样本集确定的映射关系被存放在网络中后,当一个实际的输入向量被输入时,网络应能完成相应的变换。对异相联映射来说,如果网络中存放的集合为式(2-19),理想情况下,当输入向量为 A_i 时,网络应该输出向量 B_i。 实际上,在许多时候,网络输出的并不是 B_i,而是 B_i 的一个近似向量,这是人工神经网络计算的不精确性造成的。

当输入向量 A 不是集合式 2-18 的某个元素的第 1 分量时,网络会根据集合式(2-18)给出 A 对应的理想输出的近似向量 B。 多数情况下,如果在集合式(2-19)中不存在这样的元素 (A_k, B_k),使得

$$A_i \leqslant A_k \leqslant A$$

或者

$$A \leqslant A_k \leqslant A_j$$

且

$$A_i \leqslant A_k \leqslant A_j$$

则向量 B 是 B_i 与 B_j 的插值。

2.6 人工神经网络的训练

人工神经网络最具有吸引力的特点是它的学习能力。1962 年，Rosenblatt 给出了人工神经网络著名的学习定理：人工神经网络可以学会它可以表达的任何东西。但是，人工神经网络的表达能力是有限的，这就大大地限制了它的学习能力。

人工神经网络的学习过程就是对它的训练过程。所谓训练，就是在将由样本向量构成的样本集合（被简称为样本集、训练集）输入到人工神经网络的过程中，按照一定的方式去调整神经元之间的连接权，使得网络能将样本集的内涵以连接权矩阵的方式存储起来，从而使得在网络接受输入时，可以给出适当的输出。

从学习的高级形式来看，一种是有监督学习，另一种是无监督学习，而前者看起来更为普遍些。无论是学生到学校接受老师的教育，还是自己读书学习，都属于有监督学习。还有不少时候，人们是经过一些实际经验不断总结学习的，也许这些应该算作无监督学习。

从学习的低级形式来看，恐怕只有无监督的学习形式。因为到目前为止，还没能发现在生物神经系统中有监督学习是如何发生的。在那里还找不到"监督师"的存在并发挥作用的迹象，所有的只是自组织、自适应的运行过程。

2.6.1 无监督学习

无监督学习（unsupervised learning）与无监督训练（unsupervised training）相对应。该方法最早由 Kohonen 等人提出。

虽然从学习的高级形式来看，人们熟悉和习惯的是有监督学习，但是，人工神经网络模拟的是人脑思维的生物过程。而按照上述说法，这个过程应该是无监督学习的过程。所以，无监督的训练方式是人工神经网络的较具说服力的训练方法。

无监督训练方法不需要目标，其训练集中只含一些输入向量，训练算法致力于修改权矩阵，以使网络对一个输入能够给出相容的输出，即相似的输入向量可以得到相似的输出向量。

在训练过程中,相应的无监督训练算法用来将训练的样本集合中蕴含的统计特性抽取出来,并以神经元之间的连接权的形式存于网络中,以使网络可以按照向量的相似性进行分类。虽然用一定的方法对网络进行训练后,可收到较好的效果。但是,对给定的输入向量来说,它们应被分成多少类,某一个向量应该属于哪一类,这一类的输出向量的形式是什么样的,等等,都是难以事先给出的。从而在实际应用中,还要求将其输出变换成一种可理解的形式。另外,其运行结果的难以预测性也给此方法的使用带来了一定的障碍。

主要的无监督训练方法有 Hebb 学习律、竞争与协同(competitive and cooperative)学习、随机连接学习(randomly connected learning)等。其中 Hebb 学习律是最早被提出的学习算法,目前的大多数算法都来源于此算法。

Hebb 算法是 D. O. Hebb 在 1961 年提出的,该算法认为,连接两个神经元的突触的强度按下列规则变化:当两个神经元同时处于激发状态时被加强,否则被减弱。数学表达式为

$$W_{ij}(t+1) = W_{ij}(t) + \alpha o_i(t) o_j(t) \qquad (2-20)$$

其中,$W_{ij}(t+1)$,$W_{ij}(t)$ 分别表示神经元 AN_i 到 AN_j 的连接在时刻 $t+1$ 和时刻 t 的强度,$o_i(t)$、$o_j(t)$ 为这两个神经元在时刻 t 的输出,α 为给定的学习率。

2.6.2 有监督学习

在人工神经网络中,除了上面介绍的无监督训练外,还有有监督训练。有监督学习与有监督训练相对应。

虽然有监督训练从生物神经系统的工作原理来说,因难以解释而受到一定的非议,但就目前看来,有监督学习却是非常成功的。因此,需要对有监督学习方法进行研究。

在这种训练中,要求样本在给出输入向量的同时,还必须同时给出对应的理想输出向量。所以,采用这种训练方式训练的网络实现的是异相连的映射。输入向量与其对应的输出向量构成一个"训练对"。

有监督学习的训练算法的主要步骤包括。

(1)从样本集合中取一个样本 (A_i, B_i)。

(2)计算出网络的实际输出 O。

(3)求 $D = B_i - O$。

(4)根据 D 调整权矩阵 W。

(5)对每个样本重复上述过程,直到对整个样本集来说,误差不超过规定范围。

在有监督训练算法中,最为重要、应用最普遍的是 Delta 规则。1960 年,Widrow 和 Hoff 就给出了如下形式的 Delta 规则。

$$W_{ij}(t+1) = W_{ij}(t) + \alpha(y_j - o_j(t)) o_i(t) \qquad (2-21)$$

也可以写成

$$W_{ij}(t+1) = W_{ij}(t) + \Delta W_{ij}(t)$$
$$\Delta W_{ij}(t) = \alpha \delta_j o_i(t) \qquad (2-22)$$
$$\delta_j = y_j - o_j(t)$$

Grossberg 的写法为

$$\Delta W_{ij}(t) = \alpha o_i(t)(o_j(t) - W_{ij}(t)) \qquad (2-23)$$

更一般的 Delta 规则为

$$\Delta W_{ij}(t) = g(o_i(t), y_j, o_j(t), W_{ij}(t)) \qquad (2-24)$$

上述式(2-21)至式(2-24)中，$W_{ij}(t+1)$、$W_{ij}(t)$ 分别表示神经元 AN_i 到 AN_j 的连接在时刻 $t+1$ 和时刻 t 的强度，$o_i(t)$、$o_j(t)$ 为这两个神经元在时刻 t 的输出，y_j 为神经元 AN_j 的理想输出，α 为给定的学习率。

本章小结

本章从人脑的神经系统出发，重点介绍了生物神经元与人工神经元的结构模型与信息传递方式，详细叙述了神经网络模型的分类，列出了典型的神经网络模型，并进一步详细介绍了神经网络的学习规则与泛化能力。其中，神经元模型、神经网络的分类及神经网络学习规则是本章学习重点。

（1）生物神经元。细胞体、树突、轴突和突触是组成生物神经元的四个部分。突触作为信息传输的接口，细胞体和树突负责接收通过突触传入的信息，接下来由神经元对信号进行组合，产生输出信号，最后通过轴突传递给其他神经元。

（2）人工神经元。人工神经元模拟了生物神经元的功能、结构，抽象了生物神经元的信息处理程序。目前提出的人工神经元模型已有很多，区分不同的数学模型主要根据各人工神经元选取的激活函数的不同，这也使人工神经元具有了信息处理特性的差异。在本章中介绍了 4 种常用的激活函数。

（3）神经网络模型分类。本章分别对前馈神经网络和反馈神经网络两种网络类型进行了介绍。另外对典型的神经网络结构模型做了详细介绍。

（4）神经网络学习。神经网络的学习算法多种多样，这里采用一种广泛的分类方法，将神经网络的学习算法分成了有监督学习和无监督学习两种类型。神经网络在学习时，处于各网络神经元的连接权需按一定规则调整变化，这种权值调整规则称为学习规则。

参考文献

[1] 蒋宗礼.人工神经网络导论[M].北京：高等教育出版社,2001.

［2］ 韩敏.人工神经网络基础[M].大连：大连理工出版社,2014.

［3］ MAASS W, NATSCHLAGER T, MARKRAM H. Real-time computing without stable states：A new framework for neural computation based on perturbations[J]. Neural Computation,2002, 14 (11)：2531 – 2560.

［4］ PHUA P H, MING D. Parallel nonlinear optimization techniques for training neural networks[J]. IEEE Transactions on Neural Networks, 2003, 14(6)：1460 – 1468.

［5］ 吴微.神经网络计算[M].北京：高等教育出版社,2003.

［6］ HAN MIN, XI JIAO-HUI, XU SHI-GUO, et al. Prediction of chaotic time series based on the recurrent predictor neural network[J]. IEEE Transactions on Signal Processing, 2004, 52(12)：3409 – 3416.

［7］ 阎平凡,张长水.人工神经网络与模拟进化计算[M].北京：清华大学出版社,2005.

［8］ Bishop C M, Nasrabadi N M. Pattern Recognition and Machine Learning[M]. New York：Springer, 2006.

［9］ 韩力群.人工神经网络教程[M].北京：北京邮电大学出版社,2006.

［10］ MACCLELLAND J L, RUMELHART D E. Explorations in Parallel Distributed Processing：A Handbook of Models, Programs, and Exercises/Book and 2 Disks[M]. Cambridge：The MIT Press, 1989.

［11］ 丁士圻,郭丽华.人工神经网络基础[M].哈尔滨：哈尔滨工程大学出版社,2008.

第 3 章　感知器

3.1　概述

　　上一章主要介绍了人工神经网络相关基础知识,包含人工神经元的基本构成、激活函数、M-P模型、人工神经网络的拓扑特性和训练方法等。本章将介绍如何利用这些基础知识,构建最简单的神经网络模型——感知器(Perceptron)。

　　作为对人工神经网络的初步认识,本章介绍感知器与人工神经网络的早期发展;线性可分问题与线性不可分问题;单层感知器的工作原理;感知器的训练算法以及异或问题及其解决方案。

3.2　感知器与人工神经网络的早期发展

　　1943年,McCulloch和Pitts一起发表了关于人工神经网络的第一篇系统研究的文章。1947年,他们又开发出一个用于模式识别的网络模型——感知器,即阈值加权和模型。如图3-1所示是一个单输出的感知器,不难看出,它实质上就是一个典型的人工神经元。按照M-P模型的要求,该人工神经元的激活函数是阶跃函数。为了适应更广泛的问题求解,可以按如图3-2所示的结构,用多个这样的神经元构成一个多输出的感知器。

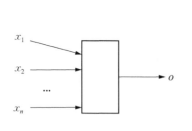

图 3-1　单输出的感知器

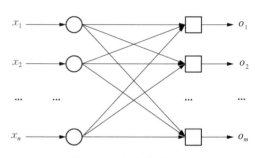

图 3-2　多输出感知器

由于感知器的出现,使得人工神经网络在 20 世纪 40 年代初步展现出它的功能及其诱人的发展前景。M－P 模型的建立标志着已经有了构造人工神经网络系统的最基本构件。人工神经网络研究的这一初步成功使得人们开始致力于探索如何用硬件和软件去实现神经生理学家所发现的神经网络模型。到了 20 世纪 60 年代,感知器的研究获得了较大的发展,并展示了较为乐观的前景。1962 年,Rosenblatt 证明了关于感知器(Perceptron)的学习能力的重要结论。他向人们宣布:人工神经网络可以学会它能表示的任何东西。正当人们为取得的巨大进展而高兴的时候,却发现了有许多问题用人工神经网络是无法解决的。Minsky 严格地对问题进行了分析,证明了单级网无法解决异或等最基本的问题。这使得人工神经网络进入低谷,使其发展从成长期进入了冰河期。有人认为,Minsky 的悲观观点就像是在人工神经网络研究的历史长河中筑起了一道大坝,"研究"有机会在此积蓄力量,为今后的发展打下必要的基础。实际上,人工神经网络的发展史,也表现出人们对问题的"认识、实践、再认识、再实践"的过程。

3.3　单层感知器

3.3.1　单层感知器模型及工作原理

感知器的学习是有监督学习。单层感知器可将外部输入分为两类。当感知器的输出为 1 时,输入属于 l_1 类,当感知器的输出为－1 时,输入属于 l_2 类,从而实现两类目标的识别。在高维空间,单层感知器用于进行模式识别的判决超平面由下式决定。

$$\sum_{i=1}^{m} w_i x_i + b = 0 \qquad (3-1)$$

在二维空间,将外部输入分为两类的判决边界是直线,选择合适的学习算法可训练出 w_1 和 w_2,当它用于两类模式分类时,相当于在高维样本空间中,用一直线将两类样本分开(见图 3－3)。判决边界的公式为

$$w_1 x_1 + w_2 x_2 + b = 0 \qquad (3-2)$$

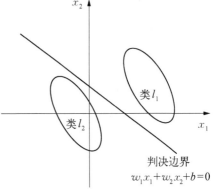

图 3－3　判决边界

3.3.2　单层感知器的学习算法

感知器训练算法的基本原理来源于著名的 Hebb 学习律,其基本思想是将样本集中的样本逐步地输入到网络中,根据输出结果和理想输出之间的差别来调整网络中的权矩阵。在这里,我们通过离散单输出感知器、离散多输出感知器和连续多输出感知器分别详细地叙

述相应的算法过程,引导读者了解和掌握用计算机程序实现人工神经网络的基本方法。

1. 离散单输出感知器训练算法

参考图 3-1,设 F 为相应的激活函数,先用阈值函数来考虑有关问题。约定今后对这类自变量及其函数的值、向量分量的值只取 0 和 1,都简称为二值的。按照这种约定,使用阈值函数作为激活函数的网络就是二值网络。另外,设 W 为网络的权向量,X 为输入向量,即

$$W = (w_1, w_2, \cdots, w_n)$$
$$X = (x_1, x_2, \cdots, x_n)$$

网络的训练样本集为 $\{(X, Y) \mid X$ 为输入向量,Y 为 X 对应的输出$\}$。

算法 3-1　离散单输出感知器训练算法

1　初始化权向量 W;
2　重复下列过程,直到训练完成。
　2.1　对样本集中的每一个样本 (X, Y),重复如下过程:
　　2.1.1　输入 X;
　　2.1.2　计算 $O = F(XW)$;
　　2.1.3　如果输出不正确,则
　　　　　当 $o = 0$ 时,取 $W = W + X$;
　　　　　当 $o = 1$ 时,取 $W = W - X$

在算法 3-1 中,当 $o = 0$ 时,按 $W + X$ 修改权向量 W。因为,理想输出本来应该是 1,但现在却是 0,所以,相应的权应该增加,而且是增加对该样本的实际输出真正有贡献的权。

2. 离散多输出感知器训练算法

参考图 3-2,设 F 为网络中神经元的激活函数,W 为权矩阵,w_{ij} 为输入向量的第 i 个分量到第 j 个神经元的连接权:

$$W = (w_{ij})$$

网络的训练样本集为 $\{(X, Y) \mid X$ 为输入向量,Y 为 X 对应的输出$\}$。

这里,假定 X、Y 分别是维数为 n 的输入向量和维数为 m 的理想输出向量:

$$X = (x_1, x_2, \cdots, x_n)$$
$$Y = (y_1, y_2, \cdots, y_m)$$

之所以称 Y 为输入向量 X 的理想输出向量,是为了与网络的实际输出向量 O 相区别。之所以将 (X, Y) 选做样本,是因为在实际系统(这里指人工神经网络所模拟的对象)

运行中,当遇到输入向量 X 时,系统会输出向量 Y。 显然,也希望相应的人工神经网络在接收到输入向量 X 时,也能输出向量 Y。 但是,由于人工神经网络是对实际系统的模拟具有不精确性,实际上很难在接受输入向量 X 时精确地输出向量 Y。 此时网络会输出 Y 的一个近似向量 O,则

$$O = (o_1, o_2, \cdots, o_m)$$

为了区分向量 Y 和 O,称 Y 是 X 对应的理想输出向量;O 是 X 对应的实际输出向量。在离散多输出感知器中,由于它含有多个输出神经元,因此,在训练算法的组织上不能再沿用算法 3-1 的实现方式。但是,仍然遵循相同的原理,按照相同的思想去实施对各连接权的调整。

算法 3-2　离散多输出感知器训练算法

1　初始化权矩阵 W;
2　重复下列过程,直到训练完成。
　　2.1　对样本集中的每一个样本 (X, Y),重复如下过程:
　　　　2.1.1　输入 X;
　　　　2.1.2　计算 $O = F(XW)$;
　　　　2.1.3　for $i=1$ to m 执行如下操作:
　　　　　　　$if\ o_i \neq y_i$ then
　　　　　　　　　$if\ o_i = 0$ then for $j = 1$ to n
　　　　　　　　　　$w_{ij} = w_{ij} + x_i$;
　　　　　　　　　else for $j = 1$ to n
　　　　　　　　　　$w_{ij} = w_{ij} - x_i$;

在算法中,依次对输出层的每一个神经元的理想输出和实际输出进行比较。如果它们不相同,则对相应的连接权进行修改。相当于将对离散单输出感知器的神经元的处理逐个地用于离散多输出感知器输出层的每一个神经元。

在算法 3-1 和算法 3-2 中,第 1 步均要求对神经元的连接权进行初始化。在程序的实现中,就是给 W 一个初值。实验表明,对大部分网络模型来说(也有例外情况),W 的各个元素不能用相同的数据进行初始化,因为这样会使网络失去学习能力。一般地,使用一个小的伪随机数序列对 W 进行初始化。

第 2 步的控制是说"重复下列过程,直到训练完成"。但是,一般很难对每个样本重复一次就可以达到精度要求,算法必须经过多次迭代,才有可能使网络的精度达到要求。问题是如何来控制这个迭代次数。可以采用三种方法:① 对样本集执行规定次数的迭代;② 给定一个精度控制参数;③ 将这两种方法结合起来使用。这里所说的精度是指网络的

实际输出与理想输出之间的差别。

方法①,可以采用如下方式加以实现。

设置一个参数,用来记录算法的迭代次数。同时,在程序中设定一个最大循环次数的值。当迭代次数未达到该值时,迭代继续进行;当迭代次数超过此值时,迭代停止。该方法存在的问题是,对一个给定的样本集,事先并不知道究竟需要迭代多少次,网络的精度才可以达到用户的要求。迭代的次数太多,会降低训练算法的效率;迭代的次数太少,网络的精度就难以达到用户的要求。因此,仅仅用迭代的次数实施对网络训练的控制是难以取得令人满意的结果的。一种改进的方法是采用分阶段进行迭代的控制方法:设定一个基本的迭代次数 N,每当训练完成 N 次迭代后,就给出一个中间结果。如果此中间结果满足要求,则停止训练;否则,将进行下一个 N 次迭代训练。如此下去,直到训练完成。当然,这样做需要程序能够实现训练的暂停、继续、停止等控制。

方法②的实现与第一种方法的实现类似,只是比较的对象不同。这种方法首先要解决精度的度量问题。最简单的方法是用所有样本的实际输出向量与理想输出向量的对应分量之间差的绝对值之和作为误差的度量。另一种简单的方法是用所有样本的实际输出向量与理想输出向量的欧氏距离的和作为误差的度量。一般地,用户可以根据实际问题,选择一个适当的度量。其次,存在这样的可能,网络无法表示样本所代表的问题。在这种情况下,网络在训练中可能一直达不到用户的精度要求。这时,训练可能成为"死循环"。

为了用方法①和方法②各自的优点去弥补对方的缺点,可以将这两种方法结合起来综合使用,构成方法③。也就是同时使用迭代次数和精度来实现训练控制。

在精度控制中,首先用户需要根据实际问题,给定一个训练精度控制参数。建议在系统初始测试阶段,这个精度要求可以低一些,测试完成后,再给出实际的精度要求。这样做的目的是,避免在测试阶段花费太多时间,因为有时训练时间是很长的。

3. 连续多输出感知器训练算法

在掌握了感知器的基本训练算法后,现在将感知器中各神经元的输出函数改成非阶跃函数,使它们的输出值变成是连续性的,从而使得网络的输入、输出向量更具一般性,更容易适应应用的要求,达到较好地扩充网络功能和应用范围的目的。由于只是网络的神经元的激活函数发生了变化,其拓扑结构仍然不变,所以在下面讨论连续多输出感知器训练算法时,仍然参考图 3-2, $\boldsymbol{W}$、$\boldsymbol{O}$、$\boldsymbol{X}$、$\boldsymbol{Y}$、n、m 等参数的意义如上所述。在下面给出的算法 3-3 中,我们使用上面提到的第二种方法来实现对迭代次数的控制。ε 被用来表示训练的精度要求。不同的是,在这里, $\boldsymbol{X}$、$\boldsymbol{Y}$ 的分量的值可以是一般的实数。

算法 3-3 连续多输出感知器训练算法

1 用适当的小的伪随机数初始化权矩阵 $\boldsymbol{W}$;

2 初置精度控制参数 ε、学习率 α、精度控制变量 $d = \varepsilon + 1$;

3 While $d \geqslant \varepsilon$ do

3.1　$d=0$；

3.2　for 每个样本 $(\boldsymbol{X}, \boldsymbol{Y})$ do

   3.2.1　输入 $\boldsymbol{X}(=(x_1, x_2, \cdots, x_n))$；

   3.3.2　计算 $O=F(XW)$；

   3.2.3　修改权矩阵 $\boldsymbol{W}$：

         for i=1 to n,j=1 to m do

            $w_{ij}=w_{ij}+\alpha(y_j-o_j)x_i$；

   3.2.4　累积误差

         for j=1 to m do

            $d=d+(y_j-o_j)^2$；

在算法 3-3 中，用公式 $w_{ij}=w_{ij}+\alpha(y_j-o_j)x_i$ 取代了算法 3-2 第 2.1.3 步中的多个判断。y_j 与 o_j 之间的差别对 w_{ij} 的影响由 $\alpha(y_j-o_j)x_i$ 表现出来，这样处理以后，不仅使得算法的控制在结构上更容易理解，而且还使得它的适应面更宽。

当用计算机程序实现该算法时，ε、α、d、i、j、n、m 均可以用简单变量来表示，$\boldsymbol{W}$ 可以用个 n 行 m 列的二维数组存放。建议将样本集用两个二维数组存放，一个 p 行 n 列的二维数组用来存放输入向量集，它的每一行表示一个输入向量；另一个 p 行 m 列的二维数组用来存放相应的理想输出向量集，它的每一行表示一个对应的理想输出向量。

另外，在系统的调试过程中，可以在适当的位置加入一些语句，用来显示网络目前的状态。如按一定的间隔显示实际输出向量与理想输出向量的比较、连接矩阵、误差测度等，使得系统的调试过程可以在设计者/调试者的良好控制下进行。当然根据需要，也可以将这些数据以文件的形式存放起来，以便于过后进行更深入的分析。

以上感知器的训练算法，还有一些值得注意的问题。

第一，样本集所代表的问题是否是线性可分的？由于抽样的随机性，有时甚至会出现这样的现象：问题本身是线性可分的，但样本集反映出来的却是线性不可分的，或者相反。这虽然是抽样的技术问题，但在实际上是存在的。因此，也应该引起足够的重视。

第二，由于世界是在不断变化的。所以，一个问题可能在某一时刻是线性可分的，而在另一时刻又变得线性不可分。这类问题的处理就更为困难了。

第三，由于问题是通过抽样得来的实际数据表示的，它很可能不是我们习惯的数据模型的表坝形式。所以，很难直接从样本数据集看出该问题是否是线性可分的。

此外，未能证明一个感知器究竟需要经过多少步才能完成训练。而且，给出的算法是否优于穷举法，也是未能说明的。在简单情况下，穷举法可能会更好。

显然,上述问题都是与样本集相关的。这就相当于说问题(指被模拟的系统)本身对感知器的影响是非常大的。

3.4 多层感知器

3.4.1 异或(Exclusive－OR)问题

由 Rosenblatt 所给出的感知器的学习定理表明,感知器可以学会它所能表达的任何东西。与人类的大脑相同,表达能力和学习能力是不同的。"表达"是指感知器模拟特殊功能的能力,而"学习"是要求用于调整连接权以产生具体表示的一个过程的存在。显然,如果感知器不能够表达相应的问题,就无从考虑它是否能够学会该问题了。所以,这里的"它能表示"成为问题的关键。

Minsky 得出的最令人失望的结果是:感知器无法实现最基本的"异或"运算。而"异或"运算是电子计算机最基本的运算之一。这就预示着人工神经网络将无法解决电子计算机可以解决的大量的问题。因此,它的功能是极为有限的。

"异或"运算的定义为

$$g(x, y) = \begin{cases} 0 & if\ x = y \\ 1 & 其他 \end{cases}$$

利用真值表进行异或运算,其真值表如表 3－1 所示。

表 3－1 异或运算的真值表

$g(x, y)$	运算对象 y	
	0	1
运算对象 x　0	0	1
1	1	0

由定义可知,这是一个双输入、单输出的问题,也就是说,如果感知器能够表达它,则此感知器输入应该是一个二维向量,输出则为标量。因此,该感知器可以只含有一个神经元。为方便起见,设输入向量为 (x, y),输出为 o,神经元的阈值为 θ。感知器如图 3－4所示,如图 3－5所示是网络函数的图像。显然,无论如何选择 a、b、θ 的值,都无法使得直线将点$(0, 0)$和点$(1, 1)$(它们对应的函数值为 0)与点$(0, 1)$和点$(1, 0)$(它们对应的函数值为1)划分开来。即使使用 s 型函数,也难以做到这一点。这种由单级感知器不能表达的问题被称为线性不可分问题。

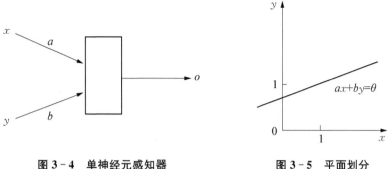

图 3-4　单神经元感知器　　　　图 3-5　平面划分

下面先分析两个自变量且自变量只取 0 或 1 的函数情况。表 3-2 给出了所有这种函数的定义。其中，f_7、f_{10} 为线性不可分函数，其他均为线性可分函数。不过，当变量的个数较多时，难以找到一个较简单的方法去确定一个函数是否为线性可分。事实上，这种线性不可分的函数随着变量个数的增加而快速增加，甚至远远超过了线性可分函数的个数。假设我们仍然只考虑二值函数的情况。设函数有 n 个自变量，因为每个自变量的值只可以取 0 或 1，从而函数共有 2^n 种输入模式。在不同的函数中，每种模式的值可以为 0 或者 1。这样，我们总共可以得到 2^{2^n} 种不同的函数。表 3-3 是 R. O. Winner(1960)给出的 n 为 1～6 时二值函数的个数以及其中的线性可分函数的个数的研究结果。从中我们看出，当 n 大于等于 4 时，线性不可分函数的个数远远大于线性可分函数的个数。而且随着 n 的增大，这种差距会在数量级上越来越大。这表明，感知器不能表达的问题的数量远远超过了它所能表达的问题的数量。因此当 Minsky 给出感知器的这一致命缺陷时，人工神经网络的研究跌入漫长的黑暗期。

表 3-2　含两个变量的所有二值函数

自变量		函数及其值															
x	y	f_1	f_2	f_3	f_4	f_5	f_6	f_7	f_8	f_9	f_{10}	f_{11}	f_{12}	f_{13}	f_{14}	f_{15}	f_{16}
0	0	0	0	0	0	0	0	0	0	1	1	1	1	1	1	1	1
0	1	0	0	0	0	1	1	1	1	0	0	0	0	1	1	1	1
1	0	0	0	1	1	0	0	1	1	0	0	1	1	0	0	1	1
1	1	0	1	0	1	0	1	0	1	0	1	0	1	0	1	0	1

表 3-3　二值函数与线性可分函数的个数

自变量个数	函数的个数	线性可分函数的个数
1	4	4
2	16	14

自变量个数	函数的个数	线性可分函数的个数
3	256	104
4	65 536	1 882
5	4.3×10^9	94 572
6	1.8×10^9	5 028 134

3.4.2　线性不可分问题的克服

到了 20 世纪 60 年代后期,人们弄清楚了线性不可分问题,并且知道,单级网的这种限制可以通过增加网络的层数来解决。

事实上,一个单级网络可以将平面划分成两部分,用多个单级网组合在一起,并用其中的一个去综合其他单级网的结果,就可以构成一个两级网络,该网络可以被用来在平面上划分出一个封闭或者开放的凸域来。如图 3-6 所示,如果第 1 层含有 n 个神经元,则每个神经元可以确定一条 n 维空间中的直线,其中,AN_i 用来确定第 i 条边。输出层的 AN_0 用来实现对它们的综合。这样,就可以用一个两级单输出网在 n 维空间中划分出一个 m 边凸域来。在这里,图中第 2 层的神经元相当于一个与门。当然根据实际需要,输出层的神经元可以有多个。这可以根据网络要模拟的实际问题来决定。

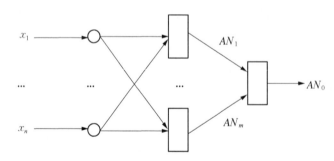

图 3-6　两级单输出网

按照以上分析,很容易构造出第一层含两个神经元,第二层含一个神经元的两级网络来实现"异或"运算。

感知器解决异或问题有两种方式:

(1)用多个线性函数对区域进行划分,然后再对每个神经元的输出进行逻辑运算。

(2)对神经元添加非线性项输入,使等效的输入维度变大:假设原始输入为 x_1,x_2,则可以添加 x_1^2,$x_1 * x_2$,x_2^2 作为新的输入项,由这五项组成网络的输入。

多级网络虽然很好地解决了线性不可分问题,但是,由于无法知道网络隐藏层的神经元的理想输出,所以,感知器的训练算法是难以直接用于多层网的训练。因此,在多级网训练算法的设计中,解决好隐藏层的连接权调整是非常关键的问题。

本章小结

　　感知器起始于 20 世纪 40 年代,是最早被设计并被实现的人工神经网络。本章从感知器发展历史开始,介绍了其工作原理与训练算法,并通过异或问题引出多层感知器的构建。通过本章感知器的学习,可为后续章节其他神经网络模型的学习奠定基础。

参考文献

[1] ROSENBLATT, F. The perceptron:A probabilistic model for information storage and organization in the brain[J]. Psychological Review,1958,65(6):386 - 408.

[2] WHITE B W, ROSENBLATT F. Principles of Neurodynamics:Perceptrons and the Theory of Brain Mechanisms[J]. The American Journal of Psychology,1963,76(4):705.

[3] 蒋宗礼.人工神经网络导论[M].北京:高等教育出版社,2001:30 - 38.

[4] HARA K, OKADA M. Online learning of a simple perceptron learning with margin[M]. Wiley-Interscience,2004:98 - 105.

[5] DUNNE R A. The Multi-Layer Perceptron Model[M]. A Statistical Approach to Neural Networks for Pattern Recognition. John Wiley & Sons, Inc. 2006.

[6] DAWSON M R W. Connectionism:A Hands-On Approach[M]. Blackwell Pub. 2008:49 - 57.

[7] TOMOMURA M, NAKAYAMA K. An internal information optimum algorithm for a multilayer perceptron and its generalization analysis[J]. Electronics & Communications in Japan,2010,87 (5):67 - 80.

[8] SERGIOS THEODORIDIS, KONSTANTINOS KOUTROUMBAS.模式识别(第二版)[M].北京: 电子工业出版社,2004.

[9] SIMONHAYKIN.神经网络原理[M].北京:机械工业出版社,2004.

[10] 阮晓钢.神经计算科学:在细胞的水平上模拟脑功能[M].北京:国防工业出版社,2006.

第4章 BP网络

4.1 概述

反向传播网络（back propagation network，BP）是一种按误差反向传播算法训练的多层前馈网络，误差反向传播算法又名BP算法，实质是梯度下降法，即以神经网络期望的输出和网络实际输出之间的误差作为学习的目标函数，根据使其最小化的原则来调整网络的权值。虽然BP算法的收敛速度比较慢，但由于它具有广泛的适用性，使得它在1986年被提出后，很快就成为应用最为广泛的多级网络训练算法，并对人工神经网络的推广应用发挥了重要作用。

BP算法对人工神经网络的第二次研究高潮的到来起到了很大的作用。从某种意义上讲，BP算法的出现，结束了没有多层网络训练算法的历史，并被认为是多级网络系统的训练方法。此外，它还有很强的数学基础，从而其连接权的修改令人信服。

但是，BP算法也有它的弱点。训练速度非常慢、高维曲面上局部极小点的逃离问题、算法的收敛问题等都是困扰BP网络的严重问题，尤其是后面两个问题，甚至可能会导致网络训练的失败。虽然它有这样一些限制，并且有许多难以令人满意的地方，但其广泛的适应性和有效性使得人工神经网络的应用范围得到了较大的扩展。

从BP算法被重新发现到引起人们的广泛关注并发挥巨大的作用，应该归功于加利福尼亚大学圣迭戈分校（University of California，San Diego，UCSD）的并行分布加工（parallel distri-buted processing，PDP）研究小组的鲁梅尔哈特（Rumelhart）、辛顿（Hinton）和威廉姆斯（Williams）。他们在1986年独立地给出了BP算法清楚而简单的描述，使得该算法非常容易让人掌握并加以实现。另外，由于此时人们对人工神经网络的研究正处于第二次高潮期，而且PDP小组在人工神经网络上的丰富研究成果为其发表并受到广泛的关注提供了便利条件。在该成果发表后不久人们就发现，早在1982年帕克（Paker）就完成了相似的工作。后来人们进一步地发现，甚至在更早的1974年，韦伯斯（Werbos）就已提出了该方法的描述。遗憾的是，无论是帕克还是韦伯斯（Werbos），他们的工作在完成并发表十余年后，都没能引起人们的关注，这无形中导致了多级网络的训练算法及其推广向后推迟了十余年。通过这件事情，也应该看到，要想使重要的研究成果能引起广泛的重视并且尽快发挥作用，论文的发表也非常重要。

4.2　基本 BP 算法

4.2.1　网络的构成

1. 神经元

按照 BP 算法要求,组成 BP 神经网络的神经元所使用的激活函数必须处处可导。一般地,多数设计者都选用 s 型函数。对一个神经元来说,取它的网络输入,即

$$\text{net} = x_1 w_1 + x_2 w_2 + \cdots + x_n w_n$$

其中,x_1,x_2,$\cdots$,x_n 为该神经元所接受的输入,w_1,w_2,$\cdots$,w_n 分别是它们对应的连接权。该神经元的输出为

$$o = f(\text{net}) = \frac{1}{1 + e^{-\text{net}}} \tag{4-1}$$

其相应的图像如图 4-1 所示,$\text{net} = 0$ 时,o 取值为 0.5,并且 net 落在区间 $(-0.6, 0.6)$ 中时,o 的变化率比较大,而在 $(-1, 1)$ 之外,o 的变化率就非常小。

现求 o 关于 net 的导数为

$$
\begin{aligned}
f'(\text{net}) &= \frac{e^{-\text{net}}}{(1 + e^{-\text{net}})^2} = \frac{1 + e^{-\text{net}} - 1}{(1 + e^{-\text{net}})^2} \\
&= \frac{1}{1 + e^{-\text{net}}} - \frac{1}{(1 + e^{-\text{net}})^2} \\
&= o - o^2 = o(1 - o)
\end{aligned}
$$

注意到

$$\lim_{\text{net} \to +\infty} \frac{1}{1 + e^{-\text{net}}} = 1, \quad \lim_{\text{net} \to -\infty} \frac{1}{1 + e^{-\text{net}}} = 0$$

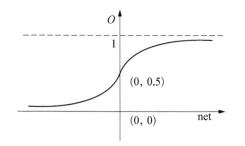

图 4-1　BP 网的神经元的激活函数的图像

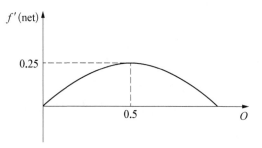

图 4-2　$f'(\text{net})$ 的图像

根据式 $(4-1)$ 可知,o 的值域为 $(0, 1)$,从而,$f'(\text{net})$ 的值域为 $(0, 0.25]$,而且是在 o 为 0.5 时,$f'(\text{net})$ 达到极大值。其图像如图 4-2 所示。

由图 4-1 和图 4-2 可知,在后续对训练的讨论中,应该将 net 的值尽量控制在收敛比较快的范围内。

实际上,也可以用其他函数作为 BP 网络神经元的激活函数,只要该函数是处处可导的。

2. 网络的拓扑结构

BP 网络的结构如图 4-3 所示。实际上,只需用一个二级网络,就可以说明 BP 算法。

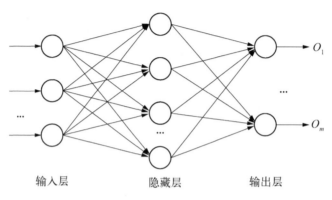

图 4-3　BP 网络结构

一般地,设 BP 网络的输入样本集为

$$\{(\boldsymbol{X}, \boldsymbol{Y}) \mid \boldsymbol{X} \text{ 为输入向量}, \boldsymbol{Y} \text{ 为 } \boldsymbol{X} \text{ 对应的理想输出向量}\}$$

网络有 n 层,第 $h(1 \leqslant h \leqslant n)$ 层神经元的个数用 L_h 表示,该层神经元的激活函数用 F_h 表示,该层的连接矩阵用 $\boldsymbol{W}^{(h)}$ 表示。

显然,输入向量、输出向量的维数由问题直接决定,然而网络隐藏层的层数和各个隐藏层神经元的个数则与问题相关。目前的研究结果还难以给出它们与问题的类型及其规模之间的函数关系。实验表明,增加隐藏层的层数和隐藏层神经元的个数不一定能够提高网络的精度和表达能力,在多数情况下,BP 网络一般都选用二级网络。

4.2.2　训练过程概述

首先,前面已经提到过,人工神经网络的训练过程是根据样本集对神经元之间的连接权进行调整的过程,BP 网络也不例外。其次,BP 网络执行的是有监督训练,所以,其样本集是由形如:(输入向量,理想输出向量)的向量对构成。所有这些向量对,都应该来源于网络即将模拟的系统实际"运行"结果。它们可以是从实际运行系统中采集获得。

在开始训练前,所有的权都应该用一些不同的小随机数进行初始化。"小随机数"是用来保证网络不会因为权过大而进入饱和状态,从而导致训练失败;"不同"用来保证网络可以正常地学习。实际上,如果用相同的数去初始化权矩阵,网络将无能力学习。

BP 算法主要包含 4 步,这 4 步被分为两个阶段。

1. 向前传播阶段

(1) 从样本集中取一个样本 (X_P, Y_p)，将 X_P 输入网络。

(2) 计算相应的实际输出 O_p。

在此阶段，信息从输入层经过逐级的变换，传送到输出层。这个过程也是网络在完成训练后正常运行时执行的过程。在此过程中，网络执行的运算为

$$O_p = F_n(\cdots(F_2(F_1(X_P W^{(1)})W^{(2)})\cdots)W^{(n)})$$

2. 向后传播阶段

(1) 计算实际输出 O_p 与相应的理想输出 Y_p 之间的误差。

(2) 按极小化误差的方式调整权矩阵。

这两个阶段的工作一般应受到精度要求的控制，在这里，取

$$E_p = \frac{1}{2}\sum_{j=1}^{m}(y_{pj} - O_{pj})^2 \qquad (4-2)$$

作为网络关于第 p 个样本的误差测度。而将网络关于整个样本集的误差测度定义为

$$E = \sum E_p \qquad (4-3)$$

如前所述，之所以将此阶段称为向后传播阶段，是对应于输入信号的正常传播而言的。因为在开始调整神经元的连接权时，只能求出输出层的误差，而其他层的误差要通过此误差反向逐层后推才能得到。有时候也称之为误差传播阶段。

4.2.3　误差传播分析

1. 输出层权的调整

为了说明清晰方便，使用图 4-4 中的相应符号来讨论输出层连接权的调整。

$$AN_p \qquad\qquad W_{pq} \qquad\qquad AN_q$$
第 $n-1$ 层　　　　　　　　　　　　第 n 层

图 4-4　AN_p 到 AN_q 的连接

图 4-4 中，AN_q 是输出层的第 q 个神经元，W_{pq} 是从其前导层的第 p 个神经元到 AN_q 的连接权。取

$$W_{pq} = W_{pq} + \Delta W_{pq} \qquad (4-4)$$

根据 Delta 规则见式(2-22)，有

$$\Delta W_{pq} = \alpha \delta_q O_p \qquad (4-5)$$

由于在此书中不再区分神经元的激活状态和输出值，所以式(4-5)中的 δ_q 的计算按

式(4-6)进行。

$$\delta_q = f'_n(\text{net}_q)(y_q - O_q) \tag{4-6}$$

而

$$f'_n(\text{net}_q) = O_q(1 - O_q)$$

所以

$$\begin{aligned}\Delta W_{pq} &= \alpha \delta_q O_p \\ &= \alpha f'_n(\text{net}_q)(y_q - O_q)O_p \\ &= \alpha O_q(1 - O_q)(y_q - O_q)O_p\end{aligned}$$

即

$$\Delta W_{pq} = \alpha O_q(1 - O_q)(y_q - O_q)O_p \tag{4-7}$$

δ_q 可以看成是 AN_q 所表现出来的误差。它由 AN_q 的输出值和 AN_q 的理想输出值确定。

2. 隐藏层权的调整

对隐藏层权的调整,仍然可以采用式(4-4)和式(4-5),只不过在这里不再可以用式(4-6)去计算相应的神经元所表现出来的误差,因为此时无法知道该神经元的理想输出。为了解决这个问题,在这里先从直观上来研究如何计算相应的神经元所表现出来的误差。

为使讨论更清晰,对隐藏层连接权调整的讨论将参考图4-5进行。按照该图的表示,省去了其中有些符号上表示网络层号的上标。一方面,将相应的层号标注在图的下方;另一方面,仅在需要的地方让层号以下标的形式出现。

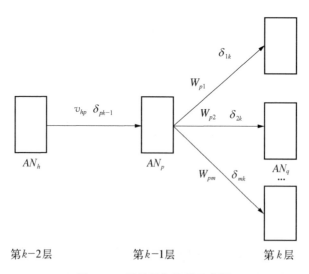

图4-5 误差反向传播示意图

假定图 4-5 中的 W_{p1}，W_{p2}，$\cdots$，W_{pm} 的调整已经完成。所以，此时 δ_{1k}，δ_{2k}，$\cdots$，δ_{mk} 的值是已知的。要想调整 v_{hp} 就必须知道 δ_{pk-1}，由于 AN_p 的理想输出是未知的，所以，必须按照一定的方法来给 δ_{pk-1} 一个合适的估计。

从图 4-5 中可以看出，δ_{pk-1} 的值应该是和 δ_{1k}，δ_{2k}，$\cdots$，δ_{mk} 有关，在 δ_{1k}，δ_{2k}，$\cdots$，δ_{mk} 等每个值中，都含有 δ_{pk-1} 的"成分"。因此，自然地想到用 δ_{1k}，δ_{2k}，$\cdots$，δ_{mk} 来估计 δ_{pk-1}。同时，δ_{pk-1} 又是通过 W_{p1}，W_{p2}，$\cdots$，W_{pm} 与 δ_{1k}，δ_{2k}，$\cdots$，δ_{mk} 关联的。具体地，不妨认为 δ_{pk-1}：

通过权 W_{p1} 对 δ_{1k} 做出贡献；

通过权 W_{p2} 对 δ_{2k} 做出贡献；

$\cdots\cdots$

通过权 W_{pm} 对 δ_{mk} 做出贡献。

从而，AN_p 的输出误差是与

$$W_{p1}\delta_{1k} + W_{p2}\delta_{2k} + \cdots + W_{pm}\delta_{mk}$$

相关的。这样可以用它近似地表示 AN_p 的理想输出与实际输出的误差。根据式（4-6）得到

$$\delta_{pk-1} = f'_{k-1}(\mathrm{net}_p)(W_{p1}\delta_{1k} + W_{p2}\delta_{2k} + \cdots + W_{pm}\delta_{mk}) \tag{4-8}$$

从而有

$$
\begin{aligned}
\Delta v_{hp} &= \alpha\delta_{pk-1}O_{hk-2} \\
&= \alpha f'_{k-1}(\mathrm{net}_p)(W_{p1}\delta_{1k} + W_{p2}\delta_{2k} + \cdots + W_{pm}\delta_{mk})O_{hk-2} \\
&= \alpha O_{pk-1}(1-O_{pk-1})(W_{p1}\delta_{1k} + W_{p2}\delta_{2k} + \cdots + W_{pm}\delta_{mk})O_{hk-2}
\end{aligned}
$$

即

$$\Delta v_{hp} = \alpha O_{pk-1}(1-O_{pk-1})(W_{p1}\delta_{1k} + W_{p2}\delta_{2k} + \cdots + W_{pm}\delta_{mk})O_{hk-2} \tag{4-9}$$

$$v_{hp} = v_{hp} + \Delta v_{hp} \tag{4-10}$$

式中，O_{pk-1}、O_{hk-2} 分别表示第 $k-1$ 层的第 p 个神经元、第 $k-2$ 层的第 h 个神经元的输出。

4.2.4　基本的 BP 算法

根据知识的分布表示原理，由于知识以分布形式呈现，人工神经网络在实际应用中能够借助不断积累的经验，逐步增强其处理能力处理能力。因此，它的学习可以不是一次完成的。也就是说，人工神经网络应该可以在工作过程中通过对新样本的学习而获得新的知识，以不断丰富自己的知识。这就要求在一定的范围内，网络在学会新知识的同时，保持原来学会的东西不被忘记。这个特性被称为可塑性。

然而，BP 网络并不具有这种可塑性。它要求用户一开始就要将所有要学的样本一次

性地交给它,而不是学会一个样本后再学其他的样本。这就要求不能在完成一个样本的训练后才进行下一个样本的训练。所以,训练算法的最外层循环应该是"精度要求",其次才是对样本集进行循环训练。也就是,在 BP 网络针对一个样本对各个连接权作一次调整后,虽然此样本还不能满足精度要求,此时也不能继续按此样本进行训练,而应考虑其他的样本。待样本集中的所有的样本都被考虑过一遍后,再重复这个过程,直到网络能同时满足各个样本的要求。

具体做法是,对样本集

$$S = \{(X_1, Y_1), (X_2, Y_2), \cdots, (X_s, Y_s)\}$$

网络根据 (X_1, Y_1) 计算出实际输出 O_1 和误差测度 E_1,对 $W^{(1)}, W^{(2)}, \cdots, W^{(M)}$ 各做一次调整;在此基础上,再根据 (X_2, Y_2) 计算出实际输出 O_2 和误差测度 E_2,对 $W^{(1)}, W^{(2)}, \cdots, W^{(M)}$ 分别做第二次调整……如此下去。本次循环最后再根据 (X_s, Y_s) 计算出实际输出 O_s 和误差测度 E_s,对 $W^{(1)}, W^{(2)}, \cdots, W^{(M)}$ 分别做第 s 次调整。这个过程,相当于是对样本集中各个样本的一次循环处理。这个循环需要重复下去,直到对整个样本集来说,误差测度的总和满足系统的要求为止,即

$$\sum E_p < \varepsilon$$

这里,ε 为精度控制参数。按照这一处理思想,可以得出下列基本的 BP 算法。

算法 4-1 基本 BP 算法

1   for h=1 to M do
    初始化 $W^{(h)}$

2   初始化精度控制参数 ε

3   $E = \varepsilon + 1$

4   while $E > \varepsilon$ do

    4.1 $E = 0$

    4.2   对 S 中的每一个样本 (X_p, Y_p)

        4.2.1   计算出 X_p 对应的实际输出 O_p

        4.2.2   计算出 E_p

        4.2.3 $E = E + E_p$

        4.2.4   根据式(4-4)、式(4-7)调整 $W^{(h)}$

        4.2.5 $h = M - 1$

        4.2.6   while $h \neq 0$ do

            4.2.6.1   根据式(4-9)、式(4-10)调整 $W^{(h)}$

            4.2.6.2 $h = h - 1$

    4.3 $E = E/2.0$

4.3　算法的改进

实验表明,算法 4-1 较好地抽取了样本集中所含的输入向量和输出向量之间的关系。通过对实验结果的仔细分析会发现,BP 网络接受样本的顺序仍然对训练的结果有较大的影响。比较而言,它更"偏爱"较后出现的样本;如果每次循环都按照 (X_1, Y_1), (X_2, Y_2), $\cdots$, (X_s, Y_s) 所给定的顺序进行训练,在网络"学成"投入运行后,对于与该样本序列较后的样本较接近的输入,网络所给出的输出的精度将明显高于与样本序列较前的样本较接近的输入对应的输出的精度。那么,是否可以根据样本集的具体情况,给样本集中的样本安排一个适当的顺序,以求达到基本消除样本顺序的影响,获得更好的学习效果呢? 这是非常困难的。因为无论如何排列这些样本,它终归要有一个顺序,序列排得好,顺序的影响只会稍微小一些。另外,要想给样本数据排定一个顺序,本来就不是一件容易的事情,再加上要考虑网络本身的因素,就更困难了。

样本顺序对结果的影响的原因是什么呢? 深入分析算法 4-1 可以发现,造成样本顺序对结果产生严重影响的原因是:算法对 $W^{(1)}$, $W^{(2)}$, $\cdots$, $W^{(M)}$ 的调整是分别依次根据 (X_1, Y_1), (X_2, Y_2), $\cdots$, (X_s, Y_s) 完成的。"分别""依次"决定了网络对"后来者"的"偏爱"。实际上,按照这种方法进行训练,有时甚至会引起训练过程的严重抖动,更严重的情况下,它可能使网络难以达到用户要求的训练精度。这是因为排在较前的样本对网络的部分影响被排在较后的样本的影响掩盖掉了,从而使排在较后的样本对最终结果的影响就要比排在较前的样本的影响大。这又一次通过知识的分布表示原理表明,信息的局部破坏不会对原信息产生致命的影响,因为这个被允许的破坏是非常有限的。但是,算法在根据后来的样本修改网络的连接矩阵时,进行的是全面的修改,这使得"信息的破坏"也变得不再是局部的。这正是 BP 网络在遇到新内容时,必须重新对整个样本集进行学习的主要原因。

虽然在精度要求不高的情况下,顺序的影响有时是可以忽略的,但还是应该尽量地消除它。那么,如何消除样本顺序对结果的影响呢? 根据上述分析,算法应该避免"分别""依次"的出现。因此,不再"分别""依次"根据 $(X_1, Y_1)(X_2, Y_2)$, $\cdots$, (X_s, Y_s) 对 $W^{(1)}$, $W^{(2)}$, $\cdots$, $W^{(M)}$ 进行调整,而是用 $(X_1, Y_1)(X_2, Y_2)$, $\cdots$, (X_s, Y_s) 的"总效果"去实施对 $W^{(1)}$, $W^{(2)}$, $\cdots$, $W^{(M)}$ 的修改。这就可以较好地将针对样本集中单个样本的一系列学习,有效整合为对整个样本集的学习。获取样本集"总效果"的最简单的办法是取

$$\Delta W_{ij}^{(h)} = \sum \Delta_p W_{ij}^{(h)} \tag{4-11}$$

其中,$\sum$ 表示对整个样本集的求和,$\Delta_p W_{ij}^{(h)}$ 代表连接权 $W_{ij}^{(h)}$ 关于样本 (X_p, Y_p) 的调整量,从而得到算法 4-2。

算法 4–2　消除样本顺序影响的 BP 算法

1　for h＝1 to M do

　　初始化 $W^{(h)}$

2　初始化精度控制参数 ε

3　$E＝\varepsilon＋1$

4　while $E＞\varepsilon$ do

4.1　$E＝0$

4.2　对所有的 i、j、h：$\Delta W_{ij}^{(h)}＝0$

4.3　对 S 中的每一个样本 $(X_p，Y_p)$

　　4.3.1　计算出 X_p 对应的实际输出 O_p

　　4.3.2　计算出 E_p

　　4.3.3　$E＝E＋E_p$

　　4.3.4　对所有的 i、j；根据式(4-7)计算 $\Delta p W_{ij}^{(M)}$

　　4.3.5　对所有的 i、j；根据式(4-7)计算 $\Delta w_{ij}^{(M)}＝\Delta w_{ij}^{(M)}＋\Delta p W_{ij}^{(M)}$

　　4.3.6　$h＝M-1$

　　4.3.7　while $h\neq0$ do

　　　　4.3.7.1　对所有的 i、j 根据式 4-9 计算 $\Delta p W_{ij}^{(h)}$

　　　　4.3.7.2　对所有的 i、j：$\Delta w_{ij}^{(h)}＝\Delta w_{ij}^{(h)}＋\Delta p W_{ij}^{(h)}$

　　　　4.3.7.3　$h＝h-1$

4.4　对所有的 i、j、h：$w_{ij}^{(h)}＝w_{ij}^{(h)}＋\Delta w_{ij}^{(h)}$；

4.5　$E＝E/2.0$

算法 4-2 较好地解决了因样本的顺序引起的精度问题和训练的抖动问题。但是,该算法的收敛速度还是比较慢的。为了解决收敛速度问题,人们也对算法进行了适当的改造。例如:给每一个神经元增加一个偏移量来加快收敛速度;直接在激活函数上加一个位移使其避免因获得 0 输出而使相应的连接权失去获得训练的机会;连接权的本次修改要考虑上次修改的影响,以减少抖动问题。Rumellhart 等人 1986 年提出的考虑上次修改的影响的公式为

$$\Delta w_{ij}＝\alpha\delta_j o_i＋\beta\Delta w_{ij}' \tag{4-12}$$

其中, $\Delta w_{ij}'$ 为上一次的修改量, β 为冲量系数,一般可取到 0.9。1987 年,Sejnowski 与 Rosenberg 给出了基于指数平滑的方法,对某些问题是非常有效的,即

$$\Delta w_{ij}＝\alpha((1-\beta)\delta_j o_i＋\beta\Delta w_{ij}') \tag{4-13}$$

其中, $\Delta w_{ij}'$ 也是上一次的修改量, β 在 0 和 1 之间取值。

4.4　算法的理论推导

BP 算法有很强的理论基础。算法对网络的训练被看成是在一个高维空间中寻找一个多元函数的极小点。事实上,不妨设网络含有 M 层,各层的连接矩阵分别为:

$$W^{(1)}, W^{(2)}, \cdots, W^{(M)} \tag{4-14}$$

如果第 h 层的神经元有 H_h 个,则网络被看成一个含有

$$n \times H_1 + H_1 \times H_2 + H_2 \times H_3 + \cdots + H_M \times m \tag{4-15}$$

个自变量的系统。该系统将针对样本集

$$S = \{(X_1, Y_1), (X_2, Y_2), \cdots, (X_s, Y_s)\}$$

进行训练。取网络的误差测度为该网络相对于样本集中所有样本的误差测度的总和

$$E = \sum E_p$$

式中,E_p 为网络关于样本 (X_p, Y_p) 的误差测度。由上式可知,如果对任意的

$$(X_p, Y_p) \in S$$

均能使 E_p 最小,则就可使 E 最小。因此,为了后面的叙述简洁,我们用 W_{ij} 代表 $W_{ij}^{(h)}$,用 net_j 表示相应的神经元 AN_j 的网络输入,用 E 代表 E_p,用 (X, Y) 代表 (X_p, Y_p),其中

$$X = (x_1, x_2, \cdots, x_n)$$

该样本对应的实际输出为

$$Y = (y_1, y_2, \cdots, y_m)$$

用公式(4-16)作为相应的误差测度

$$E = \frac{1}{2} \sum_{k=1}^{m} (y_k - o_k)^2 \tag{4-16}$$

按照最速下降法,要求 E 的极小点。应该有

$$\Delta w_{ij} \propto -\frac{\partial E}{\partial w_{ij}} \tag{4-17}$$

这是因为 $\dfrac{\partial E}{\partial w_{ij}}$ 为 E 关于 ∂w_{ij} 的增长率,为了使误差减小,所以取 Δw_{ij} 与它的负值成正比。

注意到式(4-16)，需要变换出 E 相对于该式中网络此刻的实际输出的关系，因此

$$\frac{\partial E}{\partial w_{ij}} = \frac{\partial E}{\partial \mathrm{net}_j} \cdot \frac{\partial \mathrm{net}_j}{\partial w_{ij}} \qquad (4-18)$$

而其中的

$$\mathrm{net}_j = \sum_k w_{kj} o_k$$

所以

$$\frac{\partial \mathrm{net}_j}{\partial w_{ij}} = \frac{\partial \left(\sum\limits_k w_{kj} o_k\right)}{\partial w_{ij}} = o_i \qquad (4-19)$$

将式(4-19)代入式(4-18)，可以得到

$$\begin{aligned} \frac{\partial E}{\partial w_{ij}} &= \frac{\partial E}{\partial \mathrm{net}_j} \cdot \frac{\partial \mathrm{net}_j}{\partial w_{ij}} \\ &= \frac{\partial E}{\partial \mathrm{net}_j} \cdot \frac{\partial \left(\sum\limits_k w_{kj} o_k\right)}{\partial w_{ij}} \\ &= \frac{\partial E}{\partial \mathrm{net}_j} \cdot o_i \end{aligned}$$

令

$$\delta_j = -\frac{\partial E}{\partial \mathrm{net}_j} \qquad (4-20)$$

根据式(4-17)，可以得到

$$\Delta w_{ij} = \alpha \delta_j o_i \qquad (4-21)$$

其中，α 为比例系数，在这里为学习率。

下面的问题是求式(4-20)。显然，当 AN_j 是网络输出层的神经元时，net_j 与 E 的函数关系比较直接，从而相应的计算比较简单。但是，当 AN_j 是隐藏层的神经元时，net_j 与 E 的函数关系就不是直接的关系，相应的计算就比较复杂。所以，需要按照 AN_j 是输出层的神经元和隐藏层的神经元分别进行处理。

1. AN_j 为输出层神经元

当 AN_j 为输出层神经元时，注意到

$$o_j = f(\mathrm{net}_j)$$

容易得到

$$\frac{\partial o_j}{\partial \mathrm{net}_j} = f'(\mathrm{net}_j) \qquad (4-22)$$

从而

$$\delta_j = -\frac{\partial E}{\partial \mathrm{net}_j}$$

$$= -\frac{\partial E}{\partial o_j} \cdot \frac{\partial o_j}{\partial \mathrm{net}_j}$$

$$= -\frac{\partial E}{\partial o_j} \cdot f'(\mathrm{net}_j)$$

再注意到式(4-16)

$$\frac{\partial E}{\partial o_j} = \frac{\partial\left(\frac{1}{2}\sum_{k=1}^{m}(y_k - o_k)^2\right)}{\partial o_j}$$

$$= \frac{1}{2}\frac{\partial(y_j - o_j)^2}{\partial o_j}$$

$$= -(y_j - o_j)$$

所以

$$\delta_j = (y_j - o_j)f'(\mathrm{net}_j) \qquad (4-23)$$

故,当 AN_j 为输出层的神经元时,它对应的连接权 w_{ij} 应该按照下列公式进行调整。

$$w_{ij} = w_{ij} + \alpha\delta_j o_i$$
$$= w_{ij} + \alpha f'(\mathrm{net}_j)(y_j - o_j)o_i \qquad (4-24)$$

2. AN_j 为隐藏层神经元

当 AN_j 为隐藏层神经元时,式(4-20)中的 net_j 及其对应的 $o_j(=f(\mathrm{net}_j))$ 在 E 中没有直接出现,所以,不能直接求解这个偏导数,必须进行适当的变换。由于 net_j 是隐藏层的输入,而式中 E 包含输出层神经元的输出,所以考虑将"信号"向网络的输出方向"推进"一步,使之与 $o_j = f(\mathrm{net}_j)$ 相关。

$$\delta_j = -\frac{\partial E}{\partial \mathrm{net}_j}$$

$$= -\frac{\partial E}{\partial o_j} \cdot \frac{\partial o_j}{\partial \mathrm{net}_j}$$

由于, $o_j = f(\mathrm{net}_j)$,所以

$$\frac{\partial o_j}{\partial \mathrm{net}_j} = f'(\mathrm{net}_j)$$

从而有

$$\delta_j = -\frac{\partial E}{\partial o_j} \cdot f'(\mathrm{net}_j) \qquad (4-25)$$

注意到式（4-16）

$$E = \frac{1}{2} \sum_{k=1}^{m} (y_k - o_k)^2$$

中的 o_k 是它的所有前导层的所有神经元的输出 o_j 的函数。当前的 o_j 通过它的直接后继层的各个神经元的输出去影响下一层各个神经元的输出，最终影响到式（4-16）中的 o_k。而目前只用考虑将 o_j 送到它的直接后继层的各个神经元。不妨假定当前层（神经元 AN_j 所在的层）的后继层为第 h 层，该层各个神经元 AN_k 的网络输入为

$$\text{net}_k = \sum_{i=1}^{H_{h-1}} w_{ik} o_i \tag{4-26}$$

所以，E 对 o_j 的偏导可以转换成如下形式：

$$\frac{\partial E}{\partial o_j} = \sum_{k=1}^{H_h} \left(\frac{\partial E}{\partial \text{net}_k} \cdot \frac{\partial \text{net}_k}{\partial o_j} \right) \tag{4-27}$$

再由式（4-26），可得

$$\frac{\partial \text{net}_k}{\partial o_j} = \frac{\partial \left(\sum_{i=1}^{H_{h-1}} w_{ik} o_i \right)}{\partial o_j} = w_{jk} \tag{4-28}$$

将式（4-28）代入式（4-27），可得

$$\begin{aligned} \frac{\partial E}{\partial o_j} &= \sum_{k=1}^{H_h} \left(\frac{\partial E}{\partial \text{net}_k} \cdot \frac{\partial \text{net}_k}{\partial o_j} \right) \\ &= \sum_{k=1}^{H_h} \left(\frac{\partial E}{\partial \text{net}_k} \cdot w_{jk} \right) \end{aligned} \tag{4-29}$$

与式（4-20）中的 net_j 相比，式（4-29）中的 net_k 为较后一层的神经元的网络输入。所以，遵从的 Δw_{ij} 计算是从输出层开始，逐层向输入层推进的顺序，当要计算 AN_j 所在层的连接权的修改量时，神经元 AN_k 所在层的 δ_k 已经被计算出来。而 $\delta_k = -\dfrac{\partial E}{\partial \text{net}_k}$，即式（4-29）中的 $\dfrac{\partial E}{\partial \text{net}_k}$ 就是 $-\delta_k$。从而

$$\frac{\partial E}{\partial o_j} = -\sum_{k=1}^{H_h} \delta_k \cdot w_{jk} \tag{4-30}$$

代入式（4-25），可得

$$\begin{aligned} \delta_j &= -\frac{\partial E}{\partial o_j} \cdot f'(\text{net}_j) \\ &= -\left(-\sum_{k=1}^{H_h} \delta_k \cdot w_{jk} \right) \cdot f'(\text{net}_j) \end{aligned}$$

即

$$\delta_j = \Big(\sum_{k=1}^{H_h} \delta_k \cdot w_{jk} \Big) \cdot f'(\text{net}_j) \qquad (4-31)$$

由式 4 - 21

$$\Delta w_{ij} = \alpha \Big(\sum_{k=1}^{H_h} \delta_k \cdot w_{jk} \Big) \cdot f'(\text{net}_j) o_i$$

故,对隐藏层的神经元的连接权 w_{ij},有

$$w_{ij} = w_{ij} + \alpha \Big(\sum_{k=1}^{H_h} \delta_k \cdot w_{jk} \Big) \cdot f'(\text{net}_j) o_i$$

4.5　几个问题的讨论

由于 BP 网络具有强大的非线性映射能力以及自适应与自学习能力,其得到越来越广泛的应用,但是 BP 算法在应用中也同时暴露出一些缺陷,其中五个方面的问题对 BP 网络应用产生较大的影响。下面将分别对其进行讨论。

1. 收敛速度问题

BP 算法最大的弱点是它的训练次数多,学习效率低,收敛速度慢。该算法的训练速度非常慢,尤其当网络训练达到一定程度后,其收敛速度可能会下降到令人难以忍受的地步。蒋宗礼教授曾经做过一个试验,对一个输入向量的维数为 4,输出向量的维数为 3,隐藏层有 7 个神经元的 BP 网络,算法在外层循环执行到 5 000 次之前,收敛速度较快。大约每迭代 100 次,误差可以下降 0.001 左右,但从第 10 000 次到第 20 000 次迭代,总的误差下降量还不到 0.001。更严重的情况是,训练有时会发散,因此建议在训练网络时,应加强网络训练过程监视。

2. 局部极小点问题

BP 算法用的是最速下降法,从理论上看,其训练是沿着误差曲面的斜面向下逼近。对一个复杂的网络来说,其误差曲面是一个高维空间中的曲面,它是非常复杂不规则的,其中分布着许多局部极小点,在网络的训练过程中,一旦陷入了这样的局部极小点,用目前的算法是很难逃离出来的。所以,要严密地监视训练过程,一旦发现网络还未达到精度要求,而其训练难以取得进展时,就应该终止训练。因为此时网络已经陷入了一个局部极小点的状态。在这种情况下,可以想办法使它逃离该局部极小点或者避开此局部极小点。"避开"的方法之一是修改 W、V 的初值,重新对网络进行训练。因为开始"下降"位置的不同,会使得网络有可能避开该极小点。但是,由于高维空间中的曲面是非常复杂的,所以,当网络真的可以"躲开"该局部极小点时,它还有可能陷入其他的局部极小点。因此,一般来讲,对局部极小点采用"躲开"的办法并不总是有效的。

较好的方法是当网络掉进局部极小点时,能使它逃离该局部极小点,而向全局极小点继续前进。统计方法在一定的程度上可以实现这一功能,但也会使网络的训练速度变得更慢。

Wasserman 在 1986 年提出,将 Cauchy 训练与 BP 算法结合起来,可以在保证训练速度不被降低的情况下找到全局极小点。

3. 网络瘫痪问题

在训练中,权可能变得很大,这会使神经元的网络输入变得很大,从而又使得其激活函数的导函数在此点上的取值很小。根据式(4-5)到式(4-11),此时的训练步长会变得非常小,进而导致训练速度降得非常低,最终导致网络停止收敛。这种现象叫做网络瘫痪。因此,在对网络的连接权矩阵进行初始化时,要用不同的小伪随机数。

4. 稳定性问题

前面曾经提到,BP 算法必须将整个训练集一次提交给网络,再对它进行连接权的调整,而且最好使用算法 4-2,用整个样本集中各样本所要求的修改量综合实施权的修改。这种做法虽然增加了一些额外存储要求,但却能获得较好的收敛效果。

显然,如果网络遇到的是一个连续变化的环境,它将变成无效。由此看来,BP 网络难以模拟生物系统。BP 网络缺乏的这种可塑性将在第 9 章介绍的 ART 模型中得到解决。

5. 步长问题

BP 网络的收敛是基于无穷小的权修改量,而这个无穷小的权修改量预示着需要无穷的训练时间,这显然是不行的。因此,必须适当地控制权修改量的大小。

显然,如果步长太小,收敛就非常慢,如果步长太大,可能会导致网络的瘫痪和不稳定。较好的解决办法是设计一个自适应步长,使得权修改量能随着网络的训练而不断变化。一般来说,在训练的初期,权修改量可以大一些,到了训练的后期,权修改量可以小一些。1988 年,Wasserman 曾经提出过一个自适应步长算法,该算法可以在训练的过程中自动地调整步长。

本章小结

本章介绍了 BP 网络的基本构成及其训练过程,特别对 BP 网络中输出层和隐藏层的连接权调整方法及其理论推导过程进行了详细阐述,此外,还介绍了基本 BP 算法和消除样本顺序影响的 BP 算法,并对 BP 网络存在的几个重要问题进行了探讨。

参考文献

[1] RUMELHART D E, HINTON G E, Williams R J. Learning representations by back-propagating

errors[J]. Nature，1986，323(3)：533 - 536.

［2］RUMELHART D E，HINTON G E，WILLIAMS R J. Learning Internal Representations by Error Propagation[M]. Neurocomputing：foundations of research. 1988.

［3］蒋宗礼.人工神经网络导论[M].北京：高等教育出版社,2001.

第5章 RBF 网络

5.1 概述

1985 年,Powell 提出了多变量插值的径向基函数(radical basis function,RBF)方法。1988 年,Broomhead 和 Lowe 最早将径向基函数应用于神经网络设计之中,他们在发表的论文 *Multivariable functional interpolation and adaptive networks* 中初步探讨了 RBF 用于神经网络设计与应用于传统插值领域的不同特点,进而提出了一种三层结构的 RBF 神经网络。

1989 年,Moody 和 Darken 在发表的论文 *Fast learning in network of locally tuned processing units* 中,提出了一种具有局部响应特性的神经网络,实际上与 Broomhead 和 Lowe 提出的 RBF 神经网络是一致的。此外,他们还提出了该网络的训练算法。

以后的研究者针对以前研究中存在的问题与不足提出了许多改进的方法,比如 Chen 提出的正交最小二乘法(orthogonal least squares,OLS),其算法容易实现,能在线调整权值的同时确定隐藏层节点数,在实际中得到了较多的应用;S.Lee 等人提出了递阶自组织学习(hierarchically self-organizing learning,HSOL)算法;Platt 提出了一种资源分配网络(resource allocating network,RAN)在线学习算法等。

与其他的前馈神经网络相比,RBF 神经网络具有良好的全局逼近性能,若 RBF 神经网络的隐藏层神经元足够多,它可以在一个紧集上一致逼近任何连续函数。RBF 神经网络以径向基函数作为隐藏层单元的"基",构成隐含层空间,隐含层对输入矢量进行变换,将低维的模式输入数据变换到高维空间内,使得在低维空间内的线性不可分问题在高维空间内线性可分。RBF 神经网络由于其结构简单、收敛速度快、逼近精度高、网络规模小等特点,并且不会存在局部极小值现象,已被广泛地应用于函数逼近和模式分类等问题。

5.2 RBF 神经网络的结构

RBF 神经网络是一种含输入层、单隐含层和输出层的三层前馈神经网络,单输出

RBF 神经网络的拓扑结构如图 5-1 所示。第一层为输入层,由网络与外部环境连接起来的信号神经元组成,输入向量为 $x=(x_1,\ x_2,\ \cdots,\ x_N)^T \in \mathbf{R}^N$;第二层为隐含层,其作用是将输入层获取的信号进行非线性变换,包含 M 个神经元,$\varphi(.)$ 表示隐含层神经元的激活函数;第三层为输出层,网络输出为 o,是对输入模式做出的响应,该层的输出实际为隐含层各个神经元输出的线性加权和,隐含层神经元与输出层之间的连接权值向量为 $w=(w_1,\ w_2,\ \cdots,\ w_M)^T \in \mathbf{R}^M$。

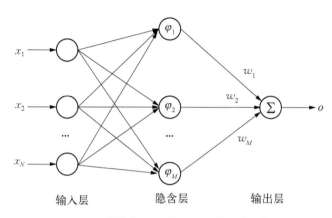

图 5-1　单输出 RBF 神经网络的拓扑结构图

与 BP 神经网络相比,径向基函数神经网络最突出的特点是网络隐含层神经元的基函数采用距离函数,激活函数为径向基函数。径向基函数是一种局部分布的对中心点径向对称衰减的非负非线性函数,在中心点具有峰值,幅值随半径增大而衰减。径向基函数的形式有很多种,常用的径向基函数有高斯函数、反演 Sigmoid 函数和逆多二次函数。

（1）高斯函数

$$\varphi(r)=\exp\left(-\frac{r^2}{2\sigma^2}\right) \tag{5-1}$$

（2）反演 Sigmoid 函数

$$\varphi(r)=\frac{1}{1+\exp\left(\dfrac{r^2}{\sigma^2}\right)} \tag{5-2}$$

（3）逆多二次函数

$$\varphi(r)=\frac{1}{(r^2+\sigma^2)^{1/2}} \tag{5-3}$$

其中,σ 为径向基函数的扩展常数或宽度。当扩展常数取 1 时,径向基函数曲线如图 5-2 所示,图中曲线 1、2 和 3 分别对应于高斯函数、反演 Sigmoid 函数和逆多二次函数。最常用的径向基函数形式是高斯函数,它的可调参数包括数据中心和扩展常数。

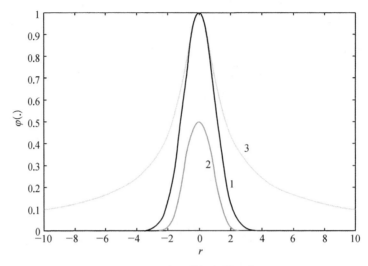

图 5-2　常用的径向基函数

5.3　RBF 的训练准则和基本算法

通常径向基函数神经网络的学习内容包含：① 网络的结构设计，即确定网络的隐含层神经元个数；② 确定网络的参数，包括径向基函数的数据中心和扩展常数；③ 求解网络的输出层权值。如果确定了网络的隐含层神经元个数、数据中心和扩展常数，那么径向基函数神经网络的输出层权值可以根据线性方程组进行求解，一般采用最小二乘法。

5.3.1　训练准则

在径向基函数神经网络的训练过程中，采用以下方法确定径向基函数的数据中心、扩展常数和输出层权值。

1. 中心的确定

（1）固定法。当隐藏层节点数和训练数据的数目相等时，每一个训练数据就充当这一隐藏层节点的中心。

（2）随机固定法。当隐藏层节点数小于训练数据的数目时，隐藏层节点的中心可用某种具有随机性的方法来选取。

（3）Kohonen 中心选择法。从样本集中选择 K 个样本作为隐藏层节点的中心向量的初始值，并对中心向量归一化。然后依次计算每个训练模式和每个中心向量的内积，将内积最大的中心确定为与当前训练模式距离最近的中心。

（4）K-Means 聚类中心选择法。从训练数据中挑选 K 个作为初始中心，其他训练数据分配到与之距离最近的类中，然后重新计算各类的训练数据的平均值作为 RBF 的中心。

2. 扩展常数的确定

(1) 固定法。当数据中心确定后,RBF 的宽度可由 $\sigma = D/\sqrt{2M}$ 确定,其中,D 是所选数据中心之间的最大距离;M 为数据中心的个数。

(2) 平均距离。RBF 宽度的一个合理估计是 $\sigma_j = \min\limits_{i}\|c_i - c_j\|$,它表示第 j 类数据中心与它最近邻的第 i 类数据中心的欧式距离。

(3) 其他方法。$\sigma_j = \min\limits_{i}\beta\|c_i - c_j\|$,其中 β 是重叠系数,介于 1.0 和 1.5 之间。

3. 权值的确定

(1) 最小二乘法。设训练样本集为 $\{(x^{(p)}, y^{(p)}) \mid p=1, 2, \cdots, P\}$,当输入样本为 $x^{(p)}$ 时,隐含层第 j 个神经元的输出为

$$\varphi_j^{(p)} = \varphi(\|x^{(p)} - c_j\|); \; j=1, 2, \cdots, M \tag{5-4}$$

其中,$\varphi(.)$ 表示径向基函数;$\|\cdot\|$ 表示距离函数(如欧氏距离);c_j 表示径向基函数的数据中心。

径向基函数神经网络的实际输出为

$$o^{(p)} = \sum_{j=1}^{M} w_j \varphi_j^{(p)} = \sum_{j=1}^{M} w_j \varphi(\|x^{(p)} - c_j\|) \tag{5-5}$$

网络训练的目的是确定输出权值 w,使得 $o^{(p)} = y^{(p)}$,可以得到如下线性方程组。

$$\begin{pmatrix} \varphi_1^{(1)} & \cdots & \varphi_M^{(1)} \\ \vdots & \ddots & \vdots \\ \varphi_1^{(P)} & \cdots & \varphi_M^{(P)} \end{pmatrix} \begin{pmatrix} w_1 \\ \vdots \\ w_M \end{pmatrix} = \begin{pmatrix} y^{(1)} \\ \vdots \\ y^{(P)} \end{pmatrix} \tag{5-6}$$

令 $\mathbf{\Phi} \in \mathbf{R}^{P \times M}$ 表示隐含层神经元输出 $\varphi_j^{(p)}$ 构成的矩阵,输出权值为 $w = (w_1, w_2, \cdots, w_M)^{\mathrm{T}} \in \mathbf{R}^M$,网络的期望输出为 $y = (y^{(1)}, y^{(2)}, \cdots, y^{(P)})^{\mathrm{T}} \in \mathbf{R}^P$,则式(5-6)可以表示为

$$\mathbf{\Phi} w = y \tag{5-7}$$

因此,径向基函数神经网络的训练问题可以转化为求解如式(5-7)所示的回归问题。通常可以采用最小二乘法对上式进行求解,输出权值的估计值 $\hat{w}$ 为

$$\hat{w} = (\mathbf{\Phi}^{\mathrm{T}} \mathbf{\Phi})^{-1} \mathbf{\Phi}^{\mathrm{T}} y \tag{5-8}$$

(2) 梯度下降法。定义目标函数为

$$E = \frac{1}{2} \sum_{i=1}^{P} e_i^2 \tag{5-9}$$

e_i 为输入 i 个样本时的误差信号

$$e_i = y_i - \sum_{j=1}^{M} w_j \varphi(\|x^{(i)} - c_j\|) \tag{5-10}$$

为使目标函数最小化,各参数的修正量应与其负梯度成正比,即

$$\Delta c_j = -\alpha \frac{\partial E}{\partial c_j} \tag{5-11}$$

$$\Delta \sigma_j = -\alpha \frac{\partial E}{\partial \sigma_j} \tag{5-12}$$

$$\Delta w_j = -\alpha \frac{\partial E}{\partial w_j} \tag{5-13}$$

其中,α 为学习率,具体计算公式为

$$\Delta c_j = \alpha \frac{w_j}{\sigma_j^2} \sum_{i=1}^{P} e_i \varphi(\|x^{(i)} - c_j\|)(x^{(i)} - c_j) \tag{5-14}$$

$$\Delta \sigma_j = \alpha \frac{w_j}{\sigma_j^3} \sum_{i=1}^{P} e_i \varphi(\|x^{(i)} - c_j\|)\|x^{(i)} - c_j\|^2 \tag{5-15}$$

$$\Delta w_j = \alpha \sum_{i=1}^{P} e_i \varphi(\|x^{(i)} - c_j\|) \tag{5-16}$$

5.3.2 基本算法

RBF 神经网络中不同的样本中心选取方式、不同的扩展常数确定方法与不同的隐含层连接权值优化方法的组合便产生了不同的 RBF 神经网络算法。下面介绍基于 K - means 聚类的 RBF 神经网络算法。

K - means 聚类算法的 RBF 神经网络是 Moody 和 Darken 在 1989 年提出的,这被认为是最经典的 RBF 神经网络学习算法之一。它是一种两段式的混合学习算法。在第一阶段,使用无监督 K - means 算法对输入样本进行聚类以获得隐含层的聚类中心;在第二阶段,使用有监督的学习算法(如梯度法)训练隐含层与输出层的权值。

K - means 算法是采用迭代的方法寻找聚类中心,假设迭代次数为 N、聚类中心数为 M,则第 n 次迭代时的聚类中心为 $c_1(n)$, $c_2(n)$, $\cdots$, $c_M(n)$。 K - means 聚类算法确定 RBF 神经网络隐含层数据中心 c_j 和扩展常数 σ_j 的步骤如下。

(1) 初始化算法,从样本集中随机选取 M 个取值不同的样本作为初始数据中心。

(2) 计算出所有输入样本 $x^{(p)}$ 同数据中心 c_j 的欧式距离 $\|x^{(p)} - c_j(n)\|$,$j = 1$,2, $\cdots$, M; $p = 1$, 2, $\cdots$, P。

(3) 按照最小距离原则对所有输入样本进行分类,从而将全部输入样本划分为 M 个聚类域 $W_1(n)$, $W_2(n)$, $\cdots$, $W_M(n)$,并保留旧的数据中心 $c_j(n)$。

(4) 根据(3)得到的初始分类,计算每个聚类域 $W_i(n)$ 的均值用以更新聚类中心,并

获得新的数据中心 $c_j(n+1)$。

（5）判断迭代的终止条件，即当数据中心变化小于预先设定的阈值 θ，结束聚类迭代，否则转至（2）。

（6）计算各隐含层节点的宽度即扩展常数，将数据中心间最小距离作为 RBF 神经网络的扩展常数 σ_j。

以上步骤可用伪代码表述如下

输入：样本集 $X = \{x^{(p)}|p = 1,\ 2,\ \cdots,\ P\}$；
　　　聚类簇数 M，预先设定的阈值 θ。
过程：
1. 从 X 中随机选择 M 个样本作为初始数据中心 $\{c_j|j = 1,\ 2,\ \cdots,\ M\}$
2. repeat
　　for j = 1, 2, ⋯, M do
　　　$W_j = \phi$
　　end for
　　for p = 1, 2, ⋯, P do

　　　$j_0 = \underset{1 \leqslant j \leqslant M}{\arg\min}\{\ \|\ x^{(p)} - c_j\ \|\ \}$
　　　$W_{j_0} = W_{j_0} \bigcup \{x^{(p)}\}$
　　end for
　　for j = 1, 2, ⋯, M do
　　　计算聚类域 W_j 的均值用以更新聚类中心，并获得新的数据中心 c_j；
　　　计算数据中心的扩展常数 σ_j。
　　end for
　until 数据中心变化小于预先设定的阈值 θ
输出：数据中心 c_j 和对应的扩展常数 $\sigma_j\{j = 1,\ 2,\ \cdots,\ M\}$。

基于 $K\text{-}means$ 聚类算法的 RBF 神经网络称得上是降低 RBF 神经网络规模中最为经典算法之一。利用聚类的方法动态地寻找数据中心，在理论上能更加靠近最佳响应的数据中心，但是聚类方法的劣势在于不易确定数据中心的数目 M，而不同的 M 对网络的泛化能力影响较大，并且在无监督的学习过程中也没有充分地利用样本输出的信息。

5.4　RBF 与 BP 网络比较分析

RBF 神经网络与 BP 神经网络都是非线性多层前馈网络，它们都是通用逼近器。对于任一个 BP 神经网络，总存在一个 RBF 神经网络可以代替它，反之亦然。但是这两种网络也存在着很多不同点，这里从网络结构、训练算法、网络资源的利用及逼近性能等方面对 RBF 神经网络和 BP 神经网络进行比较分析。

1. 网络结构

BP 神经网络实行权连接，而 RBF 神经网络输入层到隐藏层单元之间为直接连接，隐藏层到输出层实行权连接。BP 神经网络隐藏层单元的激活函数一般选择非线性函数(如 Sigmoid 函数),RBF 神经网络隐藏层单元的激活函数是关于中心对称的径向基函数(如高斯函数)。BP 神经网络是三层或三层以上的静态前馈神经网络,其隐藏层和隐藏层节点数不容易确定,没有普遍适用的规律可循,一旦网络的结构确定下来,在训练阶段网络结构将不再变化;RBF 神经网络是三层静态前馈神经网络,隐藏层单元数也就是网络的结构可以根据研究的具体问题,在训练阶段自适应地调整,从而使网络具有很好的适用性。

2. 训练算法

BP 神经网络需要确定的参数是连接权值和阈值,主要的训练算法为 BP 算法和改进的 BP 算法。但 BP 算法存在许多不足之处,主要表现为易陷于局部极小值,学习过程收敛速度慢,隐藏层和隐藏层节点数难以确定;更为重要的是,一个新的 BP 神经网络能否经过训练达到收敛还与训练样本的容量、选择的算法及事先确定的网络结构(输入节点、隐藏层节点、输出节点及激活函数)、期望误差和训练步数有很大的关系。RBF 神经网络的训练算法在前面已做了论述,目前,很多 RBF 神经网络的训练算法支持在线和离线训练,可以动态确定网络结构和隐藏层单元的数据中心和扩展常数,学习速度快,比 BP 算法表现出更好的性能。

3. 网络资源的利用

RBF 神经网络原理、结构和学习算法的特殊性决定了其隐藏层单元的分配可以根据训练样本的容量、类别和分布来决定。如采用最近邻聚类方式训练网络,网络隐藏层单元的分配就仅与训练样本的分布及隐藏层单元的宽度有关,与执行的任务无关。在隐藏层单元分配的基础上,输入与输出之间的映射关系,通过调整隐藏层单元和输出单元之间的权值来实现,这样,不同任务之间的影响就比较小,网络资源就可以得到充分的利用。这一点和 BP 神经网络完全不同,BP 神经网络权值和阈值的确定由每个任务(输出节点)均方误差的总和直接决定,这样,训练的网络只能是不同任务的折中,对于某个任务来说,就无法达到最佳的效果。而 RBF 神经网络则可以使每个任务之间的影响降到较低的水平,从而每个任务都能达到较好的效果,这种并行的多任务系统使 RBF 神经网络得到越来越广泛的应用。

4. 逼近性能

BP 神经网络的隐节点采用输入模式与权向量的内积作为激活函数的自变量,激活函数采用 Sigmoid 函数,各隐节点对 BP 网络的输出具有同等地位的影响,因此 BP 神经网络是对非线性映射的全局逼近。而 RBF 神经网络的隐节点采用输入模式与中心向量的距离(如欧式距离)作为函数的自变量,并使用径向基函数(如高斯函数)作为激活函数。神经元的输入离径向基函数中心越远,神经元的激活程度就越低。RBF 网络的输出与数据中心离输入模式较近的"局部"隐节点关系较大,RBF 神经网络因此具有"局部映射"特性。

总之,RBF 神经网络可以根据具体问题确定相应的网络拓扑结构,具有自学习、自组织和自适应功能,它对非线性连续函数具有一致逼近性,学习速度快,可以进行大范围的数据融合,可以并行高速地处理数据。RBF 神经网络的优良特性使其显示出比 BP 神经网络更强的生命力,在越来越多的领域内可替代 BP 神经网络。目前,RBF 神经网络已经成功应用于非线性函数逼近、时间序列分析、数据分类、模式识别、信息处理、图像处理、系统建模、控制和故障诊断等。

本章小结

　　本章首先概述 RBF 的发展历程,并介绍了其基本的网络结构。然后详细分析了径向基函数神经网络的训练准则和基于 K-means 聚类的 RBF 神经网络算法,最后对比分析了 RBF 和 BP 神经网络在网络结构、训练算法、网络资源利用和逼近性能等方面的差异。

参考文献

[1]　POWELL M J D. Radial basis function for multivariable interpolation: A Review[C]. In IMA conference on algorithms for the approximation of functions and data. RMCS, Shrivenham UK, 1985. 143 - 167.

[2]　BROOMHEAD D S, Lowe D. Multivariable functional interpolation and adaptive networks[J]. Complex Systems, 1988, 2: 321 - 355.

[3]　MOODY J E, DARKEN C J. Fast learning in networks of locally tuned processing units[J]. Neural Computation, 1989, 1(2): 281 - 294.

[4]　CHEN S, COWAN C F N, GRANT P M. Orthogonal least squares learning algorithm for radial basis function networks[J]. IEEE Transactions on neural networks, 1991, 2(2): 302 - 309.

[5]　LEE S, KIL R M. A Gaussian potential function network with hierarchically self-organizing learning[J]. Neural Networks, 1991, 4(2): 207 - 224.

[6]　PLATT, J. A Resource-Allocating Network for Function Interpolation[J]. Neural Computation, 1991, 3(2): 213 - 225.

[7]　PARK J, SANDBERG I W. Universal approximation using radial-basis-function networks[J]. Neural computation, 1991, 3(2): 246 - 257.

[8]　韩敏.人工神经网络基础[M].大连:大连理工大学出版社,2014:59 - 61.

[9]　袁红春,潘金晶.改进递归最小二乘 RBF 神经网络溶解氧预测[J].传感器与微系统,2016,35(10):20 - 23.

[10]　黄滨.基于径向基神经网络的广义预测控制研究及应用[D].哈尔滨:哈尔滨工程大学,2007.

第6章 对传网

6.1 概述

1987 年，美国学者罗伯特·赫特·尼尔森（Robert Hecht-Nielsen）提出了对偶传播神经网络（counter-propagation network，CPN），简称为对传网。CPN 网能存储二进制或模拟值的模式对，因此这种网络模型可用于联想存储、模式分类、函数逼近、统计分析和数据压缩等用途。从网络的拓扑结构来看，CPN 与 BP 网结构相同，然而 CPN 的训练速度要快很多，所需的时间大约是 BP 网所需时间的 1%，但它的应用面比较窄。

Robert Hecht-Nielsen 提出的 CPN 是一种异构的网络，神经元被分布于两层，它们分别执行较早些时候出现的两个著名算法：Kohonen 1981 年提出的自组织映射（self-organization map，SOM）和 Grossberg 1969 年提出的散射星（Outstar）。人们将执行自组织映射的层称为 Kohonen 层，执行散射星算法的层则被称为 Grossberg 层。按这种方法将这两种算法组合在一起后所获得的网络，隐藏层为竞争层，采用无监督的竞争学习规则，而输出层为 Grossberg 层，采用有监督信号的 Grossberg 规则学习。实际上，CPN 就是将无监督训练算法与有监督训练算法相结合，用无监督训练解决网络隐藏层的理想输出未知的问题，用有监督训练解决输出层按系统的要求给出指定的输出结果的问题。另外，可以通过对此网的简单扩展，来实现相应的逆变换，这被称为全对传网。

6.2 网络结构

完整的对传网应该是可以完成信号的双向变换和传递的。为了方便学习，本章先介绍 CPN 的向前传递阶段，并简称它为单向 CPN，而完整的 CPN（双向网）在原理上是一样的，简称为全对传网。

图 6-1 给出了简化的单向 CPN 的拓扑结构。从表面上看，它具有和 BP 网络相同的拓扑结构，但是在运行过程中，它们却分别执行自组织映射算法和散射星算法。所以，对

一个网络,除了它的拓扑结构外,其运行机制也是确定网络结构(如:同构、异构)和性能的重要因素。

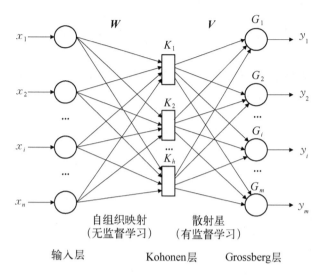

图 6 - 1　单向 CPN 结构

输入层的神经元接收输入向量并传播到 Kohonen 层,使得输入向量的每一个分量可以被按照一定的连接权传递到 Kohonen 层的每个神经元,用 W 表示 Kohonen 层的连接权矩阵,用 w_{ij} 表示输入向量的第 i 个分量到 Kohonen 层的第 j 个神经元的连接权。Kohonen 层将向量传播到 Grossberg 层,用 V 表示 Grossberg 层的连接权矩阵,同时 Kohonen 层的第 i 个神经元到 Grossberg 层的第 j 个神经元的连接权用 v_{ij} 表示。

本章中,分别采用向量 $\boldsymbol{X}=(x_1, x_2, \cdots, x_n)$,$\boldsymbol{Y}=(y_1, y_2, \cdots, y_m)$ 表示输入向量和输出向量。其中,n 为输入向量的维数,m 为输出向量的维数,同时也是 Grossberg 层神经元的个数。h 为 Kohonen 层神经元的个数。

与其他网络一样,CPN 有两种工作模式:训练模式和正常工作模式。在训练模式下,对一个样本 $(\boldsymbol{X}, \boldsymbol{Y})$,Kohonen 层按照样本输入向量 $\boldsymbol{X}$ 进行无监督学习(自组织映射要求的学习),调整输入层与 Kohonen 层之间的连接权,Grossberg 层则按照样本输出向量 $\boldsymbol{Y}$ 进行有监督学习,调整 Kohonen 层与 Grossberg 层之间的连接权。在正常工作模式下,给定的输入向量 $\boldsymbol{X}$ 被加在网络上,通过 Kohonen 层的自组织映射而使该层的神经元处于相应的状态(在最简单的情况下,该层的神经元仅有一个处于激发态),由这个状态表达的信息被 Grossberg 层转换成用户要求的形式输出。

6.3　网络的正常运行

在 CPN 中,Kohonen 层和 Grossberg 层不仅执行不同的训练算法,而且它们在正常运行阶段所执行的算法也是不同的。

6.3.1 Kohonen 层

Kohonen 层按"赢者通吃"的规则开展工作,即输入向量传播到 Kohonen 层后,各个神经元进行竞争,获得网络输入最大的神经元处于激发态,而其他的神经元就处于抑制态。同时规定,处于激发态的神经元输出为 1,而处于抑制态的神经元输出为 0。

为了方便讨论,使用如下标记表示权向量:

$$\boldsymbol{W}_1 = (w_{11}, w_{21}, \cdots, w_{n1})$$
$$\boldsymbol{W}_2 = (w_{12}, w_{22}, \cdots, w_{n2})$$
$$\cdots$$
$$\boldsymbol{W}_h = (w_{1h}, w_{2h}, \cdots, w_{nh})$$

对 Kohonen 层的每个神经元 $K_j (1 \leqslant j \leqslant h)$,它所获得的网络输入为 $k\mathrm{net}_j$,输出为 k_j,其相关联的权向量为 $\boldsymbol{W}_j = (w_{1j}, w_{2j}, \cdots, w_{nj})$,所以有:

$$
\begin{aligned}
k\mathrm{net}_j &= X\boldsymbol{W}_j^{\mathrm{T}} \\
&= (x_1, x_2, \cdots, x_n)(w_{1j}, w_{2j}, \cdots, w_{nj})^{\mathrm{T}} \\
&= w_{1j}x_1 + w_{2j}x_2 + \cdots + w_{nj}x_n
\end{aligned}
\tag{6-1}
$$

从而,$K_1, K_2, \cdots, K_h$ 的输入构成向量:

$$K\mathrm{NET} = (k\mathrm{net}_1, k\mathrm{net}_2, \cdots, k\mathrm{net}_h) \tag{6-2}$$

对于向量 $K\mathrm{NET}$ 采用竞争规则得到神经元的输出值,即对于向量 $K\mathrm{NET}$ 的每一个分量 $k\mathrm{net}_j(1 \leqslant j \leqslant h)$ 使用如下激活函数。

$$
k_j = \begin{cases} 1 & k_j = \max\{k\mathrm{net}_1, k\mathrm{net}_2, \cdots, k\mathrm{net}_h\} \\ 0 & \text{其他} \end{cases}
\tag{6-3}
$$

从而得到 Kohonen 层的输出向量 $\boldsymbol{K} = (k_1, k_2, \cdots, k_h)$。

从式(6-1)和(6-3)可知,对每个输入向量 X,Kohonen 层的每个神经元 $K_j(1 \leqslant j \leqslant h)$ 所获得的网络输入就是输入向量 X 与它相对应的连接权向量 $\boldsymbol{W}_j$ 的点积。由此,可以给出 Kohonen 的输出这样的几何解释:Kohonen 层的每个神经元 $\boldsymbol{K}_j(1 \leqslant j \leqslant h)$ 对应一个分类,它对应的连接权向量 $\boldsymbol{W}_j$ 与使神经元 $\boldsymbol{K}_j$ 激发的这一组 X 的"几何距离"最近,所以 $\boldsymbol{W}_j$ 就是这一组 X 的代表。

6.3.2 Grossberg 层

按照人工神经网络的运行模型的定义,Grossberg 层的每个神经元 $G_j(1 \leqslant j \leqslant m)$ 相关联的权向量为 $\boldsymbol{V}_j = (v_{1j}, v_{2j}, \cdots, v_{hj})$,它所获得的网络输入为

$$
\begin{aligned}
g\,net_j &= KV_j^{\mathrm{T}} \\
&= (k_1,\ k_2,\ \cdots,\ k_h)(v_{1j},\ v_{2j},\ \cdots,\ v_{hj})^{\mathrm{T}} \\
&= k_1 v_{1j} + k_2 v_{2j} + \cdots + k_h v_{hj}
\end{aligned}
\tag{6-4}
$$

如果 Kohonen 层按照最简单的方式工作,假设该层只有唯一的一个神经元 K_o 处于激发态而输出 1,其他的神经元均输出 0。此时,Grossberg 层的神经元 $G_j (1 \leqslant j \leqslant m)$ 所获得的网络输入为

$$
\begin{aligned}
g\,net_j &= KV_j^{\mathrm{T}} \\
&= (k_1,\ k_2,\ \cdots,\ k_h)(v_{1j},\ v_{2j},\ \cdots,\ v_{hj})^{\mathrm{T}} \\
&= k_1 v_{1j} + k_2 v_{2j} + \cdots + k_h v_{hj} \\
&= v_{oj}
\end{aligned}
\tag{6-5}
$$

此时 Grossberg 层的输入向量为

$$
\begin{aligned}
GNET &= (g\,net_1,\ g\,net_2,\ \cdots,\ g\,net_m) \\
&= (v_{o1},\ v_{o2},\ \cdots,\ v_{om})
\end{aligned}
\tag{6-6}
$$

该向量正好就是与 K_o 对应的相关权向量 $\boldsymbol{V}_o$。 如果此时 Grossberg 层的神经元的激活函数为恒等映射函数,则 Grossberg 层的输出即 CPN 的输出,也是 $\boldsymbol{V}_o$。 可以认为,$\boldsymbol{V}_o$ 为 K_o 节点对应的 $\boldsymbol{W}_o$ 的变换形式。由于 $\boldsymbol{V}_o$ 的各个分量都是从 K_o 到 Grossberg 层各神经元的连接权,所以此算法被称为散射星(Outstar)。

因此,如果将 CPN 用于模式的完善,则此时有

$$
n = m
$$

网络接受含有噪音的输入模式 $(x_1,\ x_2,\ \cdots,\ x_n)$,而输出去掉噪音后的模式为 $(v_{o1},\ v_{o2},\ \cdots,\ v_{om})$。

综上所述,对一个输入向量 $\boldsymbol{X}$,CPN 首先检查它与 $W_1, W_2, \cdots, W_h$ 中的哪一个最为接近。最接近的 W_j 对应的神经元被激发 K_j。一方面,这说明 CPN 将样本空间中的输入向量分成了 h 类,而且它们的代表分别是 $W_1, W_2, \cdots, W_h$。 所以,当面临的问题比较复杂,需要将输入向量分更多的类的时候,可以适当地增加 Kohonen 层神经元的个数。另一方面,CPN 的分类实际上是在寻找与输入向量 $\boldsymbol{X}$ 最接近的 W_o。因此它们的初始化非常重要。这不仅会影响到训练的速度,而且还会直接影响到网络的精度。在 Kohonen 层完成模式的分类之后,对 Grossberg 层而言,它就是以适当的方式输出被激发的所对应的向量 $\boldsymbol{V}_o$。 因此,V_o 实际上就是 W_o 的一个变换。所以,在训练过程中,对 $W_1, W_2, \cdots, W_h$,将努力使它们代表各类 $\boldsymbol{X}$ 的共同特征。例如,叮以将这一类 $\boldsymbol{X}$ 的平均值作为相应的训练目标;对 $V_1, V_2, \cdots, V_h$,则是让它们对应地去表现 $W_1, W_2, \cdots, W_h$ 所代表的样本集中的 $\boldsymbol{X}$ 对应的理想输出 $\boldsymbol{Y}$ 的共同特征。

6.4 Kohonen 层的训练

上节已介绍过，Kohonen 层按照输入向量 X 的相似度完成对它们的分类。分类的结果由 Grossberg 层转换成要求的输出形式。Kohonen 层使用自组织算法，按照无监督方式学习。因此，对一个给定的输入向量，事先不知道 Kohonen 层中哪个神经元被激发，算法只能保证将不相似的向量区分开来，而使相似的向量能激发 Kohonen 层的同一个神经元。为了较好地实现这一思想，建议将输入向量和 Kohonen 层各神经元对应的 Kohonen 层的权向量 $W_1, W_2, \cdots, W_h$ 进行规范化处理，使它们均为单位向量，以保证竞争的"公平性"。

6.4.1 输入向量的预处理

输入向量的预处理就是对输入向量进行单位化处理，将向量的每一个分量除以该向量的模。设

$$X = (x_1, x_2, \cdots, x_n)$$

X 的模

$$\|X\| = \sqrt{(x_1, x_2, \cdots, x_n)(x_1, x_2, \cdots, x_n)^T}$$

X 的单位化向量

$$X' = (x'_1, x'_2, \cdots, x'_n)$$
$$= \left(\frac{x_1}{\|X\|}, \frac{x_2}{\|X\|}, \cdots, \frac{x_n}{\|X\|}\right)$$

6.4.2 权重调整

为了使 $W_1, W_2, \cdots, W_h$ 能较好地代表网络所给出的样本集中输入向量的类别，对一个给定的输入向量 X，首先必须在 $W_1, W_2, \cdots, W_h$ 中找出目前谁最接近 X。Kohonen 层中的神经元的网络输入为 X 与它对应的权向量的点积，而点积最大者(W_o)拥有与 X 最大的相似度。所以，应该用它来代表 X 所属的类。而为了使它更好地代表 X，需进一步调整该 W_o，使它变得更接近 X，以便更好地代表 X，这就是 Kohonen 层的权重调整过程。但是，这种调整幅度不能太大，必须是有限度的，否则算法将会出现强烈的抖动。

据此，有下列权重调整方法。

$$W_o^{(new)} = W_o^{(old)} + \alpha(X - W_o^{(old)}) \tag{6-7}$$

74

来使 $W_o^{(\text{new})}$ 变得比 $W_o^{(\text{old})}$ 更接近 X。其中，$W_o^{(\text{new})}$ 表示 W_o 在本次被调整后的值，$W_o^{(\text{old})}$ 表示 W_o 在本次调整之前的值。α 的学习率为

$$\alpha \in (0,1)$$

可以证明，使用式(6-8)对 $W_o^{(\text{old})}$ 进行变换后，确实会使得 $W_o^{(\text{new})}$ 变得比 $W_o^{(\text{old})}$ 更接近 X。事实上

$$
\begin{aligned}
W_o^{(\text{new})} &= W_o^{(\text{old})} + \alpha(X - W_o^{(\text{old})}) \\
X - W_o^{(\text{new})} &= X - [W_o^{(\text{old})} + \alpha(X - W_o^{(\text{old})})] \\
&= X - W_o^{(\text{old})} - \alpha X + \alpha W_o^{(\text{old})} \\
&= X(1 - \alpha) - W_o^{(\text{old})}(1 - \alpha) \\
&= (1 - \alpha)(X - W_o^{(\text{old})})
\end{aligned}
\tag{6-8}
$$

所以

$$
\begin{aligned}
\frac{X - W_o^{(\text{new})}}{X - W_o^{(\text{old})}} &= \frac{(1 - \alpha)(X - W_o^{(\text{old})})}{(X - W_o^{(\text{old})})} \\
&= 1 - \alpha
\end{aligned}
\tag{6-9}
$$

由于 $(1 - \alpha) < 1$，所以 $W_o^{(\text{new})}$ 比 $W_o^{(\text{old})}$ 更接近 X。

图 6-2 为权重调整的几何表示意义，从图中可以看出 $W_o^{(\text{new})}$ 确实比 $W_o^{(\text{old})}$ 更接近 X。图中的圆为单位圆。所以，从原点到该圆上任一点的向量都是单位向量。

此计算要求对 $W_o^{(\text{new})}$ 进行规范化处理。这是为了保证后续的训练仍然能以相同的方式进行。当然，包括对输入向量 X 的单位化处理在内，都要求算法付出新的代价。但是，对 X、W 进行单位化处理之后，会使本层的训练有效地进行。因此，为 X、W 的单位化所付出的代价是值得的。

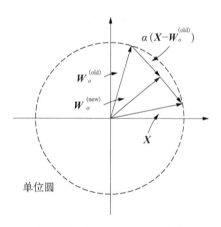

图 6-2　权重调整的几何意义

在图 6-2 中，被进行过单位化处理的 $W_o^{(\text{new})}$ 将在未被单位化处理的 $W_o^{(\text{new})}$ 的基础上，继续延长到单位圆上，也就是说，它的方向不变，只是长度延长。

从上述讨论不难看出，算法第一步要求对 W_j 进行初始化处理是很有必要的，学习率在 0 和 1 之间取值。实践经验表明，在训练的初期，一般取 0.7 左右，它将随着训练的进行不断变小。算法执行到训练后期，W_j 已经对应一组样本，而不是一个样本。在这个阶段不能允许一个 X 对 W_j 的影响太大。因为此时如果 X 对 W_j 的影响过大，它会过多地破坏对该类中其他输入向量的表达，等这些向量在下次迭代中重新出现时，它又会对 W_j 进行较大的调整，这样一来，训练就会陷入被动。当然，在训练的初期，由于各神经元正处于待选状态，所以当遇到一个合适的输入向量时，就尽量地去表示。如果在开始训练时取 α

为1,就相当于让W_j直接取X,当样本顺序比较合适,分布也比较恰当时,这种做法是比较好的。但是,在大多数情况下,它会导致W_j进入一个不太合适的"类"的表示中。也会造成分类的"人为"畸形,使得有的类非常小,有的类又太大,甚至导致有的X被放入错误的类中。因此,除非情况明显,建议一般不要取α为1。

实际上,如果在训练之前能用其他适当的方法给问题粗略的分类,并从这个分类中提取一个较有代表性的向量构成样本集,这时,Kohonen层的每个W_j(对应一个神经元)的值直接对应一个X,则可取α为1,使得获胜者的权向量直接取X。这种做法可启发采用训练和直接设定权向量的方式来完成该层的训练。即在进行初始化时,直接用初选的样本集中的样本来对W进行初始化,然后再适当地扩大样本集,用扩大后的样本集实施上述算法,完成对Kohonen层的训练。

一般来说,一个类含有许多向量。这个类对应的应该是样本集中此类向量(输入向量部分)的平均值。

6.4.3　训练步骤

Kohonen 层训练

1　对所有的输入向量,进行单位化处理;

2　对每个样本 $(\boldsymbol{X}, \boldsymbol{Y})$ 执行下列过程

2.1　对于 Kohonen 层中的每个神经元计算 $k\mathrm{net}_j = \boldsymbol{X}\boldsymbol{W}_j^{\mathrm{T}}(1 \leqslant j \leqslant h)$

2.2　求出 h 个 $k\mathrm{net}$ 中最大的 $k\mathrm{net}_o$

$$k\mathrm{net}_o = \max\{k\mathrm{net}_1, k\mathrm{net}_2, \cdots, k\mathrm{net}_h\}$$

2.3　将 $k\mathrm{net}_o$ 置为1,其他神经元置为0

2.4　使 W_o 更接近 X

$$W_o^{(\mathrm{new})} = W_o^{(\mathrm{old})} + \alpha(\boldsymbol{X} - W_o^{(\mathrm{old})})$$

2.5　对 $W_o^{(\mathrm{new})}$ 进行单位化处理

6.5　Kohonen 层连接权的初始化方法

连接权的初始化是人工神经网络训练的第一步。通常使用一些不同的小伪随机数作为它们的初值。按照上几节的分析,Kohonen层的连接权对应该层的每个神经元所构成的向量应为单位向量,这是为后面的训练所做的准备。

一个非常重要的问题是,样本集中的输入向量决定着网络对其进行的分类。按照上

节的分析,在理想的情况下, $\boldsymbol{W}_1$, $\boldsymbol{W}_2$, …, $\boldsymbol{W}_h$ 的初值应该依照样本集中的输入向量的分布来确定。而实际上,一般很难弄清楚样本集中的输入向量的分布情况。实际上,Kohonen 层的重要工作之一就是要找出样本集中输入向量的分布情况。当然,如果样本集中输入向量的分布是均匀的,就可以按照随机均匀分布的方式去完成对 $\boldsymbol{W}_1$, $\boldsymbol{W}_2$, …, $\boldsymbol{W}_h$ 的初始化工作。然而,在多数情况下,样本集中的输入向量的分布并不是均匀的。所以,用不同的小伪随机数作为连接权的初值的做法就不一定适用,这可能造成严重的不平衡。因为不同的小伪随机数会使这些权向量的初值均匀地分布在一个高维"球面"上。而对应的输入向量的不均匀性会使得它们趋向于在这个高维"球面"的某一部分聚集。随机的权向量大多数会因为离输入向量"太远"而无法获得匹配,从而使相应的神经元输出总是为 0。这样一来,该神经元和它对应的这组连接权以及它对应的 Grossberg 层的那一组连接权就被浪费掉了。与此同时,其中会有一部分神经元代表的类含有过多的输入向量。因此难以对这些向量进行人们所期望的分类。

按照上述分析,最为理想的情况是能够根据输入向量的实际分布来设置 Kohonen 层各神经元对应的权向量。实际上,要做到这一点是很困难的。虽然在上面曾经提到过可以根据实际问题进行一定的"预处理",但是这样不仅增加了困难,而且还牺牲了 Kohonen 层的自动分类功能。所以,一般来说,不会采用此方法,尤其是对复杂问题来说更是如此。

从上述分析知道,寻求一些有效的权矩阵初始化方法是非常有必要的。在这里介绍 Kohonen 层连接权的几种初始化方法。它们各有特点,可以参考使用。

6.5.1　凸状组合法

与使用一些不同的小伪随机数对连接权进行初始化不同,凸状组合法是用同一个数来初始化 Kohonen 层的每一个连接权。

仍然设输入向量是 n 维,输出向量为 m 维,Kohonen 层有 h 个神经元,则对任意的 $i(1 \leqslant i \leqslant n)$、$j(1 \leqslant j \leqslant h)$ 取

$$w_{ij} = \frac{1}{\mathrm{sqrt}(n)} \tag{6-10}$$

其中,$\mathrm{sqrt}(n)$ 表示 n 的算术平方根。

与连接权的这一初值相对应,要求对输入向量进行下列变换,以便能较好地与其适应,设

$$\boldsymbol{X} = (x_1, x_2, \cdots, x_n)$$

则变换后的 $\boldsymbol{X}$ 记为 $\boldsymbol{X}'$

$$\boldsymbol{X}' = (x_1', x_2', \cdots, x_n')$$

其中

$$x'_j = \lambda x_j + \frac{1-\lambda}{\sqrt{n}} \qquad (6-11)$$

在训练的初期阶段,λ 的值非常小,此时

$$\begin{aligned} x'_j &= \lambda x_j + \frac{1-\lambda}{\sqrt{n}} \\ &= \frac{1}{\sqrt{n}} + \lambda\left(x_j - \frac{1}{\sqrt{n}}\right) \\ &\approx \frac{1}{\sqrt{n}} \end{aligned} \qquad (6-12)$$

使得

$$\boldsymbol{X}' \approx \left(\frac{1}{\sqrt{n}}, \frac{1}{\sqrt{n}}, \cdots, \frac{1}{\sqrt{n}}\right)$$

成立,这也使得 $\boldsymbol{X}'$ 成为近似的单位向量,而且和 Kohonen 层的神经元对应的权向量近似。随着训练的进行,λ 趋近于 1,从而使 $\boldsymbol{X}'$ 趋近于 $\boldsymbol{X}$,进而使得 $\boldsymbol{W}_j$ 趋近于一组 $\boldsymbol{X}$ 的平均值。

这种方法较好地解决了初始权向量的分布与输入向量分布难以一致的问题。但是,由于在训练中 $\boldsymbol{X}'$ 是逐渐趋近于 $\boldsymbol{X}$ 的,相应地,也就有一组 $\boldsymbol{X}'$ 的平均值逐渐地"收敛"于对应的这一组 $\boldsymbol{X}$ 的平均值。这说明相应的训练算法能够使 $\boldsymbol{W}_j$ 不断地调整自己的"运动方向",以追踪运动中的目标。显然,让算法跟踪一个运动的目标要比让它逼近一个固定目标困难得多。因此,该方法虽然能够工作,但是,它的收敛速度将是非常慢的。

6.5.2 添加噪声法

凸状组合法实际上是通过在输入向量中加噪声使输入向量重新分布,只不过这种噪声较一致。如果按照通常的习惯,使用一些不同的小伪随机数来初始化权向量,得到一个均匀分布的权向量,然后在输入向量中添加随机的噪声,使它们也变得均匀分布,从而解决两者分布不同的矛盾。这种方法叫做添加噪声法。

显然,在这种方法中,在输入向量中加进适当的随机噪声后,使得输入向量的分布变成均匀的,网络中的所有权向量就可以比较容易地被这些均匀分布的"输入向量"所"捕获"。然后,算法逐渐地去掉所加的噪声,最终,权向量就会变得按输入向量的分布而分布了。

与凸状组合法类似,添加噪声法也是让 $\boldsymbol{W}_j$ 不断地调整自己的运动方向,去追踪不断变化的目标。试验表明,这种方法的收敛速度比凸状组合法更慢。

6.5.3 初期全调法

Kohonen 层初始权向量的分布与输入向量分布的不一致,会造成一些权向量获得过多

的输入匹配,同时又有一些权向量得到很少的匹配,有的甚至得不到匹配。凸状组合法、添加噪声法通过给输入向量加噪声来避免这一现象发生。初期全调法则是直接从避免这种现象入手,去解决问题。该方法在训练的初期,对应一个输入向量,允许多个神经元同时处于激发状态。这样,相应地就有多个权向量获得调整。被激发神经元的多少可以通过一个限定值来控制。这个限定值可以是同时可能被激发的神经元的最大个数,也可以是网络输入超过某一阈值的所有的神经元。随着算法的执行,逐渐减少被激发的神经元的最大个数或者逐渐提高所定的阈值,最后达到对一个输入向量只有一个神经元的激发。

这种方法的另一种实现是,对每一个输入向量,虽然每次只有一个神经元处于激发态,但是,在训练的初期,算法不仅调整"获胜"的神经元对应的权向量,而且对其他的权向量也作适当的调整。随着训练的推进,被调整的将逐渐变成与"获胜"的神经元相对应的权向量"最近"的一些权向量,这样,被调整的范围逐渐缩小,直到最终只有"获胜"的神经元对应的权向量才被调整。

在上述第二种实现中,调整的范围也需要有一个适当的度量。而且,这个度量应该是随时间变化且容易计算的。另外,除了"获胜"的神经元对应的权向量外,其他的权向量的"适当调整"也是需要认真考虑的问题。显然,这个"适当的调整量"应该比"获胜"者对应的权向量的调整量要小。而且,随着训练算法的进行,这一调整量也应逐渐减少。

6.5.4 DeSieno 法

该方法是 D. DeSieno 1988 年提出的。他根据 Kohonen 层的初始权向量的分布与输入向量的分布不一致可能造成部分神经元会获得过多匹配的现象,直接限制 Kohonen 层的每个神经元对应的权向量可以匹配的输入向量的最大个数。当某一个权向量所获得的匹配向量超过给定的数后,它的阈值就被临时提高,以增加其他神经元"获胜"的机会。一般地,这个最大个数可以是样本总数的 $1/h$。

这种方法存在的问题在于,若最应该被某个神经元对应的权向量匹配的输入向量在较晚的时候才被输入,它可能会被拒绝,从而造成网络精度的损失,这一点需要加以注意。

通过对 Kohonen 层的训练,可以使它抽象出输入向量集中的一些统计特性。1988年,Kohonen 曾经证明,随机选取的输入向量与任何给定的权向量之间最接近的概率是 $1/h$。 这就是说,就一般的统计特性来看,每个按均匀分布初值的权向量都具有相同的被匹配的概率。

6.6 Grossberg 层的训练

相对于 Kohonen 层的训练而言,Grossberg 层的训练要容易许多。在这里,算法将依据 Kohonen 层被调整的权向量对应的神经元,来调整它所对应的 Grossberg 层的权向量。所以,与前面介绍的 Kohonen 层训练算法的一些调整相对应,这里介绍的 Grossberg

层的训练也应该随之相应调整。

设 (X, Y) 为一样本,当 X 被输入到 CPN 后,Kohonen 层的神经元 K_o 被激发,此时 K_o 的输出 K_o 为 1,其他的神经元输出为 0,用式(6-13)对 V_o 进行调整。

$$v_{oj} = v_{oj} + \alpha(y_j - v_{oj}) \quad (1 \leqslant j \leqslant m) \tag{6-13}$$

其中,v_{oj} 为 Kohonen 层的神经元 Ko 到 Grossberg 层的神经元 G_j 的连接权,α 为学习率。写成向量形式,有

$$V_o^{(\text{new})} = V_o^{(\text{old})} + \alpha(Y - V_o^{(\text{old})}) \tag{6-14}$$

为了方便,将式(6-7)重新写在下面:

$$W_o^{(\text{new})} = W_o^{(\text{old})} + \alpha(X - W_o^{(\text{old})}) \tag{6-15}$$

比较这两个式子,不难看出,Grossberg 层的训练与 Kohonen 层的训练是类似的。Kohonen 层的训练是将 W_o 训练成为这一类 X 的平均值相对应,Grossberg 层的训练则是将对应的 V_o 训练成为这一类 X 对应的 Y 的平均值。

由此可见,Kohonen 层的训练可以说是以 X 为目标,而 Grossberg 层的训练则是以 Y 为目标。从单级网的角度来看,这两层的训练都是有监督训练。但是,对整个网络来说,X 是输入向量,Y 是输出向量。又可以认为 Kohonen 层的训练是无监督训练,Grossberg 层的训练是有监督训练。

上面分别叙述了 CPN 的 Kohonen 层的训练和 Grossberg 层的训练。但实际上,CPN 这两层的训练既可以同时进行,也可以分开进行。当分开进行时,实现网络训练的算法效率要高一些,但它们执行的原理算法都是一样的。

设 CPN 的样本集:

$$S = \{(X, Y) \mid X, Y \text{ 是一个样本对,其中 } Y \text{ 是 } X \text{ 对应的理想输出向量}\}$$

CPN 训练算法一

0 对 W、V 进行初始化

1 对所有的输入向量,进行单位化处理

2 对每个样本 (X, Y) 执行下列过程

   2.1 对于 Kohonen 层中的每个神经元计算 $k\text{net}_j = XW_j^{\text{T}} (1 \leqslant j \leqslant h)$

   2.2 求出 h 个 $k\text{net}$ 中最大的 $k\text{net}_o$

$$k\text{net}_o = \max\{k\text{net}_1, k\text{net}_2, \cdots, k\text{net}_h\}$$

   2.3 将 $k\text{net}_o$ 置为 1,其他神经元置为 0

   2.4 使 W_o 更接近 X

$$W_o^{(\text{new})} = W_o^{(\text{old})} + \alpha(X - W_o^{(\text{old})})$$

2.5 对 $W_o^{(\text{new})}$ 进行单位化处理

2.6 使 V_o 更接近于 Y

$$V_o^{(\text{new})} = V_o^{(\text{old})} + \alpha(Y - V_o^{(\text{old})})$$

实际上,上述训练算法只是在 Kohonen 层训练算法的基础上增加了对 W、V 进行初始化和连接权矩阵 V 的调整。

CPN 训练算法二

1 对 W、V 进行初始化;

2 为 Kohonen 层各神经元建立额外存储集合并设置为空集:

for j=1 to h do $SK_j = \varnothing$

3 对所有的输入向量,进行单位化处理;

4 对每个样本 (X_s, Y_s) 执行下列过程

4.1 对于 Kohonen 层中的每个神经元计算 $k\,\text{net}_j = XW_j^{\mathrm{T}}(1 \leqslant j \leqslant h)$

4.2 求出 h 个 $k\,\text{net}$ 中最大的 $k\,\text{net}_o$:

$$k\,\text{net}_o = \max\{k\,\text{net}_1, k\,\text{net}_2, \cdots, k\,\text{net}_h\}$$

4.3 将 $k\,\text{net}_o$ 置为 1,其他神经元置为 0

4.4 使 W_o 更接近 X_s

$$W_o^{(\text{new})} = W_o^{(\text{old})} + \alpha(X_s - W_o^{(\text{old})})$$

4.5 对 $W_o^{(\text{new})}$ 进行单位化处理

4.6 将 Y_s 放入 SK_o 中:

$$SK_o = SK_o \bigcup \{Y_s\}$$

3 求出连接权向量 V:

for j=1 to h do $V_j = SK_j$ 中各向量的平均值

与算法一相比,算法二首先是增加了额外的存储。它们都是集合变量。算法二直接将 Grossberg 层的迭代式训练改成一次性计算,效率上有所提高。

6.7 扩展说明

前几节,对 CPN 基本结构和基本算法进行了介绍,为了方便起见,叙述中忽略了一些内容。为了使内容较为完善,本节对上述讨论进行适当的扩展。

6.7.1 全对传网

首先,将图 6-1 给出的简单单向 CPN 扩展为可以实现对传的双向 CPN,图 6-3 是全对传网的结构示意图。它在经过训练后,可以实现信号的双向传送,以实现相应的变换和逆变换。

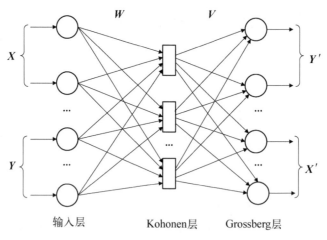

输入层　　　　　Kohonen 层　　Grossberg 层

图 6-3　全对传网

该网的训练继续使用前面讨论的 CPN 的训练算法。在这里,对训练样本 (X, Y),将其中的 X 和 Y 并置在一起,构成一个向量,暂时用 XY 表示。所以,所给的向量既是对传网的输入向量,又是该输入向量对应的理想输出向量。由此意义来看,在最理想的情况下,该网络将实现一个恒等映射。从图 6-3 给出的拓扑结构也可以看出这一点:只要将 X'、Y' 调换一下位置就可以了。

在实际运行中,误差总是存在的。所以,在 XY 中,X 用来训练网络,使它在接收到 X 时,可以输出 X',而用 Y 来训练网络,使它在接收到 Y 时,可以输出 Y'。

训练中,XY 被从输入端输入网络,经过 Kohonen 层的识别,被激发的神经元对应的 Kohonen 层的权向量依据 XY 进行调整,相应地,该神经元对应的 Grossberg 层的权向量依据 YX 进行调整。

在网络完成学习后,投入正常运行时,给网络输入向量 XY,网络将输出 $Y'X'$。如果只输入 X,而将 Y 置为 0,这时网络输出的 $Y'X'$ 中的 Y' 就是 X 的映射结果。相应地,如果只输入 Y 而将 X 置为 0,这时网络输出 $Y'X'$ 中的 X' 就是 Y 的映射结果。

按照上述分析,对传网用于数据的压缩和相应的解压等所需要进行变换和逆变换的处理应该是比较适用的。另外,由于网络的 Kohonen 层的分类功能和 Grossberg 层的变换功能,该网络可以用于问题的分类表达、决策支持、规划等方面。

6.7.2　非简单工作方式问题

前面的讨论都是基于这样一个假设:对于一个输入向量,Kohonen 层的神经元有且仅有一个神经元处于激发态。这一限制虽然使讨论变得比较简单,但它较大地限制了网络的功能。而且当掌握了 CPN 的基本结构和基本算法后,略作修改,就可以去掉这一限制。

对给定的任意输入向量,CPN 的 Kohonen 层的各神经元可以给出不同的输出,然后,训练算法可以将此输出作为对应的神经元所对应的 Kohonen 层、Grossberg 层的权向量的修改因子:输出值较大,表明该输入向量与该神经元对应的类较接近。所以,它对应的权向量的修改量就大。输出值较小,表明该输入向量与该神经元对应的类较远。所以,它对应的权向量的修改量就小。当 Kohonen 层的神经元的激活函数为阈值函数时,神经元的输出只能是 0 或 1,此时所有输出为 1 的神经元对应的 Kohonen 层、Grossberg 层的权向量被修改,而所有输出为 0 的神经元对应的 Kohonen 层、Grossberg 层的权向量保持不变。对应一个输入,最多只能有几个神经元处于激发态,要由问题本身来决定。

在非简单工作方式下,还有一些细节问题。例如,由于分类的需要,将被要求将非零输出的神经元的输出看成一个向量,并对其进行单位化处理。相应的算法也会有一些细节上的调整。当对应一个输入向量,网络中可以处于激发态的神经元的个数为 1 时,网络就退化成最简单的形式。

本章小结

本章介绍了单向 CPN 神经网络的基本概念、网络结构和训练算法,重点介绍了样本输入向量的预处理方法、Kohonen 层的训练算法及其权矩阵的初始化方法以及 Grossberg 层的训练算法。此外,还补充介绍了全对传网的设计思想,探讨了非简单工作方式问题。

参考文献

[1] 蒋宗礼.人工神经网络导论[M].北京:高等教育出版社,2001:55-68.

[2] 刘大方.基于 CPN 的视频人工文本提取方法研究[D].哈尔滨:哈尔滨工程大学,2013.

[3] 高行山,叶天麒.CPN 神经网络及其在结构识别中的应用[J].微机发展,1999(02):29-30.

[4] JUANG S C, TARNG Y S, LII H R. A comparison between the back-propagation and counter-propagation networks in the modeling of the TIG welding process[J]. Journal of Materials processing technology, 1998, 75(1-3):54-62.

[5] PETERSON K L. Counter-propagation neural networks in the modeling and prediction of Kovats indexes for substituted phenols[J]. Analytical Chemistry, 1992, 64(4):370-386.

第 7 章　Hopfield 神经网络

7.1　概述

20 世纪 80 年代神经网络的复兴归功于美国生物物理学家约翰·霍普菲尔德(J. Hopfield)。1982 年,美国加州工学院物理学家霍普菲尔德发表了一篇对人工神经网络研究颇有影响的论文。论文中提出了一种新的神经网络,可以解决一大类模式识别问题,还可以给出一类组合优化问题的近似解。这种神经网络模型后被称为 Hopfield 神经网络。Hopfield 网络的原理是基于李雅普诺夫(Lyapunov)稳定性定理。Hopfield 神经网络的出现对联想记忆、模式识别、优化计算、超大规模集成电路(VLSI)和光学设备的并行实现起到极大的促进作用。

无论是传统神经网络,还是其他人工神经网络,它们的前提假设都是元素之间是相互独立的,输入与输出也是独立的。在前馈神经网络中,信息的传递是单向的,这种限制使得网络更容易学习,但在一定程度上减弱了神经网络模型的能力。前馈神经网络可以看作是一个复杂的函数,每次输入都是独立的,即网络的输出只依赖于当前的输入。但是在很多现实任务中,网络的输入不仅与当前时刻的输入相关,也和其过去一段时间的输出相关。

例如,在对污损的 QR 二维码图像进行复原的研究中,采用作为联想记忆型网络典型代表的 Hopfield 网络对 QR 二维码图像进行处理。实验结果表明,Hopfield 神经网络对污损在一定范围内的 QR 二维码的复原效果较好。这种潜在的能力是由于 Hopfield 神经网络的神经元不仅有顺序连接,还含有反馈连接。可见,Hopfield 网络的联想记忆功能在实际应用方面有着广泛的现实意义。

此外,传统神经网络难以处理类似上述的联想记忆等问题,比如模式识别、优化计算、VLSI 等。因此,当处理这一系列问题时,就需要一种能力更强的网络模型。

7.2　Hopfield 神经网络的简介

Hopfield 神经网络是一种递归神经网络,也是一种结合存储系统和二元系统的神经网络。它保证了向局部极小的收敛，但有时会出现收敛到错误的局部极小值（local minimum），而非全局极小值（global minimum）的情况。Hopfield 神经网络分为两种：离散型 Hopfield 神经网络和连续型 Hopfield 神经网络。离散型适用于联想记忆，连续型适用于处理优化问题。

Hopfield 神经网络提供了模拟人类记忆的模型，它是联想记忆型网络的一种典型代表。信号在网络中的传播方向除了向前以外，还在神经元之间传递。它是递归神经网络的一种，即网络的输出结果又会反馈到其输入端，网络在输入数据的刺激下，其状态不停地变化，这个反馈过程会一直反复进行。网络从有输入的时刻开始产生输出，不断地进行迭代，在这一过程中变化量不断减小，最终网络达到稳定状态，此时 Hopfield 网络就会输出一个稳定的恒值。图 7 - 1 是 Hopfield 神经网络结构图。

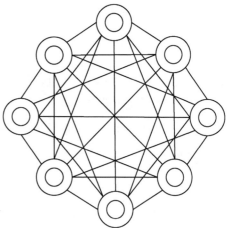

图 7 - 1　Hopfield 神经网络结构

7.3　Hebb 学习规则

Hopfield 网络可以被用作联想存储器。如果我们想要在网络中标记出 m 个不同的稳定状态，我们必须找到足够的连接权值。对于双向联想记忆网络，可以选用 Hebb 学习规则。因为 Hopfield 网络是一种特殊的双向联想记忆网络，我们希望该网络也适用 Hebb 学习规则。下面以具有 n 个单元，偏置和阈值均为零的 Hopfield 网络为例进行讨论。

Hebb 学习规则是通过加载网络上 m 个选定的 n 维稳定状态 X_1，X_2，$\cdots$，X_m，并根据规则更新网络的权重（最初设置为零）。依据的规则为

$$w_{ij} \leftarrow w_{ij} + x_i^k x_j^k, \ i, j = 1, \cdots, n \ and \ i \neq j \tag{7-1}$$

其中，符号 x_i^k 和 x_j^k 分别表示向量 X_k 的第 i 分量和第 j 分量。双向联想记忆与自动关联记忆唯一的区别是对角线为零的要求。在表示第一个向量 X_1 之后，权重矩阵为

$$W_1 = X_1^{\mathrm{T}} X_1 - I \tag{7-2}$$

其中，I 表示 $n \times n$ 的恒等矩阵。恒等矩阵的减法保证了 W 的对角线变为零，因为对于任何双极向量 X_i，它都认为 $x_k^i x_k^i = 1$，很明显，W_1 是对称矩阵。

具有权矩阵 W_1 的 Hopfield 神经网络能量函数的最小值位于 X_1，因为

$$E(x) = -\frac{1}{2} X W_1 X^{\mathrm{T}} = -\frac{1}{2} (X X_1^{\mathrm{T}} X_1 X^{\mathrm{T}} - X X^{\mathrm{T}}) \tag{7-3}$$

和 $XX^\mathrm{T}=n$。这意味着函数

$$E(X)=-\frac{1}{2}\|XX_1^\mathrm{T}\|^2+\frac{n}{2} \qquad (7-4)$$

在 $X=X_1$ 处有一个局部极小值,在这种情况下,它表示为:

$$E(X)=-\frac{n^2}{2}+\frac{n}{2} \qquad (7-5)$$

这说明 X_1 是网络的稳定状态。

在 m 个不同向量 X_1,X_2,…,X_m 的情况下,矩阵 W 被定义为

$$W=(X_1^\mathrm{T}X_1-I)+(X_2^\mathrm{T}X_2-I)+\cdots+(X_m^\mathrm{T}X_m-I) \qquad (7-6)$$

或相当于

$$W=X_1^\mathrm{T}X_1+X_2^\mathrm{T}X_2+\cdots+X_m^\mathrm{T}X_m-mI \qquad (7-7)$$

如果用状态 X_1 初始化网络,则单位激励的向量 e 为

$$\begin{aligned}
e&=X_1W\\
&=X_1X_1^\mathrm{T}X_1+X_1X_2^\mathrm{T}X_2+\cdots+X_1X_m^\mathrm{T}X_m-mX_1I\\
&=(n-m)X_1+\sum_{j=2}^{m}\alpha_{1j}X_j
\end{aligned} \qquad (7-8)$$

常数 α_{12},α_{13},…,α_{1m} 表示第一个向量与其他 $m-1$ 个向量 X_2,…,X_m 的标量积。当 $m<n$ 时,状态 X_1 是稳定的,扰动项 $\sum_{j=2}^{m}\alpha_{1j}X_j$ 较小。在这种情况下,有下式成立:

$$\mathrm{sgn}(e)=\mathrm{sgn}(X_1) \qquad (7-9)$$

同样的论证可以用于任何其他向量。当向量 X_1,X_2,…,X_m 正交或接近正交时,用 Hebb 学习规则得到了最好的结果,就像其他联想记忆一样。

7.4 离散型 Hopfield 神经网络

霍普菲尔德最早提出的网络是二值神经网络,神经元的输出取值仅为 1 或 -1,分别代表神经元的两种不同状态,即激活状态和抑制状态。因此,它也被称为离散型 Hopfield 神经网络(discrete Hopfield neural network,DHNN)。

7.4.1 网络拓扑结构

离散型 Hopfield 神经网络是一种单层网络结构,即网络层数为 1。其中,每一个神经元的输出值均作为余下神经元的输入值,它充分地体现了反馈特性。每个神经元自身是

没有反馈的。通常情况下神经元的状态只有激活和抑制。离散型 Hopfield 神经网络的结构如图 7-2 所示。从 DHNN 的结构可以看出：神经元 i 与神经元 j 之间的关系权值为 w_{ij}，相互连接的神经元采用对称的结构，即 $w_{ij}=w_{ji}$，但它与自身是没有连接的，即权值 $w_{ii}=0$。所以，DHNN 采用的是对称连接，自身是没有反馈的。

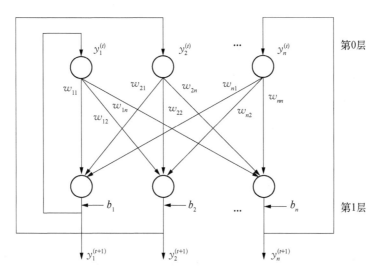

图 7-2 离散型 Hopfield 神经网络

7.4.2 网络工作方式

根据以上对 Hopfield 网络结构的介绍，我们知道要使其正常工作需要回答以下两个问题：怎样"训练"这个网络？怎样更新网络各个神经元的状态？我们可以采用直接计算和 Hebb 规则的两种方法对 Hopfield 神经网络进行训练以及对网络权值的更新。为了适用于不同的模型，各种学习规则被学者们提出。这些学习规则均是建立在 Hebb 规则基础上的。在不同的条件下，网络的学习方式分为有监督学习和无监督学习两种，其中，离散型 Hopfield 神经网络属于后者。

Hopfield 网络的工作方式分为两种。

（1）串行（异步）方式。在任意时刻 t，网络结构中只有某一个神经元 j 的状态发生改变，而其他 $n-1$ 个神经元的状态均不变，该种工作方式称为串行工作方式。并且有

$$y_i(t+1)=\begin{cases} 1 & \sum_{\substack{j=1 \\ j\neq i}}^{n} w_{ij}y_j(t)+b_i \geqslant \theta_i \\ -1 & \sum_{\substack{j=1 \\ j\neq i}}^{n} w_{ij}y_j(t)+b_i < \theta_i \end{cases} \tag{7-10}$$

n 个神经元构成的网络，有

$$\text{net}_i(t) = \sum_{\substack{j=1 \\ j \neq i}}^{n} w_{ij} y_j(t) + b_i \tag{7-11}$$

其中，θ_i 表示阈值；y_i 为输出；net_i 为输入。根据上面公式，我们能将神经元 i 的输出状态标记为

$$y_i(t+1) = f(\text{net}_i(t)) \tag{7-12}$$

其中，$f(\cdot)$ 是激活函数，可以选取符号函数 $\text{sgn}(t)$。

（2）并行（同步）方式。在任意时刻 t，网络结构中至少有一个神经元的状态发生改变，即全部或部分，这种工作方式称为并行工作方式。

7.5 连续型 Hopfield 神经网络

连续型 Hopfield 神经网络与离散型 Hopfield 神经网络具有相同的网络结构。它们的不同之处在于：连续型 Hopfield 神经网络的激活函数不是阶跃函数，而是 s 型的连续函数。其特点如下。

（1）神经元作为一个输入输出变换，其传输特性具有 Sigmoid 连接特性。

（2）神经元之间大量的兴奋性和抑制性连接主要通过反馈来实现。

（3）既代表产生动作电位的神经元，又代表按渐进方式工作的神经元。

因此，连续型神经网络模型准确地保留了生物神经网络的动态和非线性特征。

Hopfield 网络用模拟电路实现的神经元节点如图 7-3 所示。图中电阻 R_{i0} 和电容 C_i 并联，模拟生物神经元的延时特性，电阻 $R_{ij}(j=1, 2, \cdots, n)$ 模拟突触特征，偏置电流相当于阈值，运算放大器模拟神经元的非线性饱和特性。

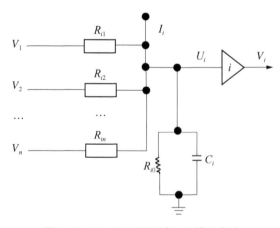

图 7-3　Hopfield 网络神经元模拟电路

设模型中放大器为理想放大器,其输入端无电流输入,则第 i 个放大器的输入方程为

$$C_i \frac{\mathrm{d}U_i}{\mathrm{d}t} = -\frac{U_i}{R_{i0}} + \sum_{j=1}^{n} W_{ij}(V_i - U_i) + I_i \qquad (7-13)$$

$$W_{ij} = \frac{1}{R_{ij}} \qquad (7-14)$$

连续型 Hopfield 动态神经网络如图 7-4 所示。取 $W_{ij} = W_{ji}$,$W_{ii} = 0$(无自反馈)。

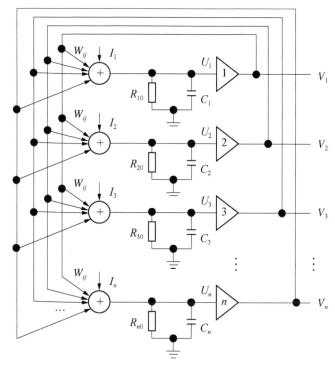

图 7-4　连续型 Hopfield 动态神经网络模型

设

$$\frac{1}{R_i} = \frac{1}{R_{i0}} + \sum_{j=1}^{n} W_{ij} \qquad (7-15)$$

则有

$$\begin{cases} C_i \dfrac{\mathrm{d}U_i}{\mathrm{d}t} = -\dfrac{U_i}{R_i} + \displaystyle\sum_{j=1}^{n} W_{ij}V_i + I_i \\ V_i = f(U_i) \end{cases} \qquad (7-16)$$

一般设

$$U = x, \ V = y, \ R_i C_i = \tau, \ \frac{I}{C} = \theta$$

则

$$\begin{cases} \dfrac{\mathrm{d}x_i}{\mathrm{d}t} = -\dfrac{1}{\tau}x_i + \dfrac{1}{C_i}\sum_j W_{ij}y_j + \theta_i \\ y_i = f(x_i) \end{cases} \tag{7-17}$$

其中，$f(x)$ 为 s 型激活函数。一般有以下两种形式。

非对称型 Sigmoid 函数

$$f(x) = \frac{1}{1+\mathrm{e}^{-x}} \tag{7-18}$$

对称型 Sigmoid 函数

$$f(x) = \frac{1-\mathrm{e}^{-x}}{1+\mathrm{e}^{-x}} \tag{7-19}$$

7.6　收敛到稳定状态

Hopfield 神经网络采用动力学的 Lyapunov 函数，即所谓的"能量函数"。稳定性是衡量网络性能的关键指标。在 Hopfield 神经网络工作过程中，能量值越来越小，直至达到最小值。这时网络所处的状态称之为稳定状态，并输出结果。很容易证明 Hopfield 神经网络总是收敛到稳定状态。这一事实的证明依赖于对每次状态更新后能量函数值的分析。

7.6.1　Hopfield 网络的动力学

在讨论收敛证明的细节之前，我们先分析两个简单的例子，并计算了它们所有可能状态的能量。为了减小计算时的计算量，我们将 Lyapunov 函数的偏置 b_j 设为 0。图 7 - 5 显示了一个由三个单元组成的网络，它们具有任意选择的权值和阈值。从左下角起顺时针旋转，三个单元分别标记为单元 1、单元 2、单元 3，单元里的数为各自的阈值，边上的数为各单元对应的权值。网络可以采用八种可能的状态中的任何一种。图 7 - 6 可视化显示了图 7 - 5 网络中所有可能的状态转换。垂直轴表示以通常方式定义的网络能量。网络的每个状态都用一个椭圆来表示，箭头显示单元间允许的状态转换。每个转换都有相同的概率，因为选择三个单元中其中的一个进行状态转换的概率是相同的，即为 1/3。请注意，图中没有显示返回自身的少数转换状态。

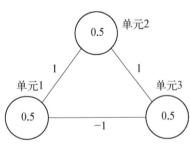

图 7 - 5　第一个 Hopfield 网络示例

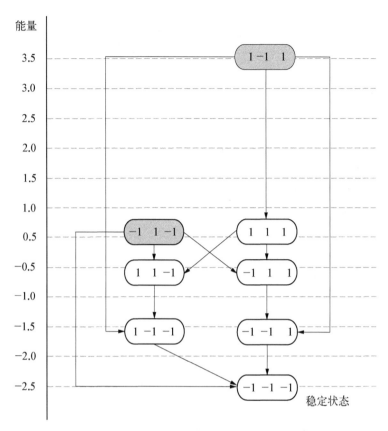

图 7-6 第一个 Hopfield 网络的状态转换图

我们可以在状态转换图中进行其他有趣的观察。例如,状态(1,−1,1)极不稳定。在下一次迭代中离开它的概率是 1,因为三种不同的状态转换是可能的,每一种的概率是1/3。状态(−1,1,1)相对稳定,在下一次迭代中离开它的概率只有 1/3。只有一个单一的稳定状态,即向量(−1,−1,−1),读者可以很容易的验证。唯一没有前任的两种状态以灰色显示。在细胞自动机理论中,这种"初始状态"被称为初始配置。它们不能接收直接的到达,只能在自动机开始工作之前从外部感应。

图 7-7 中的网络具有与先前考虑的网络相同的结构,但权值和阈值具有相反的符号。状态转换图(见图7-8)是图 7-6 的反转。新网络有两种稳定状态,只有一种状态没有前任。Hopfield 模型的动态演化方向总是相同的:系统的能量最终达到局部极小,网络的状态不再改变。

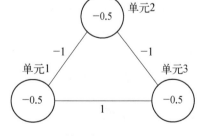

图 7-7 第二个 Hopfield 网络示例

7.6.2 Hopfield 神经网络稳定性分析

Hopfield 神经网络按神经动力学的方式运行,工作过程为状态的演化过程,对于给定

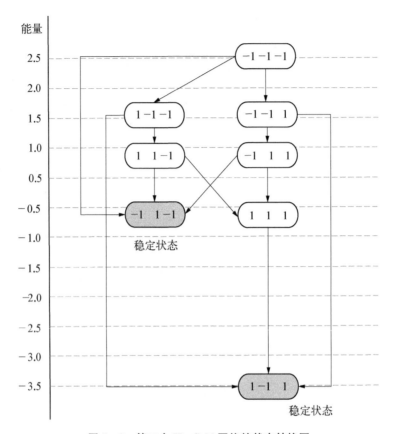

图 7 - 8　第二个 Hopfield 网络的状态转换图

的初始状态,按照能量减小的方式演化,最终达到稳定的状态。

网络从初始状态 $X(0)$ 开始,若经过有限次循环后,其状态不再发生变化即 $X(t+1)=X(t)$,则称为网络是稳定的。如果网络是稳定的,它可以从任意初始状态收敛到稳定状态。反之,因为每个神经元只有两个状态即 1 和 -1,整体上它不会呈现发散的状态,可能出现限幅的自持振荡,这种网络称为有限环网络。如果网络状态既不重复也不停止,状态变化无穷多个,则称为混沌现象。

当网络达到稳定状态 X 时,该状态可称为 Hopfield 网络的吸引子。一个动力学系统的最终行为是由它的吸引子决定的。若把需要记忆的样本信息存储于不同的吸引子中,当输入含有部分记忆信息的样本时,网络演变的过程便是由部分信息寻找全部信息的过程,即联想记忆的过程。

7.6.3　收敛证明

我们现在可以继续证明,一般来说,Hopfield 网络的表现方式如前两个示例所示。

命题 1　具有 n 个单元和异步动力学的 Hopfield 网络,从任何给定的网络状态开始,最终在能量函数的局部极小值处达到稳定状态。

证明　下面给出了 t 时刻具有 n 个神经元的 Hopfield 网络在状态 $X = (x_1, x_2, \cdots, x_n)$ 时能量函数（Lyapunov 函数）的定义：

$$E(X) = -\frac{1}{2} \sum_{i=1}^{n} \sum_{j=1}^{n} w_{ij} x_i x_j - \sum_{j=1}^{n} b_j x_j + \sum_{j=1}^{n} \theta_j x_j \tag{7-20}$$

如果当前迭代神经元 k 被选择并且不改变其状态，那么系统的能量也不会改变。如果在 $t+1$ 时刻的更新操作中改变神经元的状态，则网络达到新的全局状态 $X' = (x_1, \cdots, x_k', \cdots, x_n)$，得到新的能量函数为 $E(X')$。在包含 x_k 和 x_k' 的所有项求和中，都给出了 $E(X)$ 和 $E(X')$ 之间的差异，即

$$
\begin{aligned}
E(X') - E(X) &= -(x_k' - x_k) \sum_{j=1 \& j \neq k}^{n} w_{kj} x_j - b_k(x_k' - x_k) + \theta_k(x_k' - x_k) \\
&= -(x_k' - x_k) \left[\sum_{j=1 \& j \neq k}^{n} w_{kj} x_j + b_k - \theta_k \right] \\
&= -\left[\sum_{j=1}^{n} w_{kj} x_j + b_k - \theta_k \right] (x_k' - x_k) \\
&= -(\mathrm{net}_k - \theta_k) \Delta x_k
\end{aligned}
\tag{7-21}
$$

最终我们得到

$$
\begin{aligned}
\Delta E &= E(X') - E(X) \\
&= -(\mathrm{net}_k - \theta_k) \Delta x_k
\end{aligned}
\tag{7-22}
$$

其中，Δx_k 表示神经元 k 状态的变化。当 $\Delta x_k = 0$ 时，有

$$\Delta E = 0$$

当 $\Delta x_k > 0$ 时，必有

$$x_k' = 1 \& x_k = -1$$

这表示 x_k 由 -1 变到 1，根据式（7-10）和式（7-11），必有

$$\mathrm{net}_k > \theta_k$$

所以

$$\mathrm{net}_k - \theta_k > 0$$

从而

$$-(\mathrm{net}_k - \theta_k) \Delta x_k < 0$$

故此时有

$$\Delta E = E(X') - E(X) < 0 \qquad\qquad (7-23)$$

这就是说,网络的能量函数是下降的。同理,读者可以自行讨论当 $\Delta x_k < 0$ 时的情况,这里不再详细讨论。

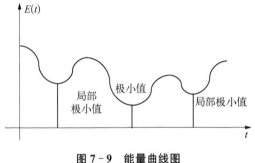

图 7-9　能量曲线图

这表明,每次改变一个神经元的状态,网络的总能量就会减少。由于只有一组有限的可能状态,网络最终必然达到一个不能进一步降低能量的状态。这是一个稳定的网络状态,正如我们想证明的那样。图 7-9 为能量函数 E 随时刻 t 变化的曲线图。

7.7　Hopfield 网络的几个应用

1. 模式识别

模式识别是指对表征事物或现象的各种形式(如数值、文字和逻辑关系)的信息进行处理和分析,以对事物或现象进行描述、辨认、分类和解释的过程,是信息科学和人工智能的重要组成部分。模式识别又常称作模式分类,从处理问题的性质和解决问题的方法等角度,模式识别分为有监督的分类(supervised classification)和无监督的分类(unsupervised classification)两种。离散型 Hopfield 神经网络具有联想记忆功能,可被较好地应用在模式识别问题中,因此针对常见的数字识别问题,可建立 Hopfield 神经网络识别模型。

2. 优化计算

优化计算是指从所有可能的方案中选择最合理的一种以达到最优目标。Hopfield 神经网络用于优化计算的基本原理是在串行工作方式下,把一组初始状态映射到网络中。在网络运行过程中,能量函数不断降低。当网络的状态不再变化时,网络达到稳定状态,最终求出最优解。因此针对常见的优化计算问题,如:旅行商最优路径问题(TSP 问题),系统参数辨识问题,通常会建立连续型 Hopfield 神经网络对优化问题进行求解。

3. 联想记忆

联想记忆是记忆的一种形式,通过与其他的知识单元的联系进行的记忆。相互之间存在联系的形式或概念构成知识在记忆中的具体形态。联想记忆的过程分为两个阶段,即学习阶段和联想回忆阶段。联想记忆神经网络是体现网络优势,具有广泛应用前景的一类网络模型。它主要利用神经网络的良好容错性,能使不完整、污损、畸变的输入样本恢复成完整的原型,适用于识别、分类等用途。联想记忆功能是离散性 Hopfield 神经网络的一个重要应用,可应用于污损二维码图像复原。

本章小结

　　本章简单介绍了 Hopfield 神经网络的基本概念、网络结构和工作方式,并根据不同的研究问题对 Hopfield 神经网络做了分类;然后对 Hopfield 神经网络收敛到稳定性状态做了相关证明;最后对 Hopfield 神经网络的应用领域进行了简要介绍。

参考文献

［1］HOPFIELD J J. Neural Networks and Physical Systems with Emergent Collective Computational Abilities. 1982,79(8):2554-2558.

［2］RAUL ROJAS, FELDMAN J. Neural Networks:A Systematic Introduction[M]. Berlin:Springer. 1996:337-371.

［3］袁红春,侍倩倩.Hopfield 神经网络在二维码污损复原中的应用[J].传感器与微系统,2016,35(8):151-154.

［4］蒋宗礼.人工神经网络导论[M].北京:高等教育出版社,2001:39-54.

［5］马向玲,田宝国.Hopfield 网络应用实例分析[J].计算机仿真,2003(8):64-66.

［6］郭鹏,韩璞.Hopfield 网络在优化计算中的应用[J].计算机仿真,2002(3):37-39.

［7］金灿.基于离散 Hopfield 神经网络的数字识别实现[J].计算机时代,2012(3):1-3.

［8］刘照升.离散 Hopfield 神经网络及其在联想记忆方面的应用[D].大连:大连理工大学,2008.

第 *8* 章 NARX 网络

8.1 概述

神经网络因其很好的函数逼近能力而被广泛应用于非线性系统建模、辨识和控制中。根据应用场合的不同,神经网络可分为静态和动态神经网络两类。静态(或前馈)神经网络没有反馈成分,也不包含输入延时,输出直接由输入通过前向网络算出;动态神经网络的输出不仅依赖当前的输入,还与当前和过去的输入、输出有关。因为静态神经网络缺乏系统动态性能,所以在非线性系统中通常采用动态神经网络,根据动态神经网络实现系统动态的方法不同,主要分为两类,一类是回归神经网络,它是由静态神经元和网络输出反馈构成的动态网络,典型的有 NARX 回归神经网络;另一类是通过神经元反馈形成的神经网络,如全连接神经网络、Elman 网络、PID 神经网络等。

NARX 网络称为有外部输入的非线性自回归模型(nonlinear autoregressive with exogenous inputs model,NARX),它是 1985 年由 Leontaritis I. J,Billings S. A. 等人在 *Input-output parametric models for non-linear systems Part I: deterministic non-linear systems* 一文中提出的。

在通常情况下,NARX 回归神经网络性能优于全连接神经网络,并且可以和全连接神经网络互相转换,所以它成为非线性动态系统中应用最广泛的一种神经网络。一个典型的 NARX 回归神经网络主要由输入层、隐藏层和输出层及输入和输出延时构成,在应用前一般要事先确定输入和输出的延时阶数、隐藏层神经元个数等。其缺点是对于参数的设定没有一套完备的理论进行指导。

8.2 NARX 网络的基本结构

8.2.1 自回归模型

在介绍 NARX(有外部输入的非线性自回归模型)模型之前,我们先了解一下 AR 模型。自回归模型（autoregressive model，AR）是统计学上常用的一类时间序列模型，用一个变量 y_t 的历史信息来预测自己，即

$$y_t = w_0 + \sum_{k=1}^{K} w_k y_{t-k} + \varepsilon_t \tag{8-1}$$

其中，K 为超参数；w_0 到 w_k 为可学习参数；$\varepsilon_t \sim \mathcal{N}(0, \delta^2)$ 为第 t 个时刻的噪声；方差 δ^2 与时间无关。

8.2.2　NARX 网络模型

NARX 网络模型即有外部输入的非线性自回归模型，属于动态递归神经网络，相当于具有输入延时的 BP 网络加上输出到输入的延时反馈连接。NARX 网络主要由输入层、隐藏层、输出层及输出到输入的延时构成，其网络结构如图 8-1 所示，由于输出层持续地将包含历史的输出数据反馈到输入层，从而使 NARX 网络具有记忆能力，相比于传统回归神经网络，其包含更长时间的网络历史状态和实时状态信息。

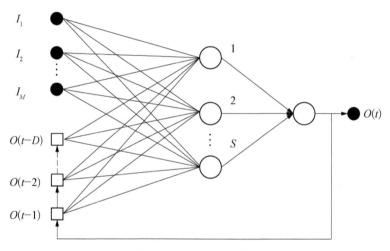

图 8-1　NARX 网络模型

假设 $I_{(t)}$、$O_{(t)}$ 分别为网络在 t 时刻的外部输入和输出，M 为输入数据的个数，D 为反馈时延的阶数，则对于网络 t 时刻的输入 $I_{(t)} = \{I_1, I_2, \cdots, I_M\}$，对应的反馈输入为 $C_t = \{O_{(t-1)}, O_{(t-2)}, \cdots, O_{(t-D)}\}$，隐藏层第 j 个神经元的输出 H_j 为

$$H_j = f\left(\sum_{i=1}^{M} w_{j_i} I_i + \sum_{l=1}^{D} w_{j_l} O(t-l) + b_j\right) \tag{8-2}$$

其中，f 为隐藏层节点的激励函数，激励函数可以有很多种选择，比如 tanh 函数、Sigmoid 函数等；I_i 为第 i 个输入的值，w_{j_i} 为 i 个输入与第 j 个隐含层神经元之间的连接权值；b_j 为第 j 个隐藏层神经元的阈值。网络的输出为

$$O = \sum_{j=1}^{S} w_{o_j} H_j + b_o \tag{8-3}$$

其中，S 为隐藏层神经元的个数；w_{oj} 为第 j 个隐含神经元与输出神经元之间的连接权值；b_o 为输出神经元的阈值。

8.3 NARX 网络训练算法

NARX 网络是一种带有反馈信号的动态网络，被广泛应用于信号处理领域。NARX 网络有许多训练算法，比较典型的有随时间的 BP 算法（BPTT）、实时递归学习算法（RTRL）、动态 BP 算法（DBP）、逐层优化算法（layer-by-layer optimizing）、动量法、自适应调整学习率算法、LM 算法等。本章着重介绍 RTRL 算法和 LM 算法。

8.3.1 实时递归学习算法

实时递归学习算法是一种用于训练局部反馈网络的学习算法。该算法在时刻 t 使用输入 $I(t)$ 与反馈输入 $C(t)$ 作为联合输入，M 为输入数据的个数，D 为反馈输入数据的个数。

t 时刻联合输入的单元 k 为

$$U_k(t) = \begin{cases} I_k(t), & k = 1, 2, \cdots, M \\ C_{k-M}(t), & k = M+1, M+2, \cdots, M+D \end{cases} \tag{8-4}$$

隐藏层单元 i 的净输入为

$$S_i(t) = \sum_{k \in M \cup D} w_{ik} U_k(t) \tag{8-5}$$

式中，w_{ik} 为联合输入第 k 个单元与隐藏层第 i 的单元之间的连接权重；隐藏层单元 i 的输出为

$$H_i(t) = f(S_i(t)) \tag{8-6}$$

f 为激励函数。网络得到的下一刻输出为

$$O(t) = \sum_{i=1}^{S} w_i H_i(t) \tag{8-7}$$

其中，w_i 为隐藏层第 i 个单元与输出层之间的链接权重；S 为隐藏层神经元个数。

为了能够正确学习网络，这里结合梯度下降法推导出学习算法。令 $Y(t)$ 表示 t 时刻的理想输出值，于是有时刻 t 时的误差：

$$E(t) = Y(t) - O(t) \tag{8-8}$$

定义 t 时刻的误差平方和为

$$J(t) = \frac{1}{2}\big[E(t)\big]^2 \tag{8-9}$$

如果网络从时刻 t_0 运行到时刻 t_p，那么总误差为

$$J_{total}(t_0, t_p) = \sum_{t=t_0+1}^{t_p} J(t) \tag{8-10}$$

调整网络需要计算总误差对隐藏层和输出层权重 W 的负梯度 $\nabla_W J_{total}(t_0, t_p)$，由于总误差来源于各时刻误差的累计，因此可累加各个时刻的梯度值来获得总的梯度值。对于输出层的权重有：

$$\Delta w_i = \sum_{t=t_0+1}^{t_p} \Delta w_i(t) \tag{8-11}$$

有学习率 α，使：

$$\Delta w_i(t) = -\alpha \frac{\partial J(t)}{\partial w_i} = \alpha E(t) \frac{\partial O(t)}{\partial w_i} \tag{8-12}$$

其中：

$$\frac{\partial O(t)}{\partial w_i} = \sum_{k=1}^{s} w_k \frac{\partial H_k(t)}{w_i} + \delta_{ki} H_k(t) \tag{8-13}$$

$$\frac{\partial H_k(t)}{\partial w_i} = f'(S_k(t)) \sum_{j \in D} w_{kj} \frac{\partial O(t-j)}{\partial w_i} \tag{8-14}$$

$$\delta_{ki} = \begin{cases} 1, & i = k \\ 0, & i \neq k \end{cases} \tag{8-15}$$

当前时刻的梯度计算依赖上一时刻的梯度计算结果。将 t_0 时的初始条件

$$\frac{\partial O(t_0)}{\partial w_i} = 0 \tag{8-16}$$

代入，即可计算各时刻的梯度。

同样对于隐藏层的权重有：

$$\Delta w_{ik}(t) = -\alpha \frac{\partial J(t)}{\partial w_{ik}} = \alpha \frac{\partial O(t)}{\partial w_{ik}} \tag{8-17}$$

其中：

$$\frac{\partial O(t)}{\partial w_{ik}} = \sum_{k=1}^{s} w_k \frac{\partial H_k(t)}{w_{ik}} \tag{8-18}$$

$$\frac{\partial H_k(t)}{\partial w_{ik}} = f'(S_k(t)) \left[\sum_{j \in D} w_{kj} \frac{\partial O(t-j)}{\partial w_{ik}} + \delta_{kj} U_j(t-j) \right] \tag{8-19}$$

同样有初始条件

$$\frac{\partial O(t_0)}{\partial w_{ik}} = 0 \tag{8-20}$$

代入，可计算各时刻隐藏层梯度。

最后更新隐藏层和输出层权值：

$$w_i(t+1) = w_i(t) + \Delta w_i(t) \tag{8-21}$$

$$w_{ik}(t+1) = w_{ik}(t) + \Delta w_{ik}(t) \tag{8-22}$$

8.3.2 LM 算法

LM(Levenberg-Marquardt backpropagation)算法是一种利用标准的数值优化技术的快速算法，它是梯度下降法与高斯-牛顿法的结合，也可以说成是高斯-牛顿法的改进形式，它既有高斯-牛顿法的局部收敛性，又具有梯度下降法的全局特性。由于利用了近似的二阶导数信息，LM 算法比梯度法快得多。用 LM 算法的思想代替传统 RTRL 中的梯度法，以改善 RTRL 的学习速度。

在 LM 算法中，一个 NARX 网络可表示为：

$$O(t) = f(I(t), I(t-1), \cdots, I(t-M), O(t-1),$$
$$O(t-2), \cdots, O(t-D), W) \tag{8-23}$$

令 $Y(t)$ 表示 t 时刻长度为 D 的目标值，于是有误差向量：

$$E(t) = Y(t) - O(t) \tag{8-24}$$

随机逼近误差值为：

$$J(t) = \frac{1}{2} \left[E(t)^T E(t) \right] \tag{8-25}$$

实时递归学习算法中的梯度下降法仅使用了一阶导数，高斯-牛顿法则利用了二阶导数进行权值更新：

$$\Delta W = -\left[Jac^T(W) Jac(W) \right]^{-1} Jac(W) E(W) \tag{8-26}$$

LM 算法改进了高斯-牛顿法，将权值更新更改为：

$$\Delta W = -\left[Jac^T(W) Jac(W) + \mu I \right]^{-1} Jac(W) E(W) \tag{8-27}$$

式中，$\mu > 0$ 为常数，I 为单位矩阵，$Jac(W)$ 为权值 W 的 Jacobian 矩阵，$E(W)$ 为权重的误差项。从上式中可看出，如果 μ 很大，LM 算法近似于梯度下降法，而若 μ 为 0，则是高斯-牛顿法。而且 $Jac^T(W) Jac(W) + \mu I$ 是正定的，所以上式的解总是存在的。从这个意义上说，LM 算法优于高斯-牛顿法，因为对于高斯-牛顿法 $Jac^T(W) Jac(W)$ 是否满秩还是一个潜在的问题。

误差对权值的 Jacobian 矩阵计算如下：

$$Jac(W) = \frac{dE(t)}{dW} = -\frac{dO(t)}{dW} \tag{8-28}$$

其中：

$$\frac{dO(t)}{dW} = \left(\frac{\partial O(t)}{\partial W} + \sum_{i=0}^{M} \frac{\partial O(t)}{\partial I(t-i)} \frac{dI(t-i)}{dW} + \sum_{i=1}^{D} \frac{\partial O(t)}{\partial O(t-i)} \frac{dO(t-i)}{dW} \right)$$

$$(8-29)$$

式中第一项 $\dfrac{\partial O(t)}{\partial W}$ 为直接偏导，有：

$$\frac{\partial O(t)}{\partial W} = \begin{bmatrix} \dfrac{\partial O_1(t)}{\partial w_1} & \dfrac{\partial O_1(t)}{\partial w_2} & \cdots & \dfrac{\partial O_1(t)}{\partial w_R} \\ \dfrac{\partial O_2(t)}{\partial w_1} & \dfrac{\partial O_2(t)}{\partial w_2} & \cdots & \dfrac{\partial O_2(t)}{\partial w_R} \\ \vdots & \vdots & \ddots & \vdots \\ \dfrac{\partial O_D(t)}{\partial w_1} & \dfrac{\partial O_D(t)}{\partial w_2} & \cdots & \dfrac{\partial O_D(t)}{\partial w_R} \end{bmatrix}$$

$$(8-30)$$

式中 R 表示模型所有权重参数的个数；第二项为 0；第三项第一部分 $\dfrac{\partial O(t)}{\partial O(t-i)}$ 可由反向传播算法获得，因为 $O(t-i)$ 是网络输入的一部分，而第三项的第二部分 $\dfrac{dO(t-i)}{dW}$ 为历史值，初始条件为 $\dfrac{dO(0)}{dW} = 0$。

在实际操作中，μ 是一个试探性的参数，对于给定的 μ，如果求得的 ΔW 能使误差函数 $J(t)$ 降低，则 μ 被因子 β 除；若误差函数 $J(t)$ 增加，则 μ 乘以因子 β。

算法总体步骤：

（1）给出训练误差允许值 ϵ，参数 μ，因子 β 以及初始化权值和阈值向量，令 $k=0$，$\mu = \mu_0$。

（2）将输入向量 $U(t)$ 提交网络，计算相应的网络输出 $O(t)$ 和误差值 $J(t)$。

（3）计算 Jacobian 矩阵 $Jac(W)$。

（4）根据式（8-27），求得 $\Delta W(t)$。

（5）若误差值 $J(t) < \epsilon$，转到第（6）步；否则，更新权值 $W(t+1) = W(t) + \Delta W(t)$，并使用更新后的权值 重新计算误差 值 $J(t)$，若误差值减小，则计算 $\mu = \mu/\beta$，转第（2）步，若误差值没有减小，则计算 $\mu = \mu \times \beta$，转第（4）步。

（6）算法视为收敛，结束。

8.4　NARX 网络的应用

NARX 网络自被提出以来，就受到了很大的关注。由于 NARX 网络属于动态递归神经网络,相当于具有输入延时的 BP 网络加上输出到输入的延时反馈连接,由于输出层不断将包含历史的输出数据反馈到输入层,从而使 NARX 网络具有记忆能力,相比于传统回归神经网络包含更长时间的网络历史状态和实时状态信息,从而 NARX 网络在预测方面的应用甚为广泛。下面介绍两个 NARX 网络的应用实例。

8.4.1 基于 PCA‐NARX 神经网络的氨氮预测

该模型是由袁红春和赵彦涛等人提出,模型采用主成分分析法(PCA)提取的主成分变量作为网络输入,优化网络结构,以中华绒螯蟹的养殖水体为例,建立了 PCA‐NARX 神经网络模型,并与 NAR,以及基本 NARX 网络模型进行了对比试验。PCA‐NARX 神经网络流程如图 8‐2 所示。

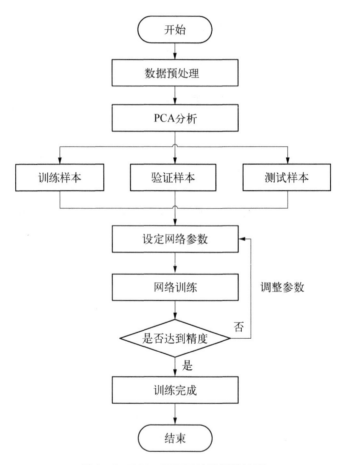

图 8‐2　PCA‐NARX 神经网络流程

结果表明:PCA‐NARX 模型在 24 h 和 48 h 内均方根误差(RMSE)最小,较 NAR 网络模型减少 24.39%,较 NARX 网络模型减少 41.94%;总体在 48 h 之内,PCA‐NARX 网络模型对氨氮的预测性能较好。本试验结果也表明了 NARX 网络在预测方面的有效性。

8.4.2　基于小波分析的 NARX 神经网络在水位预测中的应用

高精度的水位预测能为防洪决策、水资源管理等提供重要的调度依据,减少洪旱灾害损失。为提高预报精度刘墨阳等人提出一种基于小波分析的 NARX 神经网络模型(DWT－NARX),综合考虑洪泽湖入湖流量、出湖流量、周边用水、前期水位等因素,对洪泽湖日水位进行预报,并与 BP 神经网络、NARX 神经网络模型进行比较。DWT－NARX 模型建模流程如图 8-3 所示。

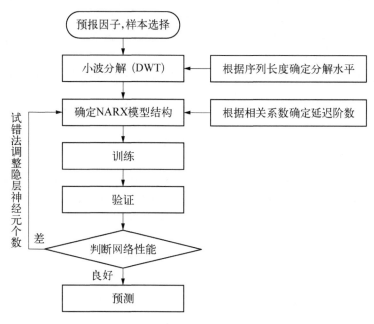

图 8-3　DWT－NARX 模型建模流程

结果表明,三种模型在短历时预报中均取得了较好的模拟预测效果。当预见期为 1 或 2 天时,合格率大于 85%;当预见期超过 3 天,基本 NARX 模型在水位变幅较大的时段预测结果变差,BP 模型出现严重的震荡现象,NARX 和 DWT－NARX 模型结果均优于 BP 神经网络,DWT－NARX 在整体上结果最优。研究成果可为洪泽湖的水位预报提供一定的参考价值。该研究表明,NARX 模型以及其改进的模型在预见期较短时,都有比较好的预测效果,说明具有非线性映射能力的神经网络模型在预报水文时间序列上具有一定优势。

本章小结

本章介绍了一种有外部输入的非线性自回归模型,第一部分介绍了 NARX 网络的一些基本情况。第二部分介绍了 NARX 网络的基本结构。第三部分主要介绍了两种

NARX 网络的训练算法,包括 RTRL 与 LM 算法。最后介绍了两种 NARX 网络在预测方面的应用案例。

参考文献

［1］ 邱锡鹏.神经网络与深度学习［M］.北京：机械工业出版社,2018.

［2］ 袁红春,赵彦涛,刘金生. 基于 PCA－NARX 神经网络的氨氮预测［J］.大连海洋大学学报,2018,33(6)：34－37.

［3］ 刘墨阳,李巧玲,李致家,等.基于小波分析的 NARX 神经网络在水位预测中的应用［J］.南水北调与水利科技,2019,17(5)：56－63.

［4］ 刘典政,冯晓云.基于 LM 神经网络模型的机车牵引力和制动力的计算［J］.机车电传动,2007(3)：20－23.

［5］ 李明,杨汉生,杨成梧,等.一种改进的 NARX 回归神经网络［J］.电气自动化,2006,28(4)：6－8＋11.

［6］ 刘亚秋,马广富,石忠.NARX 网络在自适应逆控制动态系统辨识中的应用［J］.哈尔滨工业大学学报,2005(2)：173－176.

［7］ 张袅娜,刘美艳.一种基于 RTRL 的神经网络驾驶员巡航模型［J］.电子科技,2016,29(6)：5－7.

［8］ PLETT G L. Adaptive inverse control of linear and nonlinear systems using dynamic neural networks.［J］. IEEE transactions on neural networks, 2003, 14(2)：360－376.

［9］ LEONTARITIS I J, BILLINGS S A. Input-output parametric models for non-linear systems Part I: deterministic non-linear systems［J］. International Journal of Control, 1985, 41(2)：303－328.

第 *9* 章　自适应共振理论

9.1　概述

人类智能的特性之一是能在不忘记以前学习过的事物的基础上继续学习新事物。这项特性是目前多数种类的神经网络模型所欠缺的,这些神经网络模型(例如反向传播类神经网络)一般都需要事先准备好的训练模式集进行训练。当训练完毕之后,神经元之间的连接强度就确定了,除非再有新的训练动作发生,否则这些连接强度不会再有任何改变。当有新模式出现时,这些神经网络模型只能由用户将新模式加到训练模式中,形成新的训练模式集,然后重新训练所有神经元间的连接强度,也就是旧有的知识必须重新训练一遍。这些神经网络模型,只有记忆而没有智能,没有辨识新事件出现的能力,也没有自我学习扩充记忆的能力。

为了试图解决这些问题,格劳斯伯格(Grossberg)等人模仿人的视觉与记忆的交互运作,提出所谓自适应共振理论(adaptive resonance theory,ART)。他多年来一直试图为人类的心理和认知活动建立统一的数学理论,ART 就是这一理论的核心部分。随后卡朋特(Carpenter)又与 Grossberg 提出了 ART 网络。

ART 是一种自组织神经网络结构,也是无监督的学习网络。当在神经网络和环境有交互作用时,对环境信息的编码会自发地在神经网络中产生,则认为神经网络在进行自组织活动。ART 不像其他种类的神经网络模型,它不用分训练阶段及测试阶段,且不需要事先准备好训练模式集和测试模式集。ART 时时处在训练状态及测试状态。当它开始工作的时候可以不用确定到底需要多少个神经元,先给几个就行,或者根本不用给它。ART 的学习过程就像小孩成长一样,头脑也会同步长大。当 ART 发现记忆的神经元不够用时,会动态长出新的神经元去记忆新模式,形成新聚类,并且不会影响到存在的神经元间的连接。因此,ART 可以在不忘记已经学习过的事物的情况下,继续学习新事物。

9.2　网络的可塑性与不可塑性

人工神经网络具有存储和应用经验知识的自然特性。神经网络具有很强的鲁棒性,即使系统连接线被破坏了多达 50％,它仍能以优化工作状态来处理信息。自适应共振理论(ART)借鉴人的认知过程和大脑工作的特点,是一种模仿人脑认知过程的自组织聚类算法。在解决大量数据聚类时,效果好且稳定,此外还能高效利用系统的记忆资源。

虽然人工神经网络有着自学习和自组织的特性,但不同的神经网络在这方面表现出的能力却不尽相同。网络的可塑性是指网络可以不断地从外界环境学习知识充实自身。在传统的人工神经网络模型中,如果在使用的过程中环境发生了变化,则需要重新构造一个能够表现当前环境的样本集,并用该样本集重新对网络进行训练。在这种情况下,传统的神经网络将初始的训练集和变化后新加的样本一同对网络进行训练。这会破坏掉网络原来已学会的内容,而只记下新的内容。例如,在 BP 算法中,如果要学习新的知识,就必须把新知识的样本集和原来知识的样本集一起输入到 BP 网络中,让网络重新学习人工神经元间的连接权值,这样虽然实现了 BP 网络的可塑性,但是网络完全遗忘了已有的知识,从而使系统失去了稳定性(见图 9 - 1)。

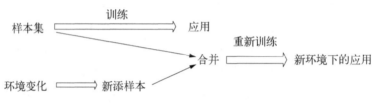

图 9 - 1　环境的变化要求重新训练网络

上述情况没有充分利用人工神经网络的信息分布存储特性,即破坏部分存储信息不会影响所存储的内容。因此,在遇到新的变化时,应该可以根据新的样本"部分地"改变原有存储信息,来对网络实施"补充"训练。但实验表明,之前的网络训练算法行不通。究竟为什么不能只将代表新添内容的样本拿来对网络实施"补充"训练呢? 通过进一步仔细分析可知,当用代表新添内容的样本来训练网络时,网络的每一个连接权都要根据这些样本进行适当调整,执行的操作不是"部分修改",而是全部修改。这种做法的实际效果是将当前的网络连接权矩阵当作初值,按照"新的样本集"进行新的训练,训练后的网络绝大多数只能表达出"新的样本集"所含的内容。

在面对一些表示新添内容的样本时,如果真正能够只修改一部分连接权,这样才有希望在保证不破坏原存储内容的基础上,将新的内容增加到网络中,从而提高网络的可塑性。因此,选择哪一部分连接权进行修改是网络要解决的问题。显然,被修改的内容应该是和新的内容相关的。在将样本中所含的内容存入网络的时候,不能再像一般网络那样,实施完全的分布存储。如果要存储也应该是将有关的内容存储在一起,即按类别存储。

样本所含内容的分类及其存储应该是由网络自动完成的,而且这个过程应该是逐步进行的。也就是说,网络可以"边工作、边学习",在实践中不断地丰富自己的知识。这种性质称为网络的可塑性。

综上分析,要使网络具有可塑性,必须实现 4 项功能:① 对样本的分类功能;② 分类的识别功能;③ 比较功能;④ 类的建立功能。

如果网络具备了这四项功能,它就能够在使用过程中不断地感知大量的信息,从中抽取出有价值的内容,对它们进行分类加工,并在不破坏原有存储信息的前提下,存储新的内容,从而不断丰富自己的知识,增加自己的功能。这正好与人脑对信息的处理相对应。人类在实践中不断丰富自己的知识,人类的大脑可以完成对来自周围环境的大量连续感知信息的分类工作,从这些大量的信息中抽取有价值的东西,对它们进行适当的加工,并在完成加工后,将它们存储起来。在这个过程中,人不会因为学习了新的东西而忘掉已学会的东西。也正是因为这一点,才使人类具有非常强的不断适应新环境的能力,才能不断地丰富自己的物质生活和精神生活。因此要想使人工神经网络能够发挥更大的作用,也必须使它具有可塑性,有能力适应外界环境不断变化的需要。

9.3 ART 的结构

为了使网络在保持原有内容的前提下(称之为稳定性),能够将新的内容添加进去(即可塑性),按照上述分析,ART 首先必须是一个分类器,它能够将输入向量进行适当的分类,给分类处理与存储打下基础。对一个给定的输入向量,ART 将在网络中已经存储的所有类别中进行查找,如果能够发现其中的某一个"类表示"表达了该输入向量的基本特征,则可对此类别的表示模式进行适当的微调,使之能更好地表达该输入向量。由于被调整的"对象"是已经被网络确认用来表示输入向量所在类的"类表示",所以它不影响已有的其他类的"类表示",这使得网络的稳定性得到保证。对该输入向量,如果网络发现在已有的"类表示"中不存在相对应的输入向量,则在自己的容量范围内创造一个新的"类表示",使它与该输入向量实现匹配。从而使网络具有可塑性(见图 9 - 2)。

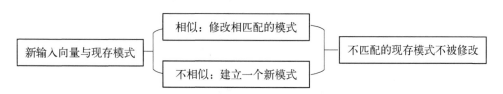

图 9 - 2 网络的稳定性和可塑性保证

为实现图 9 - 2 提出的要求,可以构造出图 9 - 3 所示的 ART 总体结构图。ART 模型主要包含 5 个功能模块:识别层、比较层、识别层输出信号控制(G_2)、比较层输出信号控制(G_1)、系统复位控制。它的基本工作过程为:当系统没有接受输入向量的时候,比较层输出控制信号 G_1 使得比较层的输出信号 C 为 0;识别层的输出控制信号 G_2 使得识别层的输出信号 R 为 0。当输入向量 X 一旦被加到系统上,G_1 使 X 被原封不动地按照 C 的形式送入识别层。在识别层找到 $C(X)$ 应该属于的类,该类的代表向量被以向量 P 的形式送回到比较层,P 与 X 比较,形成新的输出向量 C,C 和 X 又同时被送到系统复位控制模块进行比较。如果系统认为 C 可以代表 X,则网络进入训练期——按照 X 修改被选中

的 B_k 和 T_k。如果系统认为 C 不能代表 $\boldsymbol{X}$，则发出信号，使识别层复位（重新输出 0），向量 $\boldsymbol{X}$ 重新被原样送入比较层，寻找新的类进行匹配……如此下去，直到找到一个能满足要求的类或者发现系统中现有的类均不能满足要求。当后一种情况发生时，则在系统中按照 $\boldsymbol{X}$ 建立一个新类。

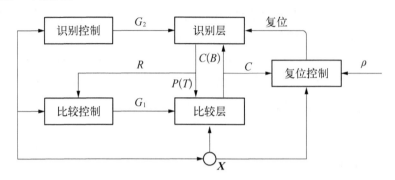

图 9-3   ART 总体结构图

从这个简要的工作过程来看，在系统的 5 个模块中，识别层输出信号控制 G_2（简称为识别控制）、比较层输出信号控制 G_1（简称为比较控制）、系统复位控制等 3 个模块是用来实现信号的传输控制。识别层、比较层承担系统的主要功能，系统中存放的分类信息也由这两层来分析和记忆。因此，为了后面的分析方便起见，图 9-4 给出了以识别层和比较层为主的 ART 模型拓扑结构。

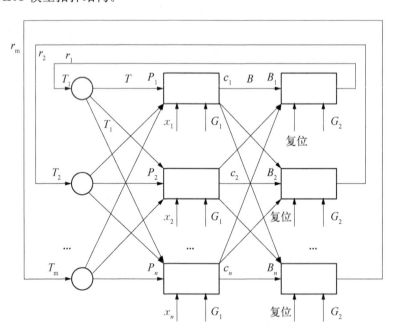

图 9-4   以比较层和识别层为主的 ART 拓扑结构

在图 9-3、图 9-4 中，$\boldsymbol{X}$ 为输入向量，$\boldsymbol{R}$ 为识别层的输出向量，$\boldsymbol{C}$ 为比较层的输出向量，$\boldsymbol{P}$ 是比较层的网络输入向量。后面会看到，$\boldsymbol{P}$ 相当于向量 $\boldsymbol{X}$ 所处的类的表示形式。$\boldsymbol{T}$

(Top-down)为从识别层到比较层的连接权矩阵，B（Bottom-up）为从比较层到识别层的连接权矩阵，T_i 和 B_i 分别是识别层的第 i 个神经元对应的识别层的连接权向量和比较层的连接权向量：

$$X = (x_1, x_2, \cdots, x_n)$$
$$R = (r_1, r_2, \cdots, r_m)$$
$$C = (c_1, c_2, \cdots, c_n)$$
$$P = (p_1, p_2, \cdots, p_n)$$
$$T_i = (t_{i1}, t_{i2}, \cdots, t_{in})$$
$$B_i = (b_{1i}, b_{2i}, \cdots, b_{ni})$$

其中，t_{ij} 表示识别层的第 i 个神经元到比较层的第 j 个神经元的连接权；b_{ij} 表示比较层的第 i 个神经元到识别层的第 j 个神经元的连接权；p_i 为比较层的第 i 个神经元的网络输入，即

$$p_i = \sum_{j=1}^{m} r_j t_{ji} \tag{9-1}$$

下面分别讨论这 5 个功能模块。

1. 比较层输出信号控制

由图 9-3 可知，比较层输出信号控制模块接收来自外界的输入向量 X 和来自识别层的输出向量 R。它根据这两个信号，决定输出 G_1：仅当 X 为非 0 向量，并且 R 为 0 向量时，G_1 才输出 1，其他情况下它均输出 0。

$$G_1 = \neg (r_1 \vee r_2 \vee \cdots \vee r_m) \wedge (x_1 \vee x_2 \vee \cdots \vee x_n) \tag{9-2}$$

也就是说，仅当一个输入向量刚加在网络上（$X \neq 0$），识别层对应的输出向量还未出现时（此时 $R = 0$，进而使 $P = 0$），G_1 才输出 1。这是用来配合比较层的工作，使得在网络处理某个输入向量的初始阶段，该输入向量能够被原原本本地送入识别层进行其类别的识别。

2. 识别层输出信号控制

识别层输出信号控制可以看成是识别层的封锁与使能控制。当外界没有信号输入时，$X = 0$，这时它封锁识别层，使它输出 0 向量（$R = 0$、$P = 0$）；而在正常运行中（$X \neq 0$），使得识别层可以根据当前的向量 C，产生相应于 C 的类表示 $P(R)$。

$$G_2 = x_1 \vee x_2 \vee \cdots \vee x_n \tag{9-3}$$

3. 比较层

比较层同时接受三个信号：输入信号 X，比较层的网络输入向量 P，比较层输出控制信号 G_1。该层的神经元执行二-三规则即三个输入信号中要有两个信号起作用才能使神经元产生输出信号。它的第 i 个神经元同时接受 x_i、p_i、G_1，相应的输出为

$$c_i = \begin{cases} 1, & x_i + p_i + G_1 \geqslant 2 \\ 0, & x_i + p_i + G_1 < 2 \end{cases} \tag{9-4}$$

在比较层开始接受一个非 0 输入向量 X 之前,称此时网络处于待命期。由于此时相当于网络的输入向量 $X = 0$,所以,识别层受到控制信号 G_2 的作用,所有的神经元被抑制,此时它的输出向量 $R = 0$。当一个非 0 的输入向量 X 加在网络上后,网络进入第 1 个工作周期,此时,比较层输出信号控制单元首先工作。由式(9-2),$G_1 = 1$,而此时仍然有 $R = 0$(从而使 $P = 0$),根据式(9-4),X 被原封不动地传送到识别层

$$C = X \tag{9-5}$$

当这个 C 被送入识别层的同时,根据式(9-3),网络的非 0 输入 X 使 $G_2 = 1$ 从而使能识别层。识别层中的某一个神经元输出 1,其他输出为 0。不妨设该神经元为第 k 个神经元。由式

$$P_i = \sum_{j=1}^{m} r_j t_{ji} = r_k t_{ki} = t_{ki} \tag{9-6}$$

从而有

$$P = T_k \tag{9-7}$$

因此,识别层的第 k 个神经元对应的从自身到比较层的各个神经元的连接权所构成的向量是输入向量的类表示。由于 $X \neq 0$,所以,在正常情况下,$R \neq 0$,$P \neq 0$ 成立。由式(9-2),此时 G_1 被置为 0。到此时,网络工作的第 1 个周期结束。此时网络进入第 2 个工作周期。按照上述分析,在网络工作的第 2 个周期开始时,有 $G_1 = 0$,$G_2 \neq 0$,$R \neq 0$。根据式 9-4,在这个周期,比较层的输出向量 C 实际上是向量 X 和 P 的"与":

$$c_i = x_i \wedge p_i \quad 1 \leqslant i \leqslant n \tag{9-8}$$

由此可以看出,如果网络认为某一组输入向量是同一类的,则代表它们所在类的向量应该为它们的"与"。

4. 识别层

如图 9-3、图 9-4 所示,识别层接受三个信号:G_2、复位、C。由式(9-3),当没有输入向量加在网上时,$X = 0$,使得 G_2 输出 0。这样,识别层的所有神经元被封锁。而当有输入向量时($X \neq 0$),识别层的神经元被使能。此后,对该输入向量 X,按网络的运行,确定自己的状态。

向量 C 是 X 经过比较层变换后输出的向量,它是系统给 X 的"暂定"代表。在 X 被网络处理的第 1 个工作周期中,$C = X$,此时识别层的第 k 个神经元 RN_k 所获得的网络输入为:

$$\sum_{i=1}^{n} b_{ik} c_i \tag{9-9}$$

由于该层的任务是识别出 $X(C)$ 应该是属于哪一类的向量，所以，该层实行的是竞争机制。在最简单的情况下，对应于一个向量 C，识别层中有且仅有一个神经元处于激发态（输出 1），其他则均处于抑制态。显然，处于激发态的 RN 对应的权向量 $\boldsymbol{B}_k$ 将与 C 匹配得最好。由式(9-9)知，B_k 与 C 有最大的点积：

$$\sum_{i=1}^{n} b_{ik}c_i = \max\left\{\sum_{i=1}^{n} b_{ij}c_i \mid 1 \leqslant j \leqslant m\right\} \tag{9-10}$$

因此，与 RN_1，RN_2，$\cdots$，RN_m 相对应，向量 $\boldsymbol{B}_1$，$\boldsymbol{B}_2$，$\cdots$，$\boldsymbol{B}_m$ 代表不同的分类。虽然 X、C 是二值向量，但 $\boldsymbol{B}_1$，$\boldsymbol{B}_2$，$\cdots$，$\boldsymbol{B}_m$ 则是实数向量，表明从比较层到识别层的连接权是实数。与之对应的二值表示是比较层相应神经元对应的从识别层到比较层的连接权向量 $\boldsymbol{T}_1$，$\boldsymbol{T}_2$，$\cdots$，$\boldsymbol{T}_m$。$\boldsymbol{B}_1$，$\boldsymbol{B}_2$，$\cdots$，$\boldsymbol{B}_m$ 与 $\boldsymbol{T}_1$，$\boldsymbol{T}_2$，$\cdots$，$\boldsymbol{T}_m$ 依照 RN_1，RN_2，$\cdots$，RN_m 相对应，从形式上看，下标相同的向量形成一一对应。

识别层的竞争机制是通过各个 RN 之间的侧连接实现的。这些侧连接，除到自身的连接为刺激（正）连接外，其他均为抑制（负）连接。这样，获得最大网络输入的 RN 能够抑制同层其他神经元的激发。

5. 系统复位控制

复位模块也同时接受三个信号：输入（原始）向量 X、向量 C、精度控制参数 ρ。该模块根据一定的规则计算 C 与 X 的相似度，如果该相似度满足精度控制参数 ρ 的要求，则表明 C 确实可以表示 X。如果该相似度不能满足精度控制参数 ρ 的要求，则表明 C 实际上不能表示 X。此时，复位控制模块发出复位信号。对应该输入向量 X，在不允许 RN_k 激发的条件下，重新寻找它应该对应的类的表达向量。

对一个输入向量 X，网络经过运行，找到一个向量 C，由上面的讨论可知，它被认为是 X 所处的类的代表。但是，这个代表可能不能满足精度要求。因此，需要继续寻找能满足精度要求的 C。在这种情况下，复位控制信号使得本次被"误选"的神经元被屏蔽。在理想的情况下，这个过程仅在输入向量 X 第一次被加载到网络上时出现。在 X 被网络认定为某一类后，当它再一次被加载到网络上时，网络应该能迅速地找到它所对应的类，而不需要进行反复地查找。一般用下列公式计算 X 与 C 的相似度：

$$s = \frac{\sum_{i=1}^{n} c_i}{\sum_{i=1}^{n} x_i} \tag{9-11}$$

再注意到式(9-11)，可以得到 $0 \leqslant s \leqslant 1$。按照精度控制的要求，如果 $s \geqslant \rho$，这表示网络最终认可当前处于激发态的 RN_k 所对应的 $\boldsymbol{B}_k$、$\boldsymbol{T}_k$ 为 X 的类表示。如果 $s < \rho$，表示本次选中的 RN_k 所对应的 $\boldsymbol{B}_k$、$\boldsymbol{T}_k$ 不能很好地代表 X，因此，需要重新寻找。

9.4　ART 的初始化

由于 ART 是在运行过程中通过自适应地调整连接权的方式实现学习，因此，ART 的初始化非常重要。与前面所叙述的各类网络模型不同，ART 的初始化与它的基本工作原理紧密相关，直接关系到 ART 的可塑性、分类表示等方面的问题，因此需要给予专门的讨论。ART 的初始化主要包括对识别层到比较层的权矩阵 $\boldsymbol{T}$、比较层到识别层的权矩阵 $\boldsymbol{B}$、精度控制参数 ρ 的初始化。下面分别对其进行讨论。

9.4.1　T 的初始化

$\boldsymbol{T}$ 是从识别层到比较层的连接矩阵，按照上节对识别层和比较层运行的介绍，在网络以最简单的方式工作的情况下，对每一个输入向量，识别层有且仅有一个神经元（如：RN_k）输出 1，其他均输出 0。而在比较层，每个神经元是按照二-三规则工作的，由此来实现向量 $\boldsymbol{X}$ 与 $\boldsymbol{P}$ 的比较。由式(9-6)、式(9-7)可知，此时的 P 就是 RN_k 对应的向量 $\boldsymbol{T}_k$。这表明，连接矩阵 $\boldsymbol{T}$ 应该是一个 0、1 矩阵。

对输入向量 $\boldsymbol{X}$，通过 RN_k 被激发，$\boldsymbol{T}_k$ 被以 $\boldsymbol{P}$ 的形式送入比较层。式(9-8)的向量形式为

$$C = X \wedge P = X \wedge T_k \tag{9-12}$$

而系统的复位控制模块是按式(9-11)来计算 $\boldsymbol{C}$ 与 $\boldsymbol{X}$ 的相似度，能够保证 $c_i = 1$ 的必要条件为 $x_i = 1$，即对于任意 $1 \leqslant i \leqslant n$，

$$if\ c_i = 1\ then\ x_i = 1 \tag{9-13}$$

另外，根据 9.5.4 节中关于 $\boldsymbol{T}$ 的训练讨论(式 9-17)，应该用 1 初始化矩阵 $\boldsymbol{T}$ 的所有元素，即对于任意 $1 \leqslant i \leqslant n$，$1 \leqslant j \leqslant m$，有

$$t_{ij} = 1 \tag{9-14}$$

所以，最开始时矩阵 $\boldsymbol{T}$ 的所有元素全为 1。

9.4.2　B 的初始化

在上述讨论过程中，对矩阵 B 是按列向量讨论的：B 的列向量 $\boldsymbol{B}_1$，$\boldsymbol{B}_2$，…，$\boldsymbol{B}_m$ 依次对应于 RN_1，RN_2，…，RN_m，从而每一个向量 $\boldsymbol{B}_k$ 又是 RN_k 对应的类的代表向量。按照网络的运行方式，对于一个输入向量 $\boldsymbol{X}$，如果 RN_k 在竞争中获胜，则 $\boldsymbol{B}_k$ 与 $\boldsymbol{X}$ 的点积取最大值。所以，为了使网络的运行保持有一定的准确性，需要用较小的值去初始化 $\boldsymbol{B}$ 的每个元素。否则，对同一个输入向量 $\boldsymbol{X}$ 的两次不同的加载，可能会因引起不同的 RN 的激发而导致错误。按照 Grossberg 与 Carpenter 的研究结果，对于任意 $1 \leqslant i \leqslant n$，$1 \leqslant j \leqslant m$，有

$$b_{ij} < L/(L-1+n) \tag{9-15}$$

其中，n 为输入向量的维数；L 为一个大于 1 的常数，其值应该与输入向量的位数相关。由上式可知，对于任意 $1 \leqslant i \leqslant n$，$1 \leqslant j \leqslant m$，$b_{ij} \in (0, 1)$，是一个非负纯小数。从而，与

0、1 矩阵 T 对应的矩阵 B 是一个实数矩阵。实际上,关于识别层的一个神经元 RN_k, T_k、B_k 分别是它对应的类的两种不同形式的表示。另外,由式(9-15),在网络开始运行时,B 的每个元素都是相同的,他们将随着网络的运行逐渐被改变。

9.4.3　ρ 的初始化

顾名思义精度控制参数 ρ 用来控制网络的识别精度。注意到式(9-11)、式(9-12),可知

$$0 \leqslant s \leqslant 1$$

显然,当 $s=0$ 时,本次所得的匹配是最差的;当 $s=1$ 时,是最为理想的匹配。此时,$C=X$ 成立。

由上述分析知,$\rho \in [0, 1]$,当 ρ 的值越大,网络所实现的划分就越细;当 ρ 的值越小,网络所实现的划分就越粗。也就是说,ρ 的值是划分"粗细"的标准。所以,它的初始化要根据网络的用户要求来确定。也可以在网络运行的初期将 ρ 的值取得小一点,以实现较粗的划分,以后逐渐加大,以实现更精确的划分。

9.5　ART 的实现

由于 ART 本身具有自适应能力,所以 ART 的训练是在运行过程中根据执行的结果确定的。在完成初始化后,ART 就可以投入运行,实现"边学习,边工作"。为了叙述清楚起见,将 ART 面对一个输入向量 X 的处理分为四个阶段:识别、比较、查找、训练。

9.5.1　识别

当输入向量 X 未被加在网络上时,网络的输入相当于 0。根据式(9-3),$G_2=0$,这使得识别层的所有神经元被抑制。此时,

$$R = (r_1, r_2, \cdots, r_m) = (0, 0, \cdots, 0)$$

当一个非 0 向量被加在网络上时,由式(9-2)和式(9-3),得

$$G_1 = G_2 = 1$$

成立。而由于此时 $R=0$,所以,根据式(9-1),有 $P=(p_1, p_2, \cdots, p_m)=(0, 0, \cdots, 0)$。

再根据式(9-4),获得式(9-5)的结果。此时,在识别层,对于每个 k,$1 \leqslant k \leqslant m$,$RN_k$ 完成如下操作。

(1) 计算 $\sum_{i=1}^{n} b_{ik} c_i$。

(2) 接收来自其他 RN 的抑制信号,并向其他的 RN 发出抑制信号。

(3) 确定自己的输出状态。

（4）完成输出。

RN 之间的抑制信号是通过它们之间的抑制连接实现的。如果某个 RN_k 输出 1，则表明，在本轮识别中，X 暂时被认为是属于该 RN_k 所对应的类。

9.5.2　比较

当识别层在本轮识别中将 X 归于 RN_k 对应的类后，RN_k 的输出值 1 被分别以权重 t_{kj} 传送到比较层，由式(9-6)和式(9-7)，此时送入比较层的向量 P 就是向量 T_k。 T 的初始化及后面讨论的 T 的训练保证了 T 的每个元素取值为 0 或者 1。所以，在前面提到，根据 RN_k 进行对应，B_k 与 T_k 互为变换形式。由于此时 $R \neq 0$，使得 $G_1 = 0$。 由二-三规则，c_i 的值根据式(9-8)确定。如果对于所有的 j，$1 \leqslant j \leqslant n$，$p_j = x_j$，则表示 X 获得良好的匹配。如果存在 j，使得 $p_j \neq x_j$，则表明 X 与相应的"类"的代表向量并不完全一致。

当系统复位控制模块接收到 X 和 C 后，就计算它们的相似度 s：

（1）如果 $s \geqslant \rho$，则表明识别层在本轮所给出的类满足系统的精度要求。所以，查找成功，系统进入相应的训练周期。

（2）如果 $s < \rho$，则表明识别层在本轮所给出的类不能满足系统的精度要求。此时，复位模块向识别层发出复位信号，使所有的 RN 输出 0。系统回到开始处理 X 的初态，重新进行搜索。由于复位信号在使所有的 RN 输出 0 的同时，屏蔽了本次被激发的 RN，所以，在下一轮的匹配中，该 RN 被排除在外，以便系统能够找到其他更恰当的 RN。

9.5.3　查找

如果 $s \geqslant \rho$，认为网络查找成功，此时分类完成，无需再查找。

如果 $s < \rho$，则表明本轮实现的匹配不能满足要求，此时需要寻找新的匹配向量。具体过程如下。

（1）复位模块向识别层发出复位信号。

（2）所有的 RN 均被抑制：$R = (r_1, r_2, \cdots, r_m) = (0, 0, \cdots, 0)$，上轮被激发的 RN 被屏蔽。

（3）G_1 的值恢复为 1。

（4）X 的值再次被从比较层送到识别层：$C = X$。

（5）不同的 RN 被激发，使得不同的 $P(T_k)$ 被反馈到比较层。

（6）比较层进行相应的比较，并判定本次匹配是否满足要求。

（7）如果本次匹配不成功，则重复(1)—(6)直到如下情况之一发生。

1. 本轮匹配成功

表明已找到一个与 X 匹配较好的模式，此时，网络进入训练期，对这个匹配的模式进行适当的修改，使它能更好地表示 X。

2. 网络中现存的模式均不匹配

这表明，X 不属于现存的任何一个类。因此，网络需要重新构造一个新模式来表达这个类。此时,网络用一个还未与任何类关联的 RN 来对应 X 所在的类:根据 X 修改与此 RN 对应的 T_k、B_k。由于在进行网络的初始化时,已将 T 的每一个元素初值为 1,而在训练中网络不修改未被选中的连接权向量,所以,此时被网络选中的 RN 所对应的从识别层到比较层的连接权向量 $T_k = (1, 1, \cdots, 1)$。因而 $P = (1, 1, \cdots 1)$ 被送入比较层。由二-三规则,此时 $C = X \wedge P = X$,被送入系统复位控制模块。由式(9-11),$s = 1$,而 $\rho \leqslant 1$,所以 $s \geqslant \rho$。匹配获得成功,网络进入训练期。

从上述查找过程看出,当将一个输入向量加到网络上后,网络并不一定能立即找出它所在的类。这是一个值得讨论的问题。因为按照一般的情况,对应输入向量 X,由式(9-10),首先被选中的 RN 应该是获得了最大的激励值,为什么输入向量 X 不一定属于 RN 所对应的类呢?分析发现,由于受 B 值取法影响,有时候,获得最大激励值的 RN 对应的类不一定是 X 所属的类。这使得查找成为网络工作的一个必不可少的过程。例如:设 $n = 5$,三个输入向量为

$$X_1 = (1, 0, 0, 0, 0)$$
$$X_2 = (1, 0, 0, 1, 1)$$
$$X_3 = (1, 0, 0, 1, 0)$$

按照式(9-15),假定用 $2/(2-1+5)$ 初始化 B,当 X_1、X_2 被输入时,RN_1、RN_2 分别被激发,按照式(9-16)对网络进行的训练,T_1、T_2、B_1、B_2 分别取如下值

$$T_1 = (1, 0, 0, 0, 0) \quad B_1 = (1, 0, 0, 0, 0)$$
$$T_2 = (1, 0, 0, 1, 1) \quad B_2 = (0.5, 0, 0, 0.5, 0.5)$$

此时,当 X_3 被输入系统时,RN_1、RN_2 获得的激励值都是 1,这两个神经元都有可能被选中而处于激发状态。如果 RN_2 被选中,则此时由比较层输出的向量 $C = X$,从而使得 $s = 1$,表明该选择满足网络的精度要求。但是,如果首先选中的是 RN_1,此时比较层的输出向量 $C = (1, 0, 0, 0, 0)$,从而使得 $s = 0.5$,当 $\rho > 0.5$ 时(如取 $\rho = 0.8$),选择 RN_1 就不能满足精度要求,此时网络就需要进入查找工作阶段。

(1) RN_1 获胜。

(2) C 取值 $(1, 0, 0, 0, 0)$。

(3) $s = \sum_{i=1}^{5} c_i / \sum_{i=1}^{5} x_i = 0.5$。

(4) $s < \rho$。

(5) RN_1 被屏蔽。

(6) 网络进入第二个查找周期,RN_2 获胜。

(7) C 取值 $(1, 0, 0, 1, 0)$。

(8) $s - \sum_{i=1}^{5} c_i / \sum_{i=1}^{5} x_i = 1$。

(9) 满足精度要求,停止查找,进入训练期。

上述讨论是基于在式(9-15)和式(9-16)取 L 为 2 的前提下进行的,当 L 取其他值

时,如 1.5,4 等,将会有不同的结果。

另外,在具体的实现中,对一个给定的输入向量 X,当一个被初步选中的 RN 被系统认为是不能满足精度要求后,在网络继续为该输入向量寻找新的匹配类的过程中,应该一直被屏蔽。要注意的另一个问题是,由于网络中包含着五个主要的功能模块,它们之间互相影响,加上信号的反馈,使得网络中的信号较为复杂。

9.5.4 训练

当网络进入训练期时,已知输入向量与 RN_k 对应的存储模式(向量 T_k、B_k)相似,此时网络将用该模式代表它。为了使向量 T_k、B_k 更好地代表 X 的特点,将按如下方法对它们进行修改:

对 $1 \leqslant i \leqslant n$,令

$$b_{ik} = \frac{Lc_i}{L - 1 + \sum_{j=1}^{n} c_j} \tag{9-16}$$

$$t_{ki} = c_i \tag{9-17}$$

与式(9-15)类似,式(9-16)中的 L 也是一个常数。由式(9-7)、式(9-8)可知,矩阵 T 的任意元素的值只可能从 1 变成 0,而不可能从 0 变成 1。所以,在 9.4 节中,要求用 1 初始化 T 的所有元素。

由式(9-5)、式(9-7)、式(9-8)、式(9-17)推知,如果 RN_k 对应的模式代表类 $\{X_1, X_2, \cdots, X_d\}$,则有

$$T_k = X_1 \wedge X_2 \wedge \cdots \wedge X_d \tag{9-18}$$

这就是说,网络将向量共有的东西作为它的类表示,这也符合一般意义下的"共同特征"的要求。

式(9-16)中的 $\sum_{j=1}^{n} c_j$ 是非常重要的,不妨将它看成向量 C 的一个度量,它越大,产生的权值就越小;它越小,产生的权值就越大。这使得当一个向量是另一个向量的子集时,能够获得较好的操作。仍取

$$X_1 = (1, 0, 0, 0, 0)$$
$$X_2 = (1, 0, 0, 1, 1)$$
$$X_3 = (1, 0, 0, 1, 0)$$

设 X_1、X_2 分别使 RN_1、RN_2 激发。对应地,设 $T_1 = X_1$、$T_2 = X_2$。如果式(9-16)中没有 $\sum_{j=1}^{n} c_j$,则此时 $T_1 = B_1$、$T_2 = B_2$。那么,当 X_1 再一次被输入时,RN_1、RN_2 因为获得的网络输入相同而都有被选中的可能。如果 RN_2 被选中,则会导致网络运行错误,使得原有的分类被严重破坏:① X_1 被再次输入,导致 RN_2 被选中;② 识别层将 T_2 送入比较层:$P = T_2$;③ 此时,$C = P \wedge X_1 = X_1$;④ C 与 X_1 被送入系统复位控制模块,计算出

$s=1$；⑤ 因为 $s > \rho$，所以对网络进行训练：$\boldsymbol{T}_2 = \boldsymbol{C}$。

显然，其原值被破坏了。而当选择一个适当的 L，同时在调整 B 时保留 $\sum_{j=1}^{n} c_j$，这个问题就可以避免了。

需要注意的是，网络的分类并不是一成不变的，为说明此问题，继续使用上面例子中的输入向量，这里，取 $L=6$，用式（9-15）对 B 进行初始化，使得 B 的所有元素均取值 0.6。

（1）$\boldsymbol{X}_1$ 的输入导致 RN_1 被激发；$\boldsymbol{B}_1$ 被训练后取值为 (1，0，0，0，0)。

（2）输入 $\boldsymbol{X}_2$ 时，RN_1、RN_2 所获得的网络输入分别为 1 和 1.8，这导致 RN_2 被激发；$\boldsymbol{B}_2$ 被训练后取值为 (0.6，0，0，0.6，0.6)。

（3）此时，如果 $\boldsymbol{X}_1$ 再次被输入，RN_1、RN_2 所获得的网络输入分别为 1 和 0.6，从而正确的神经元被激发；如果 $\boldsymbol{X}_2$ 再次被输入，RN_1、RN_2 所获得的网络输入分别为 1 和 1.8，从而也仍然有正确的神经元被激发。

（4）当 $\boldsymbol{X}_3$ 被输入时，RN_1、RN_2 所获得的网络输入分别为 1 和 1.2，从而 RN_2 被激发，此时，$\boldsymbol{T}_2 = (1，0，0，1，1)$ 被送入比较层，使得 $\boldsymbol{C} = \boldsymbol{T}_2 \wedge \boldsymbol{X}_3 = \boldsymbol{X}_3$，从而导致

$$s = 1 > \rho$$

（5）网络进入训练。$\boldsymbol{T}_2$、$\boldsymbol{B}_2$ 被修改为

$$\boldsymbol{T}_2 = (1，0，0，1，0)$$
$$\boldsymbol{B}_2 = (6/7，0，0，6/7，0)$$

（6）当再次输入 $\boldsymbol{X}_2$ 时，RN_1、RN_2 所获得的网络输入分别为 1 和 12/7，这再次导致 RN_2 被激发。但是，此时识别层送给比较层的 $\boldsymbol{T}_2 = (1，0，0，1，0)$，从而有 $s = 2/3$，如果系统的复位控制参数 $\rho > 2/3$，此时系统会重新为 $\boldsymbol{X}_3$ 选择一个新的神经元。

由此例可见，网络是根据当前存储的模式确定将一个输入向量划归某一类的。随着网络的运行，它还可以根据新的情况进行重新分类。因此，当一个输入向量 $\boldsymbol{X}$ 在某一时期被归入某一类后，当它再次出现时，有可能被分到另一类中。

最后，虽然 ART 网络因为具有可塑性，使得它可以边工作边学习。但是，如果能一次性地收集到网络运行时将会遇到的所有情况的代表向量，也可以让网络先进行训练，在训练完成后，再投入运行。这是因为，ART 在训练稳定之后，任意一个具有与训练向量基本特点相同的输入向量都会在被输入时"立即"激发它所对应的神经元，无需再进行查找。并且，对任意的输入向量序列，网络在经过有限次的学习后将产生一个稳定的权向量集合，任何重新出现的训练向量序列都不会导致 ART 网络连接权的不断变化。在这种情况下，由于运行中无需再考虑训练的问题这会使得其运行期间的效率大大提高。同时这也说明网络按要求进入训练期的时候，当它正好激发原来激发的神经元时，相应的训练工作有可能是可以省略的。

本章小结

　　自适应共振理论（ART）是一种自组织神经网络结构，是无教师的学习网络。当该神经网络和环境发生交互作用时，会自发地在神经网络中产生环境信息的编码，认为神经网络在进行自组织活动。ART 网络与其他神经网络模型存在显著区别，即 ART 可以在不忘掉先前学习内容的情况下，继续学习新事物。本章重点介绍了 ART 网络的可塑性特点、网络结构及其运行方式。

参考文献

［1］蒋宗礼.人工神经网络导论[M].北京：高等教育出版社,2001：101－112.

［2］胡守仁.神经网络导论[M].长沙：国防科技大学出版社,1993：229－239.

［3］FEI HA CHIEW, CHEE KHOON NG, KOK CHIN CHAI, et al. A fuzzy adaptive resonance theory-based model for mix proportion estimation of high-performance concrete［J］. Computer Aided Civil and Infrastructure Engineering, 2017, 32(9)：772－786.

［4］ALES MISHCHENKO. FIART：Adaptive resonance model of feature integration, proto-objects formation and coherence theory of visual attention［J］. Biologically Inspired Cognitive Architectures, 2017, 21：13－25.

［5］李龙,戴凤智,于春雨,等.基于 ART 神经网络的汉字识别[J].天津科技大学学报,2013,28(4)：74－78.

［6］张程龙,黄玉清.基于 ART1 和 FAM 神经网络的认知引擎[J].西南科技大学学报,2012,27(4)：75－79.

［7］陈建辉.ART 网络的鲁棒性增强方法研究[D].成都：电子科技大学,2016.

第10章 深度信念网络

10.1 概述

2006 年之前的传统神经网络存在一些局限性。例如,当神经元个数和隐层数较多时,由于模型的参数量迅速增长,从而导致模型训练时间较久;而且,随着神经网络层数的增加,采用随机梯度下降很难找到全局最优解,容易陷入局部最优,在反向传播过程中也会出现梯度弥散或者梯度饱和的情况,导致模型结果不理想。

Geoffrey Hinton 在 2006 年提出了深度信念网络(deep belief network,DBN),一举解决了深层神经网络的训练问题。传统神经网络属于判别模型,而深度信念网络是一种概率生成模型,它是建立一个观察数据和标签之间的联合分布,对 P(observation | label)和 P(label | observation)都做了评估,而判别模型仅仅评估了后者,也就是 P(label | observation)。DBN 不仅可用于特征识别和数据分类,还可用于生成数据。通过训练深度信念网络神经元之间的连接权重,可以让整个神经网络按照最大概率来生成训练数据。

DBN 是最初期深度网络的训练方法,也是令深度学习进入 ML 社区的开创性的新研究,尽管目前深度神经网络不再需要这种预训练,但它的思想仍深深地影响着当前的研究者。

10.2 深度信念网络基本原理

10.2.1 网络结构

深度信念网络是一种深层的概率有向图模型,其经典网络结构是由一个可视层和若干个隐层组成。每层节点的内部没有连接,相邻两层的节点之间为全连接。网络的最底层为可观测的变量,其他层的节点都为隐变量。最顶部的两层间的连接是无向的,其他层之间的连接是有向的。图 10-1 为一个深度信念网络的示例。

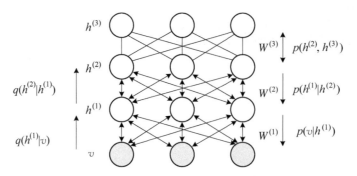

图 10-1 一个 4 层结构的深度信念网络

对一个有 L 层隐变量的深度信念网络,令 $v=h^{(0)}$ 表示最底层(第 0 层),为可观测变量,$h^{(1)}$,$\cdots$,$h^{(L)}$ 表示其余每层的变量。顶部的两层是一个无向图,可以看作是一个受限玻尔兹曼机(Restricted Boltzmann Machine,RBM),用来产生 $p(h^{(L-1)})$ 的先验分布。除了最顶上两层外,每一层变量 $h^{(l)}$ 依赖于其上面一层 $h^{(l+1)}$,即

$$p(h^{(l)} \mid h^{(l+1)}, \cdots, h^{(L)}) = p(h^{(l)} \mid h^{(l+1)})$$
$$l = \{0, \cdots, L-2\}$$
(10-1)

深度信念网络中所有变量的联合概率可以分解为

$$p(v, h^{(1)}, \cdots, h^{(L)})$$
$$= p(v \mid h^{(1)}) \left(\prod_{l=1}^{L-2} p(h^{(l)} \mid h^{(l+1)})\right) p(h^{(L-1)}, h^{(L)})$$
(10-2)
$$= \prod_{l=0}^{L-2} p(h^{(l)} \mid h^{(l+1)}) p(h^{(L-1)}, h^{(L)})$$

其中,$p(h^{(l)} \mid h^{(l+1)})$ 为 Sigmoid 型条件概率分布

$$p(h^{(l)} \mid h^{(l+1)}) = \sigma(\alpha^{(l)} + W^{(l+1)} h^{(l+1)})$$
(10-3)

其中,$\sigma(.)$ 为按位计算的 Logistic Sigmoid 函数;$\alpha^{(l)}$ 为偏置参数;$W^{(l+1)}$ 为权重参数。这样,每一层都可以看作是一个 Sigmoid 信念网络。

10.2.2 生成模型

DBN 是一个生成模型,可以用来生成符合特定分布的样本。隐变量用来描述在可观测变量之间的高阶相关性。假设训练数据服从分布 $p(v)$,通过训练得到一个深度信念网络。

在生成样本时,首先在最顶两层进行足够多次的吉布斯采样,生成 $h^{(L-1)}$,然后依次计算下一层隐变量的分布。因为在给定上一层变量取值时,下一层的变量是条件独立的,故可独立采样。这样我们就可以从第 $L-1$ 层开始,自顶向下进行逐层采样,最终得到可观测层的样本。

10.2.3　参数学习

DBN 最直接的训练方式是通过最大似然方法使得可观测变量的边际分布 $p(v)$ 在训练集合上的似然达到最大。但在深度信念网络中，隐变量 h 之间的关系十分复杂，由于"贡献度分配问题"，很难直接学习。即使对于简单的单层 Sigmoid 信念网络

$$p(v=1\mid h)=\sigma(b+W^{T}h) \tag{10-4}$$

在已知可观察变量时，其隐变量的联合后验概率 $p(h\mid v)$ 不再相互独立，因此很难精确估计所有隐变量的后验概率。早期深度信念网络的后验概率一般通过蒙特卡罗方法或变分方法来近似估计，但是效率比较低，而导致其参数学习比较困难。

为了有效地训练深度信念网络，我们将每一层的 Sigmoid 信念网络转换为受限玻尔兹曼机。这样做的好处是隐变量的后验概率是相互独立的，从而可以很容易地进行采样。这样，深度信念网络可以看作是由多个受限玻尔兹曼机从上到下进行堆叠，第 L 层受限玻尔兹曼机的隐层作为第 $L+1$ 层受限玻尔兹曼机可观测层。进一步地，深度信念网络可以采用逐层训练的方式来快速训练，即从最底层开始，每次只训练一层，直到最后一层。

10.3　受限玻尔兹曼机

受限玻尔兹曼机（restricted Boltzmann machine，RBM）是一种神经感知器，由一个显层和一个隐层构成。显层用于输入训练数据，隐层则用作特征检测器，显层与隐层的神经元之间层内无连接，层与层之间为双向全连接。RBM 基本结构如图 10-2 所示。

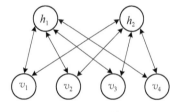

图 10-2　RBM 基本结构

在 RBM 中，任意两个相连的神经元之间有一个权值 w 表示其连接强度，每个神经元自身有一个偏置系数 b（对显层神经元）和 c（对隐层神经元）来表示其自身权重。

这样，就可以用函数表示一个 RBM 的能量，即

$$E(v,h)=-\sum_{j=1}^{N_v}b_jv_j-\sum_{i=1}^{N_h}c_ih_i-\sum_{i=1}^{n}\sum_{j=1}^{m}w_{ij}h_iv_j \tag{10-5}$$

用矩阵来表示，即

$$\boldsymbol{E}(v,h)=-b^Tv-c^Th-h^TWv \tag{10-6}$$

隐层神经元 h_j 被激活的概率为

$$P(h_j\mid v)=\sigma(c_j+\sum_i w_{ij}v_i) \tag{10-7}$$

由于是双向连接，显层神经元能被隐层神经元激活，即

$$P(v_i \mid h) = \sigma(b_i + \sum_j w_{ij}{}^T h_j) \tag{10-8}$$

其中，σ 为 Sigmoid 函数，也可以被设定为其他函数。

值得注意的是，当 σ 为线性函数时，DBN 和 PCA 是等价的。

同一层神经元之间具有独立性，所以概率密度也满足独立性。

$$P(h \mid v) = \prod_{j=1}^{N_h} P(h_j \mid v) \tag{10-9}$$

$$P(v \mid h) = \prod_{i=1}^{N_v} P(v_i \mid h) \tag{10-10}$$

10.3.1 RBM 的工作原理

当一条数据（如向量 x）赋给显层后，RBM 根据式（10-7）计算出每个隐层神经元被开启的概率 $P(h_j \mid x)$，$j = 1, 2, \cdots, N_h$，取一个 $0 \sim 1$ 的随机数 μ 作为阈值，大于该阈值的神经元则被激活，否则不被激活，即

$$h_j = 1, \; P(h_j \mid x) \geqslant \mu; \; h_j = 0, \; P(h_j \mid x) < \mu \tag{10-11}$$

由此得知隐层的每个神经元是否被激活。给定隐层时，显层的计算方法是一样的。

10.3.2 RBM 的训练过程

RBM 共有五个参数：h、v、b、c、W，其中，b、c、W 也就是相应的权重和偏置值，是通过学习得到的。（v 是输入向量，h 是输出向量）。

对于一条样本数据 x，采用对比散度算法对其训练。

（1）将 x 赋给显层 v_1，利用式（10-7）计算出隐层中每个神经元被激活的概率 $P(h_1 \mid v_1)$。

（2）从计算的概率分布中采取 Gibbs 抽样抽取一个样本：$h_1 \sim P(h_1 \mid v_1)$。

（3）用 h_1 重构显层，即通过隐层反推显层，利用式（10-8）计算显层中每个神经元被激活的概率。

（4）同样地，从计算得到的概率分布中采取 Gibbs 抽样抽取一个样本 $v_2 \sim P(v_2 \mid h_1)$。

（5）通过 v_2 再次计算隐层中每个神经元被激活的概率，得到概率分布 $P(h_2 \mid v_2)$，从概率分布中采取 Gibbs 抽样抽取一个样本：$h_2 \sim P(h_2 \mid v_2)$。

（6）更新权重。

$$W \leftarrow W + \lambda(P(h_1 \mid v_1)v_1 - P(h_2 \mid v_2)v_2) \tag{10-12}$$

$$b \leftarrow b + \lambda(v_1 - v_2) \tag{10-13}$$

$$c \leftarrow c + \lambda(h_1 - h_2) \tag{10-14}$$

在若干次训练后,隐层不仅能较为精准地显示显层的特征,同时还能够还原显层。当隐层神经元数量小于显层时,则会产生一种数据压缩的效果,也就类似于自动编码器。

10.4　深度信念网络训练算法流程

深度信念网络的训练过程可以分为预训练和精调两个阶段。先通过逐层预训练将模型的参数初始化为较优的值,再通过传统学习方法对参数进行精调。

10.4.1　基于 RBM 的无监督预训练

在训练时,该网络采用逐层无监督的方法来学习参数。如图 $10-3$ 所示,先把数据向量 x 和第一层隐藏层作为一个 RBM,训练出这个 RBM 的参数(连接 x 和 h_1 的权重,x 和 h_1 各个节点的偏置等),然后固定这个 RBM 的参数,把 h_1 视作可见向量,把 h_2 视作隐藏向量,训练第二个 RBM,得到其参数,然后固定这些参数,训练 h_2 和 h_3 构成的 RBM。

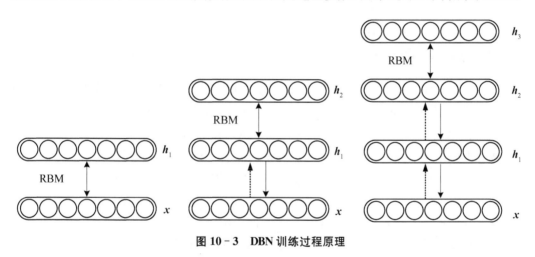

图 $10-3$　DBN 训练过程原理

对每一层的 RBM 网络进行无监督训练,将特征向量尽可能地映射到多个不同的特征空间,同时保留多个特征信息,若训练集为被标记的数据,那么在顶层训练 RBM 时,除 RBM 显层中的神经元之外,需要加入表示分类标签的神经元,与 Softmax 分类器等一起进行训练。根据学习到的相应标签数据,分类器中相应的标签神经元被激活为 1,其他神经元被抑制为 0。

10.4.2　有监督的调优训练

在对组成 DBN 的 RBM 进行训练后,每层 RBM 只能保证自身的权值对该层得到最优的特征向量映射,并不能使整个 DBN 模型达到最优的特征向量映射,所以还需要计算出预测值和真实值之间的误差。这就要将 DBN 的输出层替换为反向传播层(BPNN),反向传播层会将误差值从上向下传播至每一层的 RBM，从而达到微调整个 DBN 网络的效果。将 RBM 学习到的特征向量作为其输入向量，并且对关系分类器进行有监督训练。上述训练 RBM 网络模型的过程也可以看作是对深层的 BP 神经网络权值参数的初始化，避免 DBN 像 BP 神经网络一样因随机初始化权值参数而容易陷入局部最优和训练时间过长的缺陷。训练好的模型如图 10-4 所示。

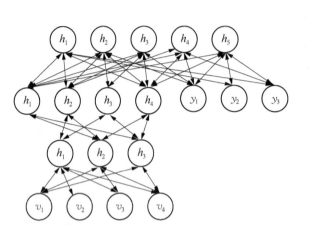

图 10-4　训练好的深度信念网络模型　　图 10-5　深度信念网络醒睡算法模型

图 10-4 的训练模型中最上面有监督学习的那一层，根据具体的应用领域可以换成任何分类器模型，而不必是 BP 网络。训练生成 DBN 模型后，除顶层 RBM 以外，其他层 RBM 的权重都被分成向下的生成权重和向上的认知权重，如图 10-5 所示。

接下来使用醒睡算法（contrastive wake-sleep，CWS）对模型进行调优。该算法主要分为两个阶段，醒阶段为学习和认知过程，通过学习外界的特征和向上的认知权重产生每一层的抽象表示的结点状态，并且使用随机梯度下降算法修改层间向下的生成权重。其接受真实的样本 x 作为输入，得到 $q_\theta(z \mid x)$，再从 $q_\theta(z \mid x)$ 中采样得到 z'，通过生成过程重建得到 x'，目的是通过优化生成过程的权重使得重建的样本 x' 和真实的样本尽可能地相似。

生成模型表示为

$$P_\theta(v, h), \theta = g \tag{10-15}$$

生成权重的目标函数为

$$E_{Q_\Phi(h|v)}\big[\log P_\theta(v, h)\big] \approx \frac{1}{N}\sum_{i=1}^{N}\log P_\theta(v, h) \tag{10-16}$$

$$\hat{\theta} = \arg\max_\theta E_{Q_\Phi(h|v)}\big[\log P_\theta(v, h)\big] \tag{10-17}$$

生成权重更新公式为

$$\Delta g_{kj} = \epsilon s_k(s_j - p_j) \tag{10-18}$$

其中，g_{kj} 为生成权重；s_k 为上一层中神经元 k 的二元状态表示；s_j 为下一层中神经元 j 的二元状态表示；ϵ 为学习率；p_j 是当前生成权重的下一层神经元的激活概率。

睡眠阶段为联想和生成过程，通过醒阶段学习和认知到的概念和向下的生成权重来生成底层状态，与此同时修改层与层之间向上的认知权重。其接受抽象样本 z 作为输入，得到 $p_\theta(x \mid z)$，然后从 $p_\theta(x \mid z)$ 中采样得到 x'，再通过认知过程得到 z'，目的是通过优化认知过程的权重让得到的 z' 和抽象样本 z 尽可能地相似。

认知模型表示为

$$Q_\Phi(h \mid v), \Phi = w \tag{10-19}$$

认知权重的目标函数为

$$E_{\log P_\theta(v, h)} \big[Q_\Phi(h \mid v) \big] \approx \frac{1}{N} \sum_{i=1}^{N} Q_\Phi(h \mid v) \tag{10-20}$$

$$\widehat{\Phi} = \arg \max_\Phi E_{\log P_\theta(v, h)} \big[Q_\Phi(h \mid v) \big] \tag{10-21}$$

认知权重更新公式为

$$\Delta w_{kj} = \epsilon s_k (s_j - q_j) \tag{10-22}$$

其中，w_{kj} 为认知权重；s_k 为下一层中神经元 k 的二元状态表示；s_j 为上一层中神经元 j 的二元状态表示；ϵ 为学习率；q_j 是当前认知权重的上一层神经元的激活概率。

10.5　深度信念网络的应用

随着现代科技的迅猛发展，特别是计算机的广泛应用，模型方法越来越多地被应用到各个领域，并产生巨大的经济和社会效益。每种模型均有其适用范围和优缺点，深度信念网络（DBN）能够学习高层抽象特征，并且适用于具备高维复杂海量数据特性的应用场景。DBN在文字检测领域、人脸及表情识别领域和遥感图像分类领域中都发挥着重要的作用。

（1）深度信念网络在文字检测领域中的应用分析如表 10-1 所示。样本数据主要为手写数字、短信文本、网络评论、场景文本以及语音文本等。

表 10-1　DBN 在文本检测领域的应用

作　者	方　法	适 用 领 域
Liu 等	DBN＋SVM	分类中文文本
王贵新等	DBN＋word2vec	短信拦截分类
Jiang 等	DBN＋Softmax	大型文本数据
周世超等	DBN	语音文本内容
Ray 等	DBN＋不同优化算法	场景文本检测

作　者	方　法	适 用 领 域
翟继友	不同深度的 DBN	语义相似文本
秦磊等	DBN＋ACD	中文实体检测

（2）深度信念网络在人脸及表情识别领域中的应用分析如表 10 - 2 所示。样本数据主要包括人脸数据库、人脸多表情数据库以及识别说话人数据集。

表 10 - 2　DBN 人脸及表情识别领域的应用

作　者	方　法	适 用 领 域
Fatahi 等	SDBN	正面人脸
杨瑞等	Gabor＋DBN	小数据量的人脸样本
吴进等	LBP＋DBN	多尺度人脸图片
Wang 等	CPDBN	多姿态人脸数据
Liu 等	BDBN	面部多表情分类
Ali 等	MFCC＋DBN	识别说话人
满忠昂等	DBN＋LBP	人脸局部特征检测

（3）深度信念网络在遥感图像分类领域中的应用分析如表 10 - 3 所示。遥感图像分类领域中,样本集基本为高光谱图像。

表 10 - 3　DBN 遥感图像分类的应用

作　者	方　法	适 用 领 域
Chen 等	DBN＋Dropout	物体信息少的样本
高鑫等	DBN＋去噪技术	含噪声的光谱图像
Liu 等	SSIS＋DBN	空间信息完整的高光谱图像
Zhao 等	DBN_FLICM	SAR 遥感图像
李新国等	DBN＋MLP	高维样本数据
Le 等	DBN＋LR	远程感测高光谱数据
夏晶凡等	DBN＋区域滤波	SAR 图像分类

本章小结

深度信念网络是第一批成功应用深度架构训练的非卷积模型之一。在引入深度信念网络之前,研究社区通常认为深度模型太难优化,还不如使用易于优化的浅层 ML 模型。2006 年,Hinton 等研究者在 Science 上发表研究成果,即深度信念网络在 MNIST 数据集上的表现超过带核函数的支持向量机,以此证明深度架构是能够成功的。本章主要介绍了深度信念网络的基本原理、基本网络结构及其组成元件受限玻尔兹曼机和深度信念网络的相关应用。

参考文献

[1] CHEN Y, ZHAO X, JIA X. Spectral-Spatial Classification of Hyperspectral Data Based on Deep Belief Network[J]. Selected Topics in Applied Earth Observations & Remote Sensing IEEE Journal of, 2015, 8(6): 2381-2392.

[2] SCHÖLKOPF, B, PLATT, J, HOFMANN, T. Greedy Layer-Wise Training of Deep Networks [J]. Advances in Neural Information Processing Systems, 2007, 19: 153-160.

[3] HINTON G E, OSINDERO S, TEH Y W. A Fast Learning Algorithm for Deep Belief Nets[J]. Neural Computation, 2006, 18(7): 1527-54.

[4] EASTWOOD M, JAYNE C. Restricted Boltzmann machines for pre-training deep Gaussian networks[C]//Neural Networks (IJCNN), The 2013 International Joint Conference on. IEEE, 2013: 1-8.

[5] 郭继峰,李忠志,张国强,等.基于深度置信网络的卡尔曼滤波算法改进[J].计算机应用与软件, 2019,36(06): 248-253.

[6] LIU FANGYUAN, WANG SHUIHUA, ZHANG YUDONG. Survey on deep belief network model and its applications. Computer Engineering and Applications, 2018, 54(1): 11-18.

[7] LIU T. A novel text classification approach based on deep belief network[C]//Proceedings of Neural Information Processing Theory and Algorithms International Conference, Sydney, Australia, 2010: 314-321.

[8] 王贵新,郑孝宗,张浩然,等.利用深度置信网络的中文短信分类[J].现代电子技术,2016,39(9): 37-40.

[9] JIANG M, LIANG Y, FENG X, et al. Text classification based on deep belief network and softmax regression[J]. Neural Computing and Applications, 2016(1): 1-10.

[10] 周世超,张沪寅,杨冰.基于深度信念网络的语音服务文本分类[J].计算机工程与应用,2016,52 (21): 157-161.

[11] RAY A, RAJESWAR S, CHAUDHURY S. Scene text analysis using deep belief networks[C]// Proceedings of the 2014 Indian Conference on Computer Vision Graphics and Image Processing, Bangalore, India, 2014: 1-8.

[12] 翟继友.基于深度置信网络的语义相关度计算模型[J].科学技术与工程,2014,14(32): 58-62.

[13] 秦磊,汤鲲.基于改进深度置信网络的中文实体检测[J].电子设计工程,2020,28(03): 38-42.

[14] FATAHI M, AHMADI M, AHMADI A, et al. Towards an spiking deep belief network for face recognition application[C]//Proceedings of International Conference on Computer and Knowledge Engineering, 2016.

[15] 杨瑞,张云伟,苟爽,等.Gabor 特征与深度信念网络结合的人脸识别方法[J].传感器与微系统, 2017,36(5): 68-70.

[16] 吴进,严辉,王洁.采用局部二值模式与深度信念网络的人脸识别[J].电讯技术,2016,56(10): 1119-1123.

[17] WANG D, LI M, LI X. Face detection algorithm based on convolutional pooling deep belief network[C]//Proceedings of International Conference on Electrical, 2017.

[18] LIU P, HAN S, MENG Z, et al. Facial expression recognition via a boosted deep belief network [C]//Proceedings of the 2014 IEEE Conference on Computer Vision and Pattern Recognition, 2014: 1805-1812.

[19] ALI H, TRAN S N, BENETOS E, et al. Speaker recognition with hybrid features from a deep belief network[J]. Neural Computing and Applications, 2016(1): 1-7.

[20] 满忠昂,刘纪敏,孙宗锟.基于局部二值模式与深度置信网络的人脸识别[J].软件工程,2020,23 (05): 13-16+12.

[21] CHEN G, LI X, LIU L. A study on the recognition and classification method of high resolution remote sensing image based on deep belief network[C]//Proceedings of the 11th International Conference on Bio-inspired Computing — Theories and Applications, Xi'an, China, 2016: 362-370.

[22] 高鑫,欧阳宁,袁华.基于快速去噪和深度信念网络的高光谱图像分类方法[J].桂林电子科技大学学报,2016,36(6): 469-476.

[23] LIN L, DONG H, SONG X. DBN-based classification of spatial-spectral hyperspectral data[C]// Proceedings of the 12th International Conference on Intelligent Information Hiding and Multimedia Signal Processing, Kaohsiung, Taiwan, China, 2017: 53-60.

[24] ZHAO Q, GONG M, LI H, et al. Three-class change detection in synthetic aperture radar images based on deep belief network[C]//Proceedings of the 10th International Conference of Bio-Inspired Computing — Theories and Applications, Hefei, China, 2015: 696-705.

[25] 李新国.一种基于DBN的高光谱遥感图像分类方法[J].电子测量技术,2016,39(7): 34-41.

[26] LE J H, YAZDANPANAH A P, REGENTOVA E E, et al. A deep belief network for classifying remotely-sensed hyperspectral data[C]//Proceedings of the 11th International Symposium on Advances in Visual Computing, Las Vegas, NV, USA, 2015: 682-692.

[27] 夏晶凡,杨学志,贾璐.基于区域滤波和深度置信网络的SAR图像分类算法[J].合肥工业大学学报(自然科学版),2019,42(12): 1636-1643.

第11章 循环神经网络

11.1 概述

循环神经网络(recurrent neural network,RNN)是一种以序列数据为输入,且所有循环节点按链式连接的神经网络。1982 年,约翰·霍普菲尔德提出 Hopfield 神经网络,网络内部有反馈连接,能够处理信号中的时间依赖性;1986 年,Michael Jordan 在神经网络中引入循环连接;1990 年,Jeffrey Elman 正式提出 RNN 模型,RNN 具备有限短期记忆;1997 年,Sepp Hochreiter 发现了高深度网络所遇到的梯度消失问题,发明了长短期记忆(long short-term memory,LSTM)循环网络;2003 年,Yoshua Bengio 提出了基于 RNN 的 N 元统计模型,解决了分词特征表征和维度魔咒问题。2010 年以后,循环神经网络成为深度学习的重要模型之一,并诞生了很多智能语音应用,如 SIRI,Alexa 等。

RNN 是一类功能强大的人工神经网络算法,其基本特点是每个神经元在 t 时刻的输出会作为 $t+1$ 时刻输入的一部分,可以实现对变长序列数据的建模。RNN 神经元的基本功能是将向量化表示的序列中当前时刻的信息以及上一时刻的输出作为输入,对其进行非线性变换后得到输出,神经元的输出可以被认为是对当前时刻之前的子序列的编码。RNN 具有如下优点:① 具有挖掘语义信息的分布式表达能力;② 能在序列预测中明确地学习和利用背景信息;③ 具有长时间范围内学习和执行数据的复杂转换能力。RNN 存在缺点:① 会造成梯度消失问题;② 会造成梯度爆炸问题。

LSTM 引入了改进网络结构的机制,通过门结构和记忆单元状态的设计,改变传统 RNN 中的记忆模块,让时间序列中的关键信息有效地更新和传递,有效地将长距离信息保存在隐藏层中。相较于 RNN 的隐藏单元,LSTM 的隐藏单元的内部结构更加复杂,信息在沿着网络流动的过程中,通过增加线性干预使得 LSTM 能够对信息有选择地添加或者减少。GRU 是 LSTM 网络的一种效果很好的变体,它与 LSTM 网络相比结构更加简单,而且效果也很好,因此也是当前非常流行的一种网络。

RNN 及 LSTM 已经被成功应用于多种任务,例如语言模型、文本分类、词向量生成和信息检索等。Karpathy 等提出了一种多模式 RNN 模型,该模型通过利用图像数据集及其语句描述来学习语言和视觉数据之间的对应关系,并且可以生成图像及其区域的自然语言描述。

滕飞等针对中文微博全局性情感倾向分类的准确性不高问题,提出基于长短期记忆模型的多维主题模型(MT-LSTM),该模型首先将微博语句分为多个层次进行分析,纵向以三维长短期记忆模型(3D-LSTM)处理词语及义群的情感倾向,横向以多维长短期记忆模型(MD-LSTM)多次处理整条微博的情感倾向;然后根据主题标签的高斯分布判断情感倾向;最后将几次判断结果进行加权得到最终的分类结果。Daniel Soutner等在LSTM模型的基础上提出了连续跳跃(skip-gram)模型,用于学习语言中语句与段落间的语法关系,以及分析语义词之间的联系,并以分布式矢量图的形式展现出来。该实验以大型语言库为实验数据,利用连续跳跃模型进行分析,最终的实验结果证明了连续跳跃模型的有效性。王鑫等针对系统级故障时间序列数据,提出了一种基于LSTM循环神经网络的预测方法,并利用民航飞机故障数据开展实验,验证了该方法在故障时间序列预测中的优越性能。

11.2　循环神经网络基本原理

11.2.1　RNN网络简介

RNN是一种专门用于处理序列数据的神经网络架构。它通过引入循环连接,使得网络能够捕捉序列中的时间依赖性和上下文信息。与传统的深度神经网络(deep neural network, DNN)不同,DNN的信息从输入层到隐含层再到输出层单向流动,并且层与层之间是全连接,每层之间的节点之间无连接。而RNN通过引入环状结构建立了神经元到自身的连接。利用这种连接方式,RNN能够将上一时刻的输入以"记忆"的形式存储在网络中,并对下一步的网络输出产生影响。因此RNN可以将完整的一段历史状态映射到每一个输出,RNN在时间序列数据的预测问题中,有着比DNN更优的表现。

11.2.2　RNN网络结构

RNN应用于输入数据具有依赖性且是序列模式的场景,即前一个输入和后一个输入是有关系的。RNN的网络结构通过隐藏层上的回路连接,前一时刻的网络状态能够传递给当前时刻,当前时刻的状态也可以传递给下一时刻。RNN模型如图11-1所示。

$$h_t = f(W_{hx}x_t + W_{hh}h_{t-1} + b_h) \qquad (11-1)$$

$$y_t = g(W_{yh}h_t + b_y) \qquad (11-2)$$

式中,W_{hx},W_{hh},W_{yh}分别为输入层到隐含层的权重矩阵、隐含层自循环的权重矩阵、隐含层到输出层的权重矩阵;b_h,b_y分别为隐含层和输出层的偏置量;$f(\cdot)$,$g(\cdot)$分别为隐含层和输出层的激活函数。RNN利用t时刻隐含层的状态h_t对网络状态进行记忆,t时刻的隐含层状态包含了前面所有步的隐含层状态。理论上,RNN可以利用任意长的序列信息,在实践中,为了降低网络的复杂度,h_t只包含前面若干步而不是所有步的隐含层状态。

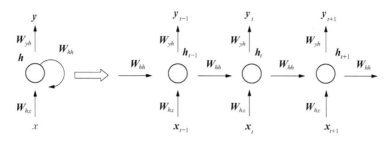

图 11-1　RNN 模型

关于 RNN 有如下说明。

（1）把 h_t 当作隐状态，捕捉之前时间点上的信息。

（2）y_t 是由当前时刻以及之前所有的记忆得到。

（3）h_t 并不能捕捉之前所有时间点上的信息。

（4）网络中每个神经元共享一组参数，可极大地降低计算量。

（5）在很多情况下不需要计算所有时刻的 y_t，因为很多任务，比如文本情感分析，都是只关注最后的结果。

11.2.3　RNN 改进：双向 RNN

双向 RNN 可以同时利用过去与未来时刻的信息，将时间序列信息分为前后两个方向输入到模型里，并构建向前层与向后层用来保存两个方向的信息，同时输出层需要等待向前层与向后层完成更新。

双向 RNN 的整个计算过程与单向循环神经网络类似，即在单向循环神经网络的基础上增加了一层方向相反的隐含层。从输入层到输出层的传播过程中，共有 6 个共享权值。在图 11-2 中，W_0 表示输入层与向前层之间的权重值，W_1 表示上一时刻隐含层到当前时刻隐含层之间的权重值，W_2 表示输入层与向后层之间的权重值，W_3 表示向前层与输出层之间的权重值，W_4 表示下一时刻隐含层到当前时刻隐含层之间的权重值，W_5 表示向后层与输出层之间的权重值。双向 RNN 结构向前传播的计算过程如下列公式。

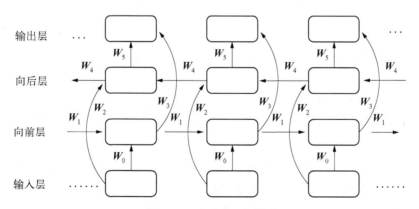

图 11-2　双向 RNN 模型

131

从前往后为

$$s_t = f(\boldsymbol{W}_0 x_t + \boldsymbol{W}_1 s_{t-1} + b) \tag{11-3}$$

从后往前为

$$h_t = f(\boldsymbol{W}_2 x_t + \boldsymbol{W}_4 h_{t+1} + b_1) \tag{11-4}$$

输出为

$$y_t = g(\boldsymbol{W}_3 s_t + \boldsymbol{W}_5 h_t) \tag{11-5}$$

其中，x_t 表示在 t 时刻的输入，s_t 表示向前层的第 t 个节点的输出，h_t 表示向后层的第 t 个节点的输出，y_t 表示网络在 t 时刻的输出，b 和 b_1 表示偏置参数，f 和 g 均表示激活函数。相对于传统的 RNN 而言，双向 RNN 实现了同时利用过去与未来时刻的信息，因此记忆效果比之前更佳。

11.3　长短期记忆网络

11.3.1　LSTM 网络简介

RNN 神经网络模型虽然在处理时间序列问题上拥有一定的优势，但对长度过长的时序数据，标准的 RNN 会因为梯度消失或梯度爆炸问题而无法捕捉长期依赖。为了学习长期依赖关系，Sepp Hochreiter 提出了 LSTM 网络。LSTM 的门控机制可以通过控制信息的选择性，使记忆细胞具有保存长期信息依赖的能力，同时在训练过程中还可以防止内部梯度受到外部干扰。每个记忆细胞都存在一个自循环连接线性单元，可以使误差在记忆单元内部以恒定值传播，较为有效地解决了传统 RNN 所存在的梯度消失和短时记忆等问题。

11.3.2　LSTM 网络结构

LSTM 包含 4 个元素：遗忘门、输入门、输出门和循环自连接的记忆细胞。遗忘门的输入是当前单元的输入 x_t 和上一个记忆单元的隐藏状态 h_{t-1}，该单元是将上一层的控制门单元 C_{t-1} 直接与 f_t 相乘，决定什么信息会被遗弃；输入门决定需要存储的信息，将保留下来的新信息 i_t 与新数据形成的控制参数 $\widetilde{C}_t$ 相乘，决定什么样的数据会被保留；输出门将输出 o_t 与控制门单元相结合，获得当前隐藏层的输出结果；记忆细胞用于更新操作 C_t，即将记忆门单元和遗忘门单元相加，组成了控制门单元传入到下一个阶段。进入 LSTM 细胞状态需要经过 4 个步骤。

第一步，决定从上一个细胞状态的输出值中丢弃什么信息。实际上就是先通过上一时刻的输出 h_{t-1} 与当前输入 x_t 通过 Sigmoid 激活层产生一个 0 到 1 间的数，通过这个数的大小决定上一时刻的信息 C_{t-1} 的通过量，通过量多少直接取决于当前时刻的输入信息是否有价值。

第二步,决定让当前输入的向量信息中多少更新到记忆细胞状态中来。实现这个需要两个步骤:① 一个具有权重矩阵的 Sigmoid 层决定哪些权重需要更新,即生成一个 0 到 1 的值,来乘以权重向量,从而更新细胞状态;② 通过 tanh 层创建新的候选值$\widetilde{C}_t$。然后,门控单元将这两部分联合起来,对记忆细胞状态进行更新。

第三步,门控单元更新细胞状态的值,即将 C_{t-1} 更新为 C_t。将旧状态 C_{t-1} 与 f_t 相乘,丢弃掉遗忘门确定需要丢弃的信息,再加上 $i_t * \widetilde{C}_t$,就可获得新状态 C_t。

第四步,模型的输出门部分需要确定输出什么值。这个输出将会基于单元的细胞状态,通过函数进行数据过滤。首先,模型通过运行一个 Sigmoid 层来确定细胞状态的哪个部分将输出。接着,将细胞状态通过 tanh 进行处理(得到一个在-1 到 1 之间的值)并将它和 Sigmoid 层的输出相乘,最终单元会只输出确定输出的那部分。相关公式(11-6)至公式(11-9)是 t 时刻一个 LSTM 记忆单元内前向传播的公式。

图 11-3 是 LSTM 记忆单元结构示意图。

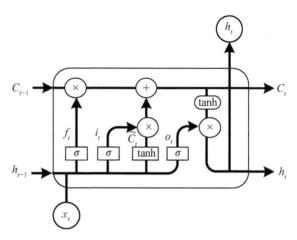

图 11-3　LSTM 记忆单元结构

$$f_t = \sigma(W_f \cdot [h_{t-1}, x_t] + b_f) \tag{11-6}$$

$$i_t = \sigma(W_i \cdot [h_{t-1}, x_t] + b_i) \tag{11-7}$$

$$o_t = \sigma(W_o \cdot [h_{t-1}, x_t] + b_o) \tag{11-8}$$

$$C_t = f_t * C_{t-1} + i_t * \widetilde{C}_t \tag{11-9}$$

其中,

$$h_t = o_t * \tanh(C_t) \tag{11-10}$$

$$\widetilde{C}_t = \tanh(W_C \cdot [h_{t-1}, x_t] + b_C) \tag{11-11}$$

W_f、W_i、W_o 和 W_C 分别是遗忘门、输入门、输出门和记忆细胞的权值,b_f、b_i、b_o 和 b_C 分别是遗忘门、输入门、输出门和记忆细胞的偏置量,$\sigma(\cdot)$ 为 Sigmoid 函数。

综上所述,遗忘门和输入门主要作用于细胞状态上,分别负责信息的遗忘和新信息的加入;而输出门则作用于隐藏层上,决定哪些信息被输出到下一时间步或用于后续的计算。这些门结构共同协作,使得 LSTM 能够在处理序列数据时有效地捕捉长期依赖关系。其实 LSTM 本身就是一种特殊的 RNN 模型,普通 RNN 的隐藏层内部非常简单,通过当前输入与上一时刻的输出来得到当前的输出。而与普通 RNN 模型不同,LSTM 的隐藏层相对复杂一些。

LSTM 的训练算法仍然是反向传播算法,对于这个算法主要有三个步骤。

1. 前向计算每个神经元的输出值

对于 LSTM 来说,前向计算每个神经元的输出值是指 f_t、i_t、C_t、o_t、h_t 五个向量的值。

2. 反向计算每个神经元的误差项值

与循环神经网络一样,LSTM 误差项的反向传播也是包括两个方向:一个是沿时间的反向传播,即从当前 t 时刻开始,计算每个时刻的误差项;一个是将误差项向上一层传播。公式推导如下:

首先,设定各个门的激活函数为 Sigmoid 函数,输出的激活函数为 tanh 函数,它们的导数分别为

$$\sigma(z) = y = \frac{1}{1 + e^{-z}} \tag{11-12}$$

$$\sigma'(z) = y(1-y) \tag{11-13}$$

$$\tanh(z) = y = \frac{e^z - e^{-z}}{e^z + e^{-z}} \tag{11-14}$$

$$\tanh'(z) = 1 - y^2 \tag{11-15}$$

由此可知,Sigmoid 和 tanh 函数的导数都是原函数的函数。因此,只要计算出原函数的值,就可以用它来计算出导数的值。

LSTM 需要学习的参数共有 8 组,分别是:遗忘门的权重矩阵 W_f 和偏置项 b_f、输入门的权重矩阵 W_i 和偏置项 b_i、输出门的权重矩阵 W_o 和偏置项 b_o,以及计算单元状态的权重矩阵 W_C 和偏置项 b_C。 因为权重矩阵的两部分在反向传播中使用不同的公式,因此在后续的推导中,权重矩阵 W_f、W_i、W_o、W_C 都将被写为分开的两个矩阵:W_{fh}、W_{fx}、W_{ih}、W_{ix}、W_{oh}、W_{ox}、W_{Ch}、W_{Cx}。

当符号 $*$ 作用于一个向量和一个矩阵时,运算如下。

$$
a * \boldsymbol{X} = \begin{bmatrix} a_1 \\ a_2 \\ a_3 \\ \cdots \\ a_n \end{bmatrix} * \begin{bmatrix} x_{11} & x_{12} & x_{13} & \cdots & x_{1n} \\ x_{21} & x_{22} & x_{23} & \cdots & x_{2n} \\ x_{31} & x_{32} & x_{33} & \cdots & x_{3n} \\ \cdots & \cdots & \cdots & \cdots & \cdots \\ x_{n1} & x_{n2} & x_{n3} & \cdots & x_{nn} \end{bmatrix}
$$

$$
= \begin{bmatrix} a_1 x_{11} & a_1 x_{12} & a_1 x_{13} & \cdots & a_1 x_{1n} \\ a_2 x_{21} & a_2 x_{22} & a_2 x_{23} & \cdots & a_2 x_{2n} \\ a_3 x_{31} & a_3 x_{32} & a_3 x_{33} & \cdots & a_3 x_{3n} \\ \cdots & \cdots & \cdots & \cdots & \cdots \\ a_n x_{n1} & a_n x_{n2} & a_n x_{n3} & \cdots & a_n x_{nn} \end{bmatrix} \tag{11-16}
$$

当" * "作用于两个矩阵时,两个矩阵对应位置的元素表示相乘。按元素乘可以在某些情况下简化矩阵和向量运算。例如,当一个对角矩阵右乘一个矩阵时,相当于用对角矩阵的对角线组成的向量按元素乘那个矩阵,即

$$\operatorname{diag}[a] \boldsymbol{X} = a * \boldsymbol{X} \tag{11-17}$$

当一个行向量右乘一个对角矩阵时,相当于这个行向量按元素乘那个矩阵对角线组成的向量,即

$$a^{\mathrm{T}} \operatorname{diag}[b] = a * b \tag{11-18}$$

在 t 时刻,LSTM 的输出值为 h_t,可定义 t 时刻的误差项 δ_t 为

$$\delta_t^{\mathrm{T}} \stackrel{\text{def}}{=} \frac{\partial E}{\partial h_t} \tag{11-19}$$

注意,这里假设误差项是损失函数对输出值的导数,而不是对加权输入 net_t^l 的导数。因为 LSTM 有四个加权输入,分别对应 $\boldsymbol{f}_t$、$\boldsymbol{i}_t$、$\boldsymbol{C}_t$、$\boldsymbol{o}_t$,希望往上一层传递一个误差项而不是四个。但仍然需要定义出这四个加权输入,见公式(11-20),以及它们对应的误差项,见公式(11-21)。

$$\begin{aligned}
\operatorname{net}_{f,t} &= \boldsymbol{W}_f[h_{t-1}, x_t] + \boldsymbol{b}_f = \boldsymbol{W}_{fh} h_{t-1} + \boldsymbol{W}_{fx} x_t + \boldsymbol{b}_f \\
\operatorname{net}_{i,t} &= \boldsymbol{W}_i[h_{t-1}, x_t] + \boldsymbol{b}_i = \boldsymbol{W}_{ih} h_{t-1} + \boldsymbol{W}_{ix} x_t + \boldsymbol{b}_i \\
\operatorname{net}_{\tilde{C},t} &= \boldsymbol{W}_C[h_{t-1}, x_t] + \boldsymbol{b}_C = \boldsymbol{W}_{Ch} h_{t-1} + \boldsymbol{W}_{Cx} x_t + \boldsymbol{b}_C \\
\operatorname{net}_{o,t} &= \boldsymbol{W}_o[h_{t-1}, x_t] + b_o = \boldsymbol{W}_{oh} h_{t-1} + \boldsymbol{W}_{ox} x_t + \boldsymbol{b}_o
\end{aligned} \tag{11-20}$$

$$\begin{aligned}
\delta_{f,t} &\stackrel{\text{def}}{=} \frac{\partial E}{\partial \operatorname{net}_{f,t}} \\
\delta_{i,t} &\stackrel{\text{def}}{=} \frac{\partial E}{\partial \operatorname{net}_{i,t}} \\
\delta_{\tilde{C},t} &\stackrel{\text{def}}{=} \frac{\partial E}{\partial \operatorname{net}_{\tilde{C},t}} \\
\delta_{o,t} &\stackrel{\text{def}}{=} \frac{\partial E}{\partial \operatorname{net}_{o,t}}
\end{aligned} \tag{11-21}$$

1) 误差项沿时间的反向传递

沿时间反向传递误差项,就是要计算出 $t-1$ 时刻的误差项 δ_{t-1}。

$$\delta_{t-1}^{\mathrm{T}} = \frac{\partial E}{\partial h_{t-1}} = \frac{\partial E}{\partial h_t} \frac{\partial h_t}{\partial h_{t-1}} = \delta_t^{\mathrm{T}} \frac{\partial h_t}{\partial h_{t-1}} \tag{11-22}$$

我们知道,$\dfrac{\partial h_t}{\partial h_{t-1}}$ 是一个 Jacobian 矩阵。如果隐藏层 h 的维度为 N,那么它就是一个 $N \times N$ 矩阵。为了求出它,我们列出计算公式(11-23)、公式(11-24)。

$$\boldsymbol{h}_t = \boldsymbol{o}_t * \tanh(C_t) \qquad (11-23)$$

$$\boldsymbol{C}_t = \boldsymbol{f}_t * \boldsymbol{C}_{t-1} + i_t * \widetilde{C}_t \qquad (11-24)$$

显然，f_t、i_t、$\widetilde{C}_t$、o_t 都是 h_{t-1} 的函数，那么，利用全导数公式可得

$$
\begin{aligned}
\delta_t^{\mathrm{T}} \frac{\partial h_t}{\partial h_{t-1}} =\ & \delta_t^{\mathrm{T}} \frac{\partial h_t}{\partial o_t} \frac{\partial o_t}{\partial \mathrm{net}_{o,t}} \frac{\partial \mathrm{net}_{o,t}}{\partial h_{t-1}} \\
& + \delta_t^{\mathrm{T}} \frac{\partial h_t}{\partial C_t} \frac{\partial C_t}{\partial f_t} \frac{\partial f_t}{\partial \mathrm{net}_{f,t}} \frac{\partial \mathrm{net}_{f,t}}{\partial h_{t-1}} \\
& + \delta_t^{\mathrm{T}} \frac{\partial h_t}{\partial C_t} \frac{\partial C_t}{\partial i_t} \frac{\partial i_t}{\partial \mathrm{net}_{i,t}} \frac{\partial \mathrm{net}_{i,t}}{\partial h_{t-1}} \\
& + \delta_t^{\mathrm{T}} \frac{\partial h_t}{\partial C_t} \frac{\partial C_t}{\partial \widetilde{C}_t} \frac{\partial \widetilde{C}_t}{\partial \mathrm{net}_{\tilde{C}_t,t}} \frac{\partial \mathrm{net}_{\tilde{C},t}}{\partial h_{t-1}}
\end{aligned}
\qquad (11-25)
$$

下面要把上式中的每个偏导数都求出来。根据公式(11-23)可以求出

$$\frac{\partial h_t}{\partial o_t} = \mathrm{diag}[\tanh(C_t)] \qquad (11-26)$$

$$\frac{\partial h_t}{\partial C_t} = \mathrm{diag}[o_t * (1 - \tanh(C_t)^2)] \qquad (11-27)$$

根据公式(11-24)，可以求出

$$\frac{\partial C_t}{\partial f_t} = \mathrm{diag}[C_{t-1}]$$

$$\frac{\partial C_t}{\partial i_t} = \mathrm{diag}[\widetilde{C}_t] \qquad (11-28)$$

$$\frac{\partial C_t}{\partial \widetilde{C}_t} = \mathrm{diag}[i_t]$$

因为

$$
\begin{aligned}
& o_t = \sigma(\mathrm{net}_{o,t}) \\
& \mathrm{net}_{o,t} = W_{oh}h_{t-1} + W_{ox}x_t + b_o \\
& f_t = \sigma(\mathrm{net}_{f,t}) \\
& \mathrm{net}_{f,t} = W_{fh}h_{t-1} + W_{fx}x_t + b_f \\
& i_t = \sigma(\mathrm{net}_{i,t}) \\
& \mathrm{net}_{i,t} = W_{ih}h_{t-1} + W_{ix}x_t + b_i \\
& \widetilde{C}_t = \sigma(\mathrm{net}_{\tilde{C},t}) \\
& \mathrm{net}_{\tilde{C},t} = W_{Ch}h_{t-1} + W_{Cx}x_t + b_C
\end{aligned}
\qquad (11-29)
$$

容易得出

$$\frac{\partial o_t}{\partial \text{net}_{o,t}} = \text{diag}[o_t * (1 - o_t)]$$

$$\frac{\partial \text{net}_{o,t}}{\partial h_{t-1}} = W_{oh}$$

$$\frac{\partial f_t}{\partial \text{net}_{f,t}} = \text{diag}[f_t * (1 - f_t)]$$

$$\frac{\partial \text{net}_{f,t}}{\partial h_{t-1}} = W_{fh}$$

$$\frac{\partial i_t}{\partial \text{net}_{i,t}} = \text{diag}[i_t * (1 - i_t)]$$ \hfill (11-30)

$$\frac{\partial \text{net}_{i,t}}{\partial h_{t-1}} = W_{ih}$$

$$\frac{\partial \widetilde{C}_t}{\partial \text{net}_{\widetilde{C},t}} = \text{diag}(1 - \widetilde{C}_t^2)$$

$$\frac{\partial \text{net}_{\widetilde{C},t}}{\partial h_{t-1}} = W_{Ch}$$

将上述偏导数代入到式(11-25)和(11-22),可以得到

$$\begin{aligned}
\delta_{t-1}^{\text{T}} &= \delta_{o,t}^{\text{T}} \frac{\partial \text{net}_{o,t}}{\partial h_{t-1}} + \delta_{f,t}^{\text{T}} \frac{\partial \text{net}_{f,t}}{\partial h_{t-1}} + \delta_{i,t}^{\text{T}} \frac{\partial \text{net}_{i,t}}{\partial h_{t-1}} + \delta_{\widetilde{C},t}^{\text{T}} \frac{\partial \text{net}_{\widetilde{C},t}}{\partial h_{t-1}} \\
&= \delta_{o,t}^{\text{T}} W_{oh} + \delta_{f,t}^{\text{T}} W_{fh} + \delta_{i,t}^{\text{T}} W_{ih} + \delta_{\widetilde{C},t}^{\text{T}} W_{\widetilde{C}h}
\end{aligned}$$ \hfill (11-31)

其中,$\delta_{o,t}^{\text{T}}$、$\delta_{f,t}^{\text{T}}$、$\delta_{i,t}^{\text{T}}$、$\delta_{\widetilde{C},t}^{\text{T}}$ 的取值可根据公式(11-32)计算获得。

$$\begin{aligned}
\delta_{o,t}^{\text{T}} &= \delta_t^{\text{T}} * \tanh(C_t) * o_t * (1 - o_t) \\
\delta_{f,t}^{\text{T}} &= \delta_t^{\text{T}} * o_t * (1 - \tanh(C_t)^2) * C_{t-1} * f_t * (1 - f_t) \\
\delta_{i,t}^{\text{T}} &= \delta_t^{\text{T}} * o_t * (1 - \tanh(C_t)^2) * \widetilde{C}_t * i_t * (1 - i_t) \\
\delta_{\widetilde{C},t}^{\text{T}} &= \delta_t^{\text{T}} * o_t * (1 - \tanh(C_t)^2) * i_t * (1 - \widetilde{C}^2)
\end{aligned}$$ \hfill (11-32)

以上 5 个算式就是将误差沿时间反向传播一个时刻的公式。有了它,可以写出将误差项向前传递到任意 k 时刻的公式

$$\delta_k^{\text{T}} = \prod_{j=k}^{t-1} \delta_{o,j}^{\text{T}} \boldsymbol{W}_{oh} + \delta_{f,j}^{\text{T}} \boldsymbol{W}_{fh} + \delta_{i,j}^{\text{T}} \boldsymbol{W}_{ih} + \delta_{\widetilde{C},j}^{\text{T}} \boldsymbol{W}_{\widetilde{C}h}$$ \hfill (11-33)

2) 将误差项传递到上一层

假设当前为第 l 层,定义 $l-1$ 层的误差项是误差函数对 $l-1$ 层加权输入的导数,即

$$\delta_t^{l-1} \overset{\text{def}}{=} \frac{\partial E}{\text{net}_t^{l-1}}$$ \hfill (11-34)

第 l 层 LSTM 的输入 x_t^l 由公式(11-35)计算,其中 f^{l-1} 表示第 $l-1$ 层的激活函数,即

$$x_t^l = f^{l-1}(\text{net}_t^{l-1})$$ \hfill (11-35)

因为 $\text{net}^l_{f,\,t}$、$\text{net}^l_{i,\,t}$、$\text{net}^l_{\tilde{C},\,t}$、$\text{net}_{o,\,t}$ 都是 x^l_t 的函数，x_t 又是 net^{l-1}_t 的函数，因此，要求出 E 对 net^{l-1}_t 的导数，就需要使用全导数公式

$$
\begin{aligned}
\frac{\partial E}{\partial \text{net}^{l-1}_t} &= \frac{\partial E}{\partial \text{net}^l_{f,\,t}} \frac{\partial \text{net}^l_{f,\,t}}{\partial x^l_t} \frac{\partial x^l_t}{\partial \text{net}^{l-1}_t} + \frac{\partial E}{\partial \text{net}^l_{i,\,t}} \frac{\partial \text{net}^l_{i,\,t}}{\partial x^l_t} \frac{\partial x^l_t}{\partial \text{net}^{l-1}_t} \\
&\quad + \frac{\partial E}{\partial \text{net}^l_{\tilde{C},\,t}} \frac{\partial \text{net}^l_{\tilde{C},\,t}}{\partial x^l_t} \frac{\partial x^l_t}{\partial \text{net}^{l-1}_t} + \frac{\partial E}{\partial \text{net}^l_{o,\,t}} \frac{\partial \text{net}^l_{o,\,t}}{\partial x^l_t} \frac{\partial x^l_t}{\partial \text{net}^{l-1}_t} \\
&= \delta^{\text{T}}_{f,\,t} \boldsymbol{W}_{fx} * f'(\text{net}^{l-1}_t) + \delta^{\text{T}}_{i,\,t} \boldsymbol{W}_{ix} * f'(\text{net}^{l-1}_t) \\
&\quad + \delta^{\text{T}}_{\tilde{C},\,t} \boldsymbol{W}_{Cx} * f'(\text{net}^{l-1}_t) + \delta^{\text{T}}_{o,\,t} \boldsymbol{W}_{ox} * f'(\text{net}^{l-1}_t) \\
&= (\delta^{\text{T}}_{f,\,t} \boldsymbol{W}_{fx} + \delta^{\text{T}}_{i,\,t} \boldsymbol{W}_{ix} + \delta^{\text{T}}_{\tilde{C},\,t} \boldsymbol{W}_{Cx} + \delta^{\text{T}}_{o,\,t} \boldsymbol{W}_{ox}) * f'(\text{net}^{l-1}_t)
\end{aligned}
\tag{11-36}
$$

式(11-36)就是误差传递到上一层的公式。

3. 根据相应的误差项，计算每个权重的梯度

对于 $\boldsymbol{W}_{fh}$、$\boldsymbol{W}_{ih}$、$\boldsymbol{W}_{Ch}$、$\boldsymbol{W}_{oh}$ 的权重梯度，可以知道它的梯度是各个时刻梯度之和，可以先求出它们在 t 时刻的梯度，然后再求出它们最终的梯度。

我们已经求得了误差项 $\delta_{o,\,t}$、$\delta_{f,\,t}$、$\delta_{i,\,t}$、$\delta_{\tilde{C},\,t}$，很容易求出 t 时刻的 $\boldsymbol{W}_{oh}$、$\boldsymbol{W}_{fh}$、$\boldsymbol{W}_{ih}$ 和 $\boldsymbol{W}_{Ch}$。

$$
\begin{aligned}
\frac{\partial E}{\partial \boldsymbol{W}_{oh,\,t}} &= \frac{\partial E}{\partial \text{net}_{o,\,t}} \frac{\partial \text{net}_{o,\,t}}{\partial \boldsymbol{W}_{oh,\,t}} = \delta_{o,\,t} h^{\text{T}}_{t-1} \\
\frac{\partial E}{\partial \boldsymbol{W}_{fh,\,t}} &= \frac{\partial E}{\partial \text{net}_{f,\,t}} \frac{\partial \text{net}_{f,\,t}}{\partial \boldsymbol{W}_{fh,\,t}} = \delta_{f,\,t} h^{\text{T}}_{t-1} \\
\frac{\partial E}{\partial \boldsymbol{W}_{ih,\,t}} &= \frac{\partial E}{\partial \text{net}_{i,\,t}} \frac{\partial \text{net}_{i,\,t}}{\partial \boldsymbol{W}_{ih,\,t}} = \delta_{i,\,t} h^{\text{T}}_{t-1} \\
\frac{\partial E}{\partial \boldsymbol{W}_{Ch,\,t}} &= \frac{\partial E}{\partial \text{net}_{\tilde{C},\,t}} \frac{\partial \text{net}_{\tilde{C},\,t}}{\partial \boldsymbol{W}_{Ch,\,t}} = \delta_{\tilde{C},\,t} h^{\text{T}}_{t-1}
\end{aligned}
\tag{11-37}
$$

将各个时刻的梯度加在一起，就能得到最终的梯度。

$$
\begin{aligned}
\frac{\partial E}{\partial \boldsymbol{W}_{oh}} &= \sum_{j=1}^{t} \delta_{o,\,t} h^{\text{T}}_{j-1} \\
\frac{\partial E}{\partial \boldsymbol{W}_{fh}} &= \sum_{j=1}^{t} \delta_{f,\,t} h^{\text{T}}_{j-1} \\
\frac{\partial E}{\partial \boldsymbol{W}_{ih}} &= \sum_{j=1}^{t} \delta_{i,\,t} h^{\text{T}}_{j-1} \\
\frac{\partial E}{\partial \boldsymbol{W}_{Ch}} &= \sum_{j=1}^{t} \delta_{\tilde{C},\,t} h^{\text{T}}_{j-1}
\end{aligned}
\tag{11-38}
$$

对于偏置项 b_f、b_i、b_C、b_o 的梯度，也是将各个时刻的梯度加在一起。下面是各个时刻的偏置项梯度。

$$\frac{\partial E}{\partial b_{o,\,t}} = \frac{\partial E}{\partial \mathrm{net}_{o,\,t}}\frac{\partial \mathrm{net}_{o,\,t}}{\partial b_{o,\,t}} = \delta_{o,\,t}$$

$$\frac{\partial E}{\partial b_{f,\,t}} = \frac{\partial E}{\partial \mathrm{net}_{f,\,t}}\frac{\partial \mathrm{net}_{f,\,t}}{\partial b_{f,\,t}} = \delta_{f,\,t}$$

$$\frac{\partial E}{\partial b_{i,\,t}} = \frac{\partial E}{\partial \mathrm{net}_{i,\,t}}\frac{\partial \mathrm{net}_{i,\,t}}{\partial b_{i,\,t}} = \delta_{i,\,t} \qquad (11-39)$$

$$\frac{\partial E}{\partial b_{C,\,t}} = \frac{\partial E}{\partial \mathrm{net}_{\tilde{C},\,t}}\frac{\partial \mathrm{net}_{\tilde{C},\,t}}{\partial b_{C,\,t}} = \delta_{\tilde{C},\,t}$$

下面是最终的偏置项梯度,即将各个时刻的偏置项梯度加在一起。

$$\frac{\partial E}{\partial b_o} = \sum_{j=1}^{t}\delta_{o,\,j}$$

$$\frac{\partial E}{\partial b_i} = \sum_{j=1}^{t}\delta_{i,\,j}$$

$$\frac{\partial E}{\partial b_f} = \sum_{j=1}^{t}\delta_{f,\,j} \qquad (11-40)$$

$$\frac{\partial E}{\partial b_C} = \sum_{j=1}^{t}\delta_{\tilde{C},\,j}$$

对于 $\boldsymbol{W}_{ox}$、$\boldsymbol{W}_{fx}$、$\boldsymbol{W}_{ix}$ 和 $\boldsymbol{W}_{Cx}$ 的权重梯度,只需要根据相应的误差项直接计算即可。

$$\frac{\partial E}{\partial \boldsymbol{W}_{ox}} = \frac{\partial E}{\partial \mathrm{net}_{o,\,t}}\frac{\partial \mathrm{net}_{o,\,t}}{\partial \boldsymbol{W}_{ox}} = \delta_{o,\,t}x_t^{\mathrm{T}}$$

$$\frac{\partial E}{\partial \boldsymbol{W}_{fx}} = \frac{\partial E}{\partial \mathrm{net}_{f,\,t}}\frac{\partial \mathrm{net}_{f,\,t}}{\partial \boldsymbol{W}_{fx}} = \delta_{f,\,t}x_t^{\mathrm{T}}$$

$$\frac{\partial E}{\partial \boldsymbol{W}_{ix}} = \frac{\partial E}{\partial \mathrm{net}_{i,\,t}}\frac{\partial \mathrm{net}_{i,\,t}}{\partial \boldsymbol{W}_{ix}} = \delta_{i,\,t}x_t^{\mathrm{T}} \qquad (11-41)$$

$$\frac{\partial E}{\partial \boldsymbol{W}_{Cx}} = \frac{\partial E}{\partial \mathrm{net}_{\tilde{C},\,t}}\frac{\partial \mathrm{net}_{\tilde{C},\,t}}{\partial \boldsymbol{W}_{Cx}} = \delta_{\tilde{C},\,t}x_t^{\mathrm{T}}$$

以上就是 LSTM 的训练算法的全部公式。

11.3.3　LSTM 变体——GRU

LSTM 由于其良好的预测性能被广泛应用于时间序列预测问题,但是其复杂的内部结构也导致模型训练速度降低。针对此问题,Cho 等学者于 2014 年提出了另一种基于门控制的循环神经网络,即 GRU(gated recurrent unit)神经网络,其单元结构如图 11-4 所示。GRU 网络中并没有明确的单元状态,它利用一个重置门实现了 LSTM 中遗忘门和输入门的作用,利用史新门控制隐藏层状态的更新,GRU 的这种内部结构使得它一方面继承了 LSTM 的优势,另一方面又减少了模型训练所需参数,从而降低模型训练时间。

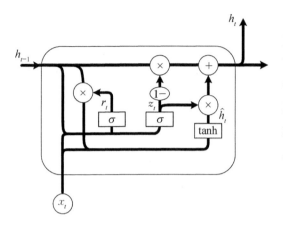

图 11 - 4　GRU 单位结构

其中，r_t 表示重置门，z_t 表示更新门。重置门决定是否将之前的状态忘记且用当前时刻输入信息重置隐藏状态。当 r_t 趋于 0 的时候，前一个时刻的状态信息 h_{t-1} 会被忘掉，$\hat{h_t}$ 会被重置为当前输入的信息。更新门决定是否要将隐藏状态更新为 h_t（作用相当于 LSTM 中的输出门）。GRU 神经网络的前向传播公式为

$$\boldsymbol{r}_t = \sigma(\boldsymbol{W}_r \cdot [h_{t-1}, x_t])$$

(11 - 42)

$$\boldsymbol{z}_t = \sigma(\boldsymbol{W}_z \cdot [h_{t-1}, x_t])$$

(11 - 43)

$$\hat{\boldsymbol{h}_t} = \tanh(\boldsymbol{W}_{\hat{h}} \cdot [r_t * h_{t-1}, x_t])$$ (11 - 44)

$$\boldsymbol{h}_t = (1 - z_t) * \boldsymbol{h}_{t-1} + z_t * \hat{\boldsymbol{h}_t}$$ (11 - 45)

其中，$\sigma(\cdot)$ 是 Sigmoid 函数，$\tanh(\cdot)$ 是双曲正切函数，x_t 是 t 时刻的输入，$\boldsymbol{r}_t$ 是 t 时刻重置门向量，$\boldsymbol{z}_t$ 是 t 时刻更新门向量，$\hat{\boldsymbol{h}_t}$ 是 t 时刻经过更新的候选向量，$\boldsymbol{h}_t$ 是 t 时刻隐藏层输出向量。$\boldsymbol{W}_r$、$\boldsymbol{W}_z$、$\boldsymbol{W}_{\hat{h}}$ 是重置门向量、更新门向量和更新候选向量的权值；$*$ 是元素乘法。

GRU 神经网络是一种时间递归神经网络，能够充分反映时间序列数据的长期历史过程。GRU 神经网络在处理后续输入数据时，可以将先前输入所携带的信息保存在网络中。

与 LSTM 相比，GRU 具有以下不同之处。

（1）GRU 少一个门，同时少一个细胞状态 C_t。

（2）在 LSTM 中，通过遗忘门控制上一时刻信息是否保留，通过输入门决定是否传入此刻信息；GRU 则通过重置门来控制是否要保留原来隐藏状态的信息，但是不再限制当前信息的传入。

（3）在 LSTM 中，虽然得到新的细胞状态 C_t，但是还不能直接输出，而是需要经过一个过滤处理。同样，在 GRU 中，虽然也得到了新的隐藏状态 h_t，但是还不能直接输出，而是通过更新门来控制最终的输出。

11.3.4　双向 LSTM

有些时候预测可能需要由前面若干输入和后面若干输入共同决定，这样会更加准确，从而提出了双向 LSTM(Bi-directional LSTM)，它具有利用过去和未来数据信息进行学

习的能力。

　　双向 LSTM 网络由两个独立的 LSTM 网络组成,具有两个独立的隐藏层,这两个隐藏层除了方向外,内部结构完全一致。第一层 LSTM 计算当前时间点的前向信息,第二层反向读取相同的序列,计算当前时间点的反向信息。两个隐藏层独立计算当前时间点的状态和输出,并前馈到相同的输出层,双向 LSTM 网络在当前时间点的输出由这两个隐藏层共同决定。在训练时,由于两个网络无互相作用,因此可以作为一个通用的前馈网络,其反向传播过程也与 LSTM 类似,唯一的不同是传播到输出层后,返回给两个隐藏层以不同的方向传播,完成对权重的更新。双向 LSTM 的网络结构如图 11-5 所示。

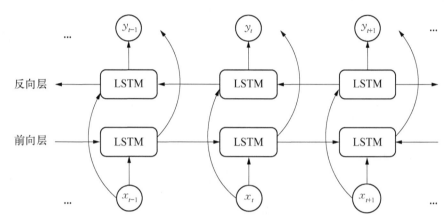

图 11-5　双向 LSTM 的网络结构

　　双向 LSTM 的每一个时刻都有 8 个独特的隐藏层权重值被使用,8 个权重值分别对应:计算前向隐藏层遗忘状态的 W_f 和反向隐藏层遗忘状态的 W'_f,计算前向隐藏层输入状态的 W_i 和反向隐藏层输入状态的 W'_i,计算前向隐藏层输出状态的 W_o 和反向隐藏层输出状态的 W'_o,以及计算前向隐藏层候选值的 W_C 和反向隐藏层候选值的 W'_C。此外还有两个输出层权重值,W_h 和 W'_h 使用隐藏层输出计算输出层结果。

　　前向隐藏层和反向隐藏层之间没有信息传递,这样可以避免两个隐藏层的相邻两个时刻之间形成死循环。其计算方式为:第一步前向层从 1 时刻到 t 时刻正向计算一遍,得到并保存每个时刻前向隐藏层的输出;第二步反向层沿着 t 时刻到 1 时刻反向计算一遍,得到并保存每个时刻反向隐藏层的输出。最后一步在每个时刻结合前向层和反向层的相应时刻输出的结果得到最终的输出,其数学表达见公式 11-46 至 11-58。

　　前向隐藏层计算过程为,

$$f_t = \sigma(W_f \cdot [h_{t-1}, x_t] + b_f) \tag{11-46}$$

$$i_t = \sigma(W_i \cdot [h_{t-1}, x_t] + b_i) \tag{11-47}$$

$$o_t = \sigma(W_o \cdot [h_{t-1}, x_t] + b_o) \tag{11-48}$$

$$C_t = f_t * C_{t-1} + i_t * \widetilde{C}_t \tag{11-49}$$

其中，

$$h_t = o_t * \tanh(C_t) \tag{11-50}$$

$$\widetilde{C_t} = \tanh(W_C \cdot [h_{t-1}, x_t] + b_C) \tag{11-51}$$

反向隐藏层计算过程为，

$$f'_t = \sigma(W'_f \cdot [h'_{t+1}, x_t] + b'_f) \tag{11-52}$$

$$i'_t = \sigma(W'_i \cdot [h'_{t+1}, x_t] + b'_i) \tag{11-53}$$

$$o'_t = \sigma(W'_o \cdot [h'_{t+1}, x_t] + b'_o) \tag{11-54}$$

$$C'_t = f'_t * C'_{t+1} + i'_t * \widetilde{C'_t} \tag{11-55}$$

其中，

$$h'_t = o'_t * \tanh(C'_t) \tag{11-56}$$

$$\widetilde{C'_t} = \tanh(W'_C \cdot [h'_{t+1}, x_t] + b'_C) \tag{11-57}$$

输出层计算过程为：

$$y_t = \sigma(W_h h_t + W'_h h'_t + b_y) \tag{11-58}$$

h_t，h'_t，和 y_t 分别为前向层、反向层和输出层的结果。

11.4 LSTM 网络的应用

LSTM 及其变体已被应用于很多领域，例如：黎壹利用 LSTM 对人民币汇率走势进行分析预测，能有效控制预测误差波动；吉瑞萍等基于 LSTM 对弹道主动段轨迹进行预测，结果优于数值积分法和 BP 网络等方法；苏向敬等提出一种基于双重注意力长短期记忆（DALSTM）网络的超短期海上风电出力预测模型，引入特征空间和时序双重注意力机制，动态挖掘海上风电出力与输入特征间的潜在相关性，能够对海上风电出力进行有效的超短期预测；邹可可等引入一种改进的长短期记忆网络结构（LSTM - GRU），提高了污水水质预测模型准确率，泛化能力更强，有效性及实用性更强。

我们也利用 LSTM 网络构建了海浪高度预测模型。原始数据包含 3 个特征变量即空气温度、大气压强和海水温度，另外还有一个预测变量即海浪高度。为了得到更好的预测精度，对数据特征进行扩充，将原始的时间序列数据进行转换，6 个特征变量作为网络输入，即上一个时间点的空气温度、大气压强、海水温度以及当前时间点的空气温度、大气压强和海水温度。此外，根据实验需要设置了合适的隐藏层单元数以及模型的其他超参数。

为了展现 LSTM 在时间序列数据预测方面的优越性,使用了传统的 BP 神经网络作为对比实验,其中图 11-6 是用 BP 神经网络训练的损失图和预测图,图 11-7 是用 LSTM 网络训练的损失图和预测图。从预测结果来看,BP 神经网络的损失值波动较大,而 LSTM 网络的损失值波动较小,主要是因为 LSTM 网络的稳定性更好。从预测的效果来看,BP 网络的预测效果不如 LSTM,在某些点的预测值和真实值差异较大;而 LSTM 网络预测的结果相对来说就比较好,每个点的预测值基本接近真实值。可以看出循环神经网络在时间序列预测方面具有很大的优势。

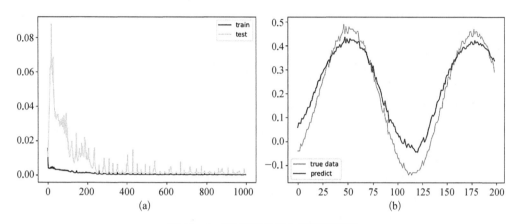

图 11-6　BP 网络的损失图和预测图

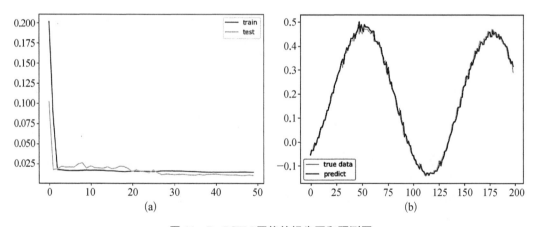

图 11-7　LSTM 网络的损失图和预测图

本章小结

本章介绍了循环神经网络的发展史,对 RNN 和 LSTM 网络结构及其公式进行了详细阐述。此外,还介绍了双向 RNN 网络、LSTM 的变体 GRU 和双向 LSTM 的网络结构。最后举例说明 LSTM 网络的应用案例及优势。

参考文献

[1] 王伟,孙玉霞,齐庆杰,等.基于 BiGRU-attention 神经网络的文本情感分类模型[J].计算机应用研究,2019,36(12):3558-3564.

[2] 梁军,柴玉梅,原慧斌,等.基于深度学习的微博情感分析[J].中文信息学报,2014,28(5):155-161.

[3] 白静,李霏,姬东鸿.基于注意力的 BiLSTM-CNN 中文微博立场检测模型[J].计算机应用与软件,2018,35(3):266-274.

[4] HAN Y, CHENYUFAN, XU M, et al. Production capacity analysis and energy saving of complex chemical processes using LSTM based on attention mechanism[J]. Applied Thermal Engineering, 2019, 160(8): 114072.

[5] 李冰,张妍,刘石.基于 LSTM 的短期风速预测研究[J].计算机仿真,2018,35(11):468473.

[6] 滕飞,郑超美,李文.基于长短期记忆多维主题情感倾向性分析模型[J].计算机应用,2016:2252-2256.

[7] SOUTNER D, MÜLLER L. Continuous Distributed Representations of Words as Input of LSTM Network Language Model[J]. Springer International Publishing, 2014.

[8] 王鑫,吴际,刘超,杨海燕,等.基于 LSTM 循环神经网络的故障时间序列预测[J].北京航空航天大学学报,2018,44(4):772-784.

[9] 倪维健,孙宇健,刘彤,等.基于注意力双向循环神经网络的业务流程剩余时间预测方法[J].计算机集成制造系统,2020,26(6):1564-1572.

[10] 王洪亮,穆龙新,时付更,等.基于循环神经网络的油田特高含水期产量预测方法[J].石油勘探与开发,2020(5):1009-1015.

[11] 沈潇军,葛亚男,沈志豪,等.一种基于 LSTM 自动编码机的工业系统异常检测方法[J].电信科学,2020,36(7):136-145.

[12] 袁红春,陈聪昊.基于融合深度学习模型的长鳍金枪鱼渔情预测研究[J].渔业现代化,2019,46(5):74-81.

[13] 刘剑桥.基于改进 LSTM 循环神经网络瓦斯数据时间序列预测研究[D].徐州:中国矿业大学,2018.

[14] 沈潇军,葛亚男,沈志豪,等.一种基于 LSTM 自动编码机的工业系统异常检测方法[J].电信科学,2020,36(7):136-145.

[15] 杨丽,吴雨茜,王俊丽,等.循环神经网络研究综述[J].计算机应用,2018,38(S2):6-11+31.

[16] KARPATHY A, FEI-FEI L. Deep Visual — Semantic Alignments for Generating Image Descriptions[J]. IEEE Transactions on Pattern Analysis & Machine Intelligence, 2016:664-676.

[17] 黄积杨.基于双向 LSTMN 神经网络的中文分词研究分析[D].南京:南京大学,2016.

[18] 李鹏,杨元维,高贤君,等.基于双向循环神经网络的汉语语音识别[J].应用声学,2020,039(3):464-471.

[19] 党建武,从筱卿.基于 CNN 和 GRU 的混合股指预测模型研究[J].计算机工程与应用..

[20] 滕建丽,容芷君,许莹,但斌斌.基于 GRU 网络的血糖预测方法研究[J].计算机应用与软件,2020,37(10):107-112.

[21] CHO K, MERRIENBOER B V, GULCEHRE C, et al. Learning Phrase Representations using RNN Encoder-Decoder for Statistical Machine Translation[J]. Computer Science, 2014.

[22] 刘永强,续毅,贺永辉,等.基于双向长短期记忆神经网络的风电预测方法[J].天津理工大学学报,2020,36(5):49-54+59.

[23] 邹可可,李中原,穆小玲,等.基于 LSTM-GRU 的污水水质预测模型研究[J].能源与环保,2021,43(12):59-63.

[24] 吉瑞萍,张程祎,梁彦,等.基于 LSTM 的弹道导弹主动段轨迹预报[J/OL].系统工程与电子技术:1-10[2022-01-05].http://kns.cnki.net/kcms/detail/11.2422.TN.20211231.1939.004.html,2021-12-31.

[25] 黎壹.基于 LSTM 神经网络的人民币汇率预测研究[J].中国物价,2021(12):20-22.

[26] 苏向敬,周汶鑫,李超杰,等.基于双重注意力 LSTM 的可解释海上风电出力预测[J].电力系统自动化,2022,46(7):141-151.

第12章 卷积神经网络

12.1 概述

卷积神经网络(convolutional neural network, CNN)是一种常见的深度学习架构,受生物自然视觉认知机制启发而来。1959 年, Hubel & Wiesel 发现动物视觉皮层细胞负责检测光学信号,受此启发,1980 年 Kunihiko Fukushima 提出了 CNN 的前身——neocognitron。

20 世纪 90 年代,LeCun 等人发表论文,确立了 CNN 的现代结构,后来又对其进行完善。他们设计了一种多层的人工神经网络,取名叫做 LeNet - 5,可以对手写数字做分类。和其他神经网络一样,LeNet - 5 也能使用 backpropagation 算法训练。

CNN 能够得出原始图像的有效表征,这使得 CNN 能够直接从原始像素中,经过极少的预处理,识别视觉上面的规律。然而,由于当时缺乏大规模训练数据,计算机的计算能力也跟不上,LeNet - 5 对于复杂问题的处理结果并不理想。2006 年起,人们设计了很多方法,想要克服难以训练深度 CNN 的困难。其中,最著名的是 Alex Krizhevsky 提出了一种经典的 CNN 结构,并在图像识别任务上取得了重大突破。其方法的整体框架叫做AlexNet,与 LeNet - 5 类似,但网络结构要更加深一些。

AlexNet 取得成功后,研究人员又不断提出新的卷积神经网络模型,其中较为著名的网络结构模型包括 ZFNet、VGGNet、GoogleNet 和 ResNet 等。从网络结构来看,CNN 发展的一个方向就是层数变得越来越多,在 2015 年 ImageNet 大规模视觉识别挑战赛(ImageNet large scale visual recognition challenge, ILSVRC)上获得冠军的 ResNet 网络层数是 AlexNet 的 20 多倍,是 VGGNet 的 8 倍多。通过增加层数,网络便能够利用增加的非线性得出目标函数的近似结构,同时得出更好的特性表征。但是,同时也增加了网络的整体复杂程度,使网络变得难以优化,很容易过拟合。

卷积神经网络由输入层、多个隐藏层和输出层组成,隐藏层包含卷积层、池化层和全连接层 3 类常见层次结构。简单来说,卷积层是用来对输入层进行卷积,提取更高层次的特征。在卷积层进行特征提取后,输出的特征图会被传递至池化层进行特征选择和信息过滤。池化层包含预设定的池化函数,其功能是将特征图中单个点的结果替换为其相邻区域的特征图统计量。最后对经过多次卷积层和多次池化层所得出来的高级特征进行全连接,算出最后的预测值。

12.2　网络结构

12.2.1　卷积层

卷积层是由多个特征映射组成,每个特征映射由多个神经元构成,每个神经元通过卷积核与上一层特征映射的局部区域相连。如果有 $1\,000 \times 1\,000$ 像素的图像,有 100 万个隐层神经元,那么他们全连接的话(每个隐层神经元都连接图像的每一个像素点),就有 $1\,000 \times 1\,000 \times 1\,000\,000 = 10^{12}$ 个连接,也就是 10^{12} 个权值参数。卷积层的提出就是使用一个卷积核在图像上滑动,用卷积核来代替隐层神经元,假设卷积核大小为 10×10,这样连接的参数就下降到了 100 个,使参数量减少了 10^{10} 个。

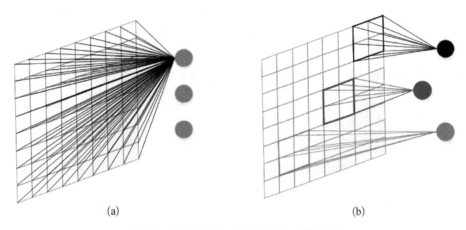

(a)　　　　　　　　　　　　　　　　(b)

图 12 - 1　DNN 与 CNN 连接方式的区别

(a) 全连接神经网络;(b) 卷积神经网络

在图像分类中,卷积核是一个权值矩阵,卷积层通过卷积操作提取输入的不同特征。卷积层是卷积神经网络中的核心组成部分,具有以下三个特性:

1. 局部感知

在传统人工神经网络中,每个神经元都要与上层输入的每个像素相连,导致网络权重数量巨大,网络复杂度极高,难以训练。在卷积神经网络中,每个神经元的权重数量都与卷积核的大小一致,只与对应映射部分的像素相连接。这样就极大地减少了权重的数量。卷积神经网络一般会采取 1×1、3×3 或 5×5 大小的卷积核在图片上滑动,每次只实现局部感知。

2. 参数共享

针对每一层的特征映射,使用卷积核进行卷积操作,由于卷积核权重是不变的,使得在一个特征映射中,不同位置的相同目标其特征是基本相同的。也就是说在卷积神经网络中,卷积层的每一个卷积滤波器重复地作用于整个感受野中,对输入图像进行卷积,卷积结果构成了输入图像的特征图,提取出图像的局部特征。每一个卷积滤波器共享相同的参数,包括相同的权重矩阵和偏置项。共享权重的好处是在对图像进行特征提取时不用考虑局部特征的位置。而且权重共享提供了一种有效的方式,使要学习的卷积神经网络模型参数数量大大降低。

3. 多核卷积

由于一个卷积核操作只能得到一部分特征,可能获取不到全部特征,因此,用多个卷积核来学习不同的特征(每个卷积核学习到不同的权重)以提取映射特征。

卷积运算实际是分析数学中的一种运算方式,在卷积神经网络中通常是仅涉及离散卷积的情形。下面介绍单通道图像的卷积操作。

假设输入图像(输入数据)为如图 12-2 中右侧的 5×5 矩阵,其对应的卷积核(亦称卷积参数,convolution kernel 或 convolution filter)为一个 3×3 的矩阵。同时,假定卷积操作时每做一次卷积,卷积核移动一个像素位置,即卷积步长(stride)为 1。一般操作时都要使用 padding 技术(对输入图像外围补一圈 0,以保证卷积后生成的特征图与输入图像的尺寸保持一致)。

1	0	1
0	1	0
1	0	1

(a)

1	2	1	4	5
6	1	8	7	10
6	8	1	6	5
4	3	2	1	0
1	2	3	4	5

(b)

图 12-2 卷积核与输入数据

(a) 卷积核;(b) 输入数据

第一次卷积操作从图像(0, 0)像素开始,由卷积核中参数与对应位置图像像素逐位相乘后累加作为一次卷积操作结果,即 $1\times1+2\times0+1\times1+6\times0+1\times1+8\times0+6\times1+8\times0+1\times1=1+1+1+6+1=10$,如图 12-3 所示。类似地,在步长为 1 时,卷积核按照步长大小在输入图像上从左至右自上而下依次将卷积操作进行下去,最终输出 3×3 大小的卷积特征,同时该结果将作为下一层操作的输入。

(a) (b) (c) (d)

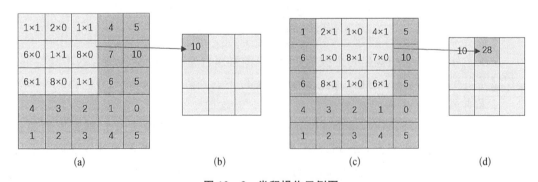

图 12-3 卷积操作示例图

(a) 第 1 次卷积操作;(b) 卷积后结果;(c) 第 2 次卷积操作;(d) 卷积后结果

与之类似,若三维情形下的卷积层的输入数据有 n 个通道,该层卷积核也为 n 个通道。三维输入时卷积操作实际只是将二维卷积扩展到了对应位置的所有通道上,然后对

所有通道上卷积得到的输出相加。多通道卷积的运算过程为

$$X_j^L = f\Big(\sum_{i \in M_j} X_i^{L-1} * K_{ij}^L + b_j^L\Big) \tag{12-1}$$

其中,L 表示网络层数;j 表示通道;K 为卷积核(也称过滤器或滤波器);M_j 为输入特征图的索引的集合;i 为特征图的一个选择的索引;b_j^L 是第 L 层第 j 通道的偏置项,$f(.)$ 是激活函数。

由于权值共享原理,在某一层可以同时有多种过滤器一起工作,但参数量只和过滤器种类相关,因此在提高特征提取效率的同时精简了模型复杂度。每种过滤器负责提取输入图像上的某一种特征,且一次都会同时观察像素点的附近区域,传递给下一卷积层。

12.2.2　池化操作

通常使用的池化操作包括平均值池化(average-pooling)和最大值池化(max-pooling),需要指出的是,同卷积层操作不同,池化层不包含需要学习的参数。使用时仅需指定池化类型(average 或 max 等)、池化操作的核大小(kernel size)和池化操作的步长(stride)等超参数即可。

平均池化就是在图片上对应出滤波器大小的区域,对里面的所有像素点取均值,得到的特征数据会对背景信息更敏感。

最大池化就是在图片上对应滤波器大小的区域,将里面的所有像素点取最大值,得到的特征数据会对纹理特征的信息更敏感。

由图 12-4 可知:池化操作得到的结果相比其输入降小了,其实池化操作实际上就是一种“降采样”(down-sampling)操作;另外,池化也可以看成是一个用 p 范数作为非线性映射的“卷积”操作,特别地,当 p 趋近正无穷时就是最常见的最大值池化。

池化层的引入是仿照人的视觉系统对视觉输入对象进行降维(降采样)和抽象。在卷积神经网络过去的工作中,研究者普遍认为池化层有如下三种功效:

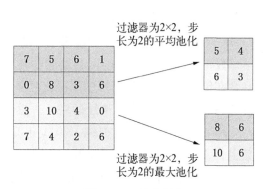

图 12-4　池化操作

(1) 特征不变性。池化操作使模型更关注是否存在某些特征而不是特征具体的位置。可看作是一种很强的先验,使特征学习包含某种程度自由度,能容忍一些特征微小的位移。

(2) 特征降维。由于池化操作的降采样作用,池化结果中的一个元素对应于原输入数据的一个子区域,因此池化相当于在空间范围内做了维度约减,从而使模型可以抽取更广范围的特征。同时减小了下一层输入大小,进而减小计算量和参数个数。

(3) 在一定程度上防止过拟合,更方便优化。

德国著名高校弗赖堡大学的研究者提出用一种特殊的卷积操作(stride convolutional

layer)来代替池化层实现降采样,进而构建一个只含卷积操作的网络,其实验结果显示这种改造的网络可以达到甚至超过传统卷积神经网络(卷积层池化层交替)的分类精度。因此,池化操作并不是卷积神经网络必需的元件或操作。

12.2.3 激活函数

激活函数的作用是选择性地对神经元节点进行特征激活或抑制,能对有用的目标特征进行增强激活,对无用的背景特征进行抑制减弱,从而使得卷积神经网络可以解决非线性问题。网络模型中若不加入非线性激活函数,网络模型相当于变成了线性表达,会导致网络的表达能力不好。如果使用非线性激活函数,网络模型就具有特征空间的非线性映射能力。另外,激活函数还能构建稀疏矩阵,使网络的输出具有稀疏性,稀疏性可以去除数据的冗余,最大可能地保留数据特征,所以每层带有激活函数的输出都是用大多数值为 0 的稀疏矩阵来表示。激活函数必须具备一些基本的特性。

1. 单调性

单调的激活函数保证了单层网络模型具有凸函数性能。

2. 可微性

使用误差梯度来对模型权重进行微调更新。激活函数可以保证每个神经元节点的输出值在一个固定范围之内,限定了输出值的范围可以使得误差梯度更加稳定地更新网络权重,使得网络模型的性能更加优良。当激活函数的输出值不受限定时,模型的训练会更加高效,但是在这种情况下需要更小的学习率。

卷积神经网络经常使用的激活函数有多种:Sigmoid 函数、tanh 函数、ReLU 函数、Leaky ReLU 函数、PReLU 函数等。每种激活函数使用的方法大致相同,但是不同的激活函数带来的效果却有差异,目前卷积神经网络中用得最多的还是 ReLU 函数,Sigmoid 函数在传统的 BP 神经网络中用得比较多。Sigmoid 函数拥有求导容易、输出结果稳定等优势,曾被广泛地应用于神经网络中。然而,由于 Sigmoid 函数的软饱和性等问题,容易产生梯度弥散,导致难以训练。2012 年 Geoffrey Hinton, Alex Krizhevsky 将 ReLU 函数引入 AlexNet 中,得到了良好的效果。近年来 ReLU 成为最受欢迎的激活函数,由于具有线性和非饱和的特性,相比 Sigmoid 函数具有更快的收敛速度,有效缓解了梯度弥散的问题,但其缺点也同样明显,即随着训练的进行,可能会出现神经元坏死,权重无法更新的情况。

ReLU(Rectified Linear Units)函数的数学模型为

$$f(x) = \max(0, x) = \begin{cases} 0, & x \leqslant 0 \\ x, & x > 0 \end{cases} \tag{12-2}$$

Sigmoid 函数的数学模型为

$$f(x) = \frac{1}{1 + e^{-x}} \tag{12-3}$$

两种函数的图像如图 12 - 5 所示。

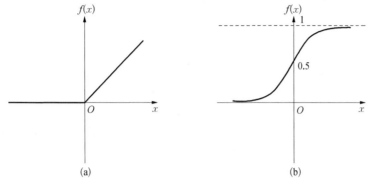

图 12 - 5　激活函数图
(a) ReLU 函数；(b) Sigmoid 函数

12.2.4　全连接神经网络

在卷积神经网络的输出层之前，通常需要连接 1 个或多个全连接层，全连接层中的神经元与上一层中的所有神经元全连接。全连接层可以整合卷积层或者池化层中具有类别区分性的局部信息。所有全连接层中的最后一层与输出层相连，其结果将直接传输给输出层，然后采用 Softmax 逻辑回归进行分类。

全连接层在整个卷积神经网络中起到"分类器"的作用，其结构与前馈神经网络相同。如果说卷积层和池化层等操作是将原始数据映射到隐层特征空间的话，全连接层则起到将学到的特征表示映射到样本的标记空间的作用。在实际使用中，全连接层可由卷积操作实现：对前层是全连接的全连接层可以转化为卷积核为 1×1 的卷积；而前层是卷积层的全连接层可以转化为卷积核为 $h \times w$ 的全局卷积，h 和 w 分别为前层卷积输出结果的高和宽。以经典的网络模型 VGG - 16 为例，对于 $224 \times 224 \times 3$ 的图像输入，最后一层卷积层可得输出为 $7 \times 7 \times 512$ 的特征张量，若后层是一层含 4 096 个神经元的全连接层时，则可用卷积核为 $7 \times 7 \times 512 \times 4\,096$ 的全局卷积来实现这一全连接运算过程，经过此卷积操作后可得 $1 \times 1 \times 4\,096$ 的输出。一般来说会再次叠加一个全连接层，与前面卷积层的输出进行全连接，再将输出结果送入分类器中。

12.3　训练方法

12.3.1　前向传播

1. CNN 模型结构

如图 12 - 6 所示是一个图形识别的 CNN 模型。最左边为输入层，计算机理解为输入一个三维矩阵。接着使用卷积层(convolution layer)进行卷积操作,卷积层输出值使用的激活函数是 ReLU 函数。在卷积层后面是池化层(Pooling layer),也就是降采样的过程。需要注意的是,池化层没有激活函数。

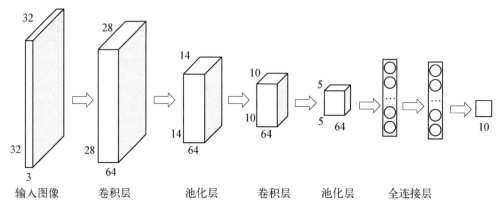

输入图像　　卷积层　　　　池化层　　　卷积层　　　池化层　　　全连接层

图 12 - 6　CNN 模型图

卷积层加池化层的组合可以在隐藏层出现很多次,在图 12 - 6 中出现两次。而实际上这个次数是根据模型的需要而来的。当然也可以灵活使用卷积层加卷积层,或者卷积层加卷积层加池化层的组合,这些在构建模型的时候没有限制。但是最常见的 CNN 都是若干卷积层加池化层的组合,如图 12 - 6 中的 CNN 结构。

在若干卷积层与池化层后面是全连接层(fully connected layer,FC),全连接层其实就是前馈神经网络结构,只是输出层使用了 Softmax 激活函数来做图像识别的分类。

2. 前向传播算法流程

对于一个图片样本,设 CNN 模型的层数为 L。对于卷积层,设卷积核的大小 K,卷积核子矩阵的维度 F,填充大小 P,步幅 S。对于池化层,要设池化区域大小 k 并定义池化标准(max 或 average)。对于全连接层,定义全连接层的激活函数(输出层除外)和各层的神经元个数。a^l 表示第 l 层的输出结果。

(1) 根据输入层的填充大小 P,填充原始图片的边缘,得到输入张量 a^1。

(2) 初始化所有隐藏层的参数 W,b。

(3) for $l =2$ to $L-1$:

① 如果第 l 层是卷积层,则输出为

$$a^l =\text{ReLU}(Z^l) =\text{ReLU}(a^{l-1} * W^l +b^l) \tag{12-4}$$

其中,ReLU 表示 ReLU 函数。

② 如果第 l 层是池化层,则输出为

$$a^l =\text{pool}(a^{l-1}) \tag{12-5}$$

其中,pool 指按照池化区域大小 k 和池化标准将输入张量缩小的过程。

③ 如果第 l 层是全连接层,则输出为

$$a^l = \sigma(Z^l) = \sigma(a^{l-1} * W^l + b^l) \tag{12-6}$$

其中,σ 为 Sigmoid 函数。

④ 对于输出层第 L 层为

$$a^L = \mathrm{Softmax}(Z^L) = \mathrm{Softmax}(a^{L-1} * W^L + b^L) \tag{12-7}$$

12.3.2 反向传播

CNN 的反向传播过程从原理上讲与普通的反向传播相同(都使用了链式法则)。从具体形式上讲,CNN 的反向传播公式又比较特殊,这是因为 CNN 由卷积层、池化层和全连接层三部分组成。全连接层采取的就是前文 BP 神经网络的反向传播方式,这里不再赘述。

1. 卷积层的反向传播

相对于公式(12-1)的前向传播过程,以式(12-8)来计算卷积层的反向传播。

$$\delta_{j(xy)}^{L-1} = f'(u_{j(xy)}^{L-1}) \sum_{i \in A_j} B(\delta_i^L) * \mathrm{rot}180(k_{ij}^L) \tag{12-8}$$

其中,$\delta_{j(xy)}^{L-1}$ 为第 $L-1$ 层、第 j 个通道、第 x 行、第 y 列的输入梯度。$u_{j(xy)}^{L-1}$ 为第 $L-1$ 层、第 j 个通道、第 x 行、第 y 列的输入。A_j 为卷积范围包括第 $L-1$ 层第 j 个通道的卷积核的集合,集合大小不定。δ_i^L 为第 L 层第 i 个通道的输入的梯度。$B(\delta_i^L)$ 为 δ_i^L 的局部块,这个局部块里的每个位置的输入都是卷积得到的,卷积过程都与 $u_{j(xy)}^{L-1}$ 有关。rot180 表示将矩阵旋转 $180°$,既进行列翻转又进行行翻转。

$$\frac{\partial \mathrm{Loss}}{\partial k_{ij(xy)}^L} = \delta_{j(xy)}^L * P(a_i^{L-1}) \tag{12-9}$$

其中,Loss 为损失函数。$k_{ij(xy)}^L$ 为第 $L-1$ 层到第 L 层的第 j 个卷积核中与第 $L-1$ 层第 i 个通道相连接的卷积层上的第 x 行、第 y 列的值。$\delta_{j(xy)}^L$ 为第 L 层的第 j 个通道,第 x 行,第 y 列的输入的梯度。a_i^{L-1} 为第 $L-1$ 层,第 i 通道的输出特征图。$P(a_i^{L-1})$ 为 a_i^{L-1} 的局部块,这个局部块中的每个元素都会在卷积过程中直接与 $k_{ij(xy)}^L$ 相乘。

$$\frac{\partial \mathrm{Loss}}{\partial b_j^{L+1}} = \sum_{x,y} (\delta_j^{L+1})_{xy} \tag{12-10}$$

b_j^{L+1} 为第 L 层到第 $L+1$ 层的第 j 个卷积核的偏置。δ_j^{L+1} 为第 $L+1$ 层第 j 个通道的输入的梯度。

2. 池化层的反向传播

如前所述,池化层实际上并不自行学习,只是通过引入稀疏性来减小向量尺度的大小,所以在反向传播时只是将原尺度还原。如在前向传播中,设 $k \times k$ 大小的矩阵通过最大池化被减少到单个值,反向传播时候从这单个值的区域还原为 $k \times k$ 大小,将这个单值还原到前向传播时获取此值的位置,区域内其他位置的值为零。与之类似,平均池化的反向传播则是将此单值平均分为 k^2 份后还原到 $k \times k$ 大小。

12.4 常见网络模型

12.4.1 VGG16 模型

VGG16 是由牛津大学计算机视觉组开发的卷积神经网络结构,至今仍被认为是一个杰出的图像识别模型,虽然它的性能已经被后来的 Inception 和 ResNet 架构超越,但作为经典模型,其简洁的结构和易于实现的特点依然具有研究价值。

VGG16 模型把特征提取层分成了 5 个模块,在整个卷积过程中都使用 3×3 尺寸的过滤器,接受 224×224×3 的图片作为输入,五组卷积模块分别具有 64、128、256、512、512 个卷积核,共 13 个卷积层逐步提取特征,卷积模块之间采用最大值采样方式,再通过 2 个 4 096 神经元的全连接层的运算,最后由一个 1 000 神经元的 Softmax 分类器得到结果。实际上可以看出 VGG16 是由 CNN+DNN 两部分共同组成,其中 CNN 部分的功能在于从原始图像中提取对于图像识别有价值的特征,再交由 DNN 部分来完成最后的分类任务。

VGG 结构作为经典的卷积神经网络模型,是后来诸多改良深度 CNN 结构的基石,其中包含的诸多技术如 ReLU 激活函数、卷积后接最大值采样的连接方式、在全连接层的 dropout 随机断开被广泛应用于后续各大模型中。通过大量阅读文献可以观察到,众多新提出的应用于各种场景下的图像处理类模型,通常都会采用 VGG16 作为开发基础,与其进行实验对比,以验证所提模型在理论上的可行性,因此这一模型具有极高的学术价值与地位。

12.4.2 InceptionV3 模型

InceptionV3 由 Google 开发,前身为 GoogleNet。在经典卷积神经网络的卷积结构中,通常只选用某一种尺寸的卷积核,GoogleNet 提出一种 Inception 架构,如图 12 - 7 所示,在一个卷积层中同时使用多种尺寸的卷积核,从而产生了 InceptionV1 模型。

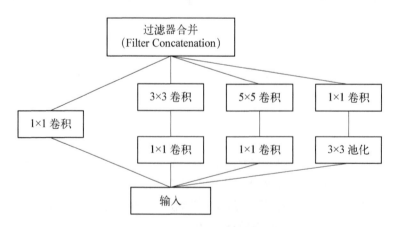

图 12 - 7　Inception 结构示意图

InceptionV1 结构中前一层的输出不经过任何处理直接输入到下一卷积层中,且包含有如 $5×5$ 的大尺寸卷积核,造成如计算量大的缺点。在这一基础上,InceptionV2 进行了改进,在卷积层得到输出后引入批量归一层(batch Normolization, BN),将每一层的输出都规范化至同一尺度(通常为 $-1\sim+1$),减少模型内部神经元的数据分布变化。另外,InceptionV2 将原本的大尺寸卷积核如 $5×5$ 卷积核拆分为 2 个 $3×3$ 卷积核,如图 12-8 所示。这一结构在减少了卷积操作产生的参数量时也能在局部加深网络,引入更多的变换方式从而进一步提高了模型的表达能力并加速运算。

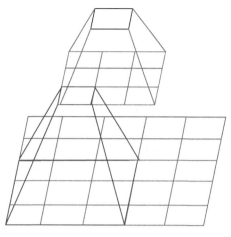

图 12-8　将 $5×5$ 卷积分解为 2 个 $3×3$ 卷积

而 InceptionV3 模型在设计过程中针对 InceptionV2 做出了如下几点改进:

(1)避免表示瓶颈,特征图尺寸应缓慢下降,尤其是网络的前端部分,信息流在前向传播过程中不能受到高度压缩,不然会造成蕴含信息量的急剧下降,对后面的信息提取产生极大影响。

(2)用网络结构替代高维表示。

(3)在低维嵌入上进行空间汇聚而不会丢失过多信息。如在进行 $3×3$ 卷积操作之前先使用 $1×1$ 卷积核降维(通道维度)而不会产生严重后果,既压缩了数据又能提高运算速度。

(4)平衡了网络的宽度与深度。

InceptionV3 中的 Inception 结构如图 12-9 所示,这一新的结构在网络前几层效果不太好,但在中间层应用时效果明显。

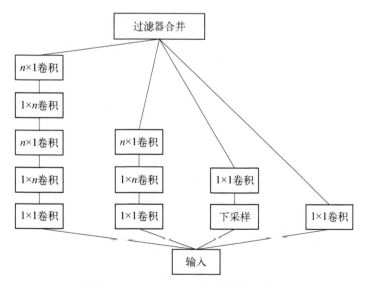

图 12-9　InceptionV3 卷积结构示意图

其中最大的改进在于分解卷积核,如将 7×7 的卷积核分解为三个低维的卷积核(3×3),而 3×3 卷积核继续分解(1×3,3×1),这样进一步加速了计算并加深了网络深度,增加了非线性表达能力。此外,传统的卷积神经网络结构通常是在卷积层之后按最大值采样或平均采样操作。然而这一操作必然会造成一定程度信息量丢失,因此 InceptionV3 结构中提出对特征图同时进行采样与卷积操作,然后串联起来得到输出,这样的方式可以有效地避免信息损失。

另外,InceptionV3 将模型接受的原始输入尺寸从 224×224 改为 299×299,并更加精细地设计了 35×35,17×17,8×8 卷积模块。

12.4.3　ResNet50 模型

ResNet(Residual Networks)又称残差网络,由微软亚洲研究院于 2015 年开发,取得了当年 ImageNet 比赛的分类任务第一名。研究者发现普通的"平原网络"随着层数的增加,反而出现了训练集准确率下降的现象,即在真正尝试深层网络时(50 层以上)曾经的一大障碍梯度消失/梯度爆炸问题又出现了。随着中间层的增加,训练集精度开始趋近于饱和接近 100%,然而随着继续增加深度,精确度开始迅速下降,这样的情况发生在训练集准确率上表示不是由于过拟合引起,而是网络开始"退化"。

ResNet 模型提出一种新的残差结构,如图 12-10 所示。传统拟合目标是使网络输出 $F(x)$ 尽量逼近期望映射 $H(x)$,而在直接拟合时,由于随着网络深度的增加,当极深时,网络梯度的变化幅度在经过多层传递后变得越来越小,此时对 $F(x)$ 影响会变得极其微小以至于不能对权值更新作出贡献。因此转为尝试拟合另一个映射:$F(x)=H(x)-x$,则原来的期望映射变为 $F(x)+x$,即用 $F(x)+x$ 来逼近 $H(x)$,这一映射中引入了原始自变量 x,$F(x)$ 作为残差项会更容易被优化,这一结构的原理类似差分放大器。当网络深度极大,而在尝试拟合 $F(x)$ 时,由于 $F(x)$ 是原始输入 x 与期望映射 $H(x)$ 之差,x 的微小变动会更容易影响到 $F(x)$,这一新的映射更加容易被优化,使网络 Loss 值对输入样本的变化更加敏感,提高了网络权值更新的精度。这一结构的提出真正实现了极深层网络的搭建。

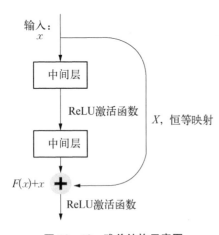

图 12-10　残差结构示意图

在引入残差结构后由于需要建立关于 x 的快捷连接,ResNet 模型有两种连接方式:

(1) 快捷连接直接使用自身映射,对于维度的增加使用零来进行填补,这一策略不会引入额外的参数,如式(12-11)所示

$$y=F(x,\{W_i\})+x \qquad (12-11)$$

（2）使用 1×1 卷积核来完成尺寸匹配，如式（12 - 12）所示。

$$y = F(x, \{W_i\}) + W_s x \qquad (12 - 12)$$

本章小结

深度卷积神经网络的发展已成为图像识别方面最突出的进步之一，这种方法模仿生物神经网络的层次结构，低层表示抽象细节，高层表示具体语义。通过逐层提取以高度挖掘数据的本质信息，从而完成识别分类。且在学习过程中，深度卷积神经网络完全自动，无需人工干预的特点是其具有应用潜力的最大优势。近年来通过海量样本集训练得到的深度卷积神经网络模型已经在速度、识别准确率等性能上达到了前所未有的高度，如今已经成功运用于图像识别和语音识别等各个领域。

参考文献

[1] FUKUSHIMAK. Neocognitron：A self-organizing neural network model for a mechanism of pattern recognition unaffectedby shift in position[J]. Biological Cybernetics，1980，36（4）：193 - 202.

[2] HUBEL D H，WIESEL T N. Receptive fields，binocular interaction and functional architecture in the cat's visual cortex[J]. J Physiol，1962，160(1)：106 - 154.

[3] LECUN Y，BOSER B，DENKER J S，et al. Backpropagation applied to handwritten zip code recognition[J]. Neural Computation，2014，1(4)：541 - 551.

[4] LÉCUN Y，BOTTOU L，BENGIO Y，et al. Gradient-based learning applied to document recognition [J]. Proceedings of the IEEE，1998，86(11)：2278 - 2324.

[5] KRIZHEVSKY A，SUTSKEVER I，HINTON G E. ImageNet classification with deep convolutional neural networks[C]. InternationalConference on Neural Information Processing Systems. Curran Associates Inc. 2012：1097 - 1105.

[6] SIMONYAN K，ZISSERMAN A. Very deep convolutional networks for large-scale image recognition[J]. arXiv preprint arXiv：1409.1556，2014.

[7] WANG Z，SCHAUL T，HESSEL M，et al. Dueling network architecturesfor deep reinforcement learning[J]. 2015：1995 - 2003.

[8] SZEGEDY C，LIU W，JIA Y，et al. Going deeper with convolutions[C]. Proceedings of the IEEE conference on computer vision and pattern recognition. 2015：1 - 9.

[9] IOFFE S，SZEGEDY C. Batch normalization：Accelerating deep network training by reducing internal covariate shift[J]. arXiv preprint arXiv：1502.03167，2015.

[10] SZEGEDY C，VANHOUCKE V，IOFFE S，et al. Rethinking the inception architecture for computer vision [C].//Proceedings of the IEEE conference on computer vision and pattern recognition. 2016：2818 - 2826.

[11] HE K，ZHANG X，REN S，et al. Deep residual learning for image recognition[C]. Proceedings of

the IEEE conference on computer vision and pattern recognition. 2016：770 - 778.

［12］ BENGIO Y. Learning deep architectures for AI[J]. Foundations and trends in Machine Learning，2009，2(1)：1 - 127.

［13］周凯龙.基于深度学习的图像识别应用研究［D］.北京：北京工业大学,2016.

［14］徐姗姗.卷积神经网络的研究与应用［D］.南京：南京林业大学,2013.

［15］魏秀参.解析深度学习：卷积神经网络原理与视觉实践［M］.北京：电子工业出版社,2018.

［16］王柯力,袁红春.基于迁移学习的水产动物图像识别方法［J］.计算机应用,2018,38(5)：1304 - 1308＋1326.

第*13*章 生成式对抗网络

13.1 概述

近年来,深度学习在很多领域取得了突破性进展。但大家似乎发现了这样一个现实,即深度学习取得突破性进展的工作基本都与判别模型相关。2014 年 Goodfellow 等人受到博弈论中二人零和博弈的启发,开创性地提出了生成式对抗网络(generative adversarial networks,GAN)。生成式对抗网络包含一个生成模型和一个判别模型。其中,生成模型负责捕捉样本数据的分布,而判别模型一般情况下是一个二分类器,判别输入是真实数据还是生成的样本。这个模型的优化过程是一个"二元极小极大博弈"问题,训练时固定其中一方(判别网络或生成网络),更新另一个模型的参数,交替迭代,最终生成的模型能够估测出样本数据的分布。生成式对抗网络的出现对无监督学习、图片生成的研究起到极大的促进作用。生成式对抗网络已经从最初的图片生成,被拓展到计算机视觉的各个领域,如图像分割、视频预测和风格迁移等。

13.2 生成式对抗网络简介

13.2.1 GAN 基本理论

本节介绍 GAN 的网络结构及其两个重要组成部分:生成网络和判别网络,详细介绍它们的工作过程与原理。

1. GAN 网络结构

GAN 的核心思想来源于博弈论的纳什均衡。设定参与游戏双方分别为一个生成器(generator)和一个判别器(discriminator)。生成器的目的是尽量去学习真实的数据分布,而判别器的目的是尽量正确判别输入数据是来自真实数据还是来自生成器。为了取得游戏胜利,这两个游戏参与者需要不断优化,各自提高自己的生成能力和判别能力,这个学习优化过程就是寻找二者之间的一个纳什均衡。GAN 的计算流程与结构如图 13 - 1

所示,可微分的函数都可以用来表示 GAN 生成器和判别器,由此,用可微分函数 D 和 G 来分别表示判别器和生成器,G 的输入为随机变量 z,D 的输入为真实数据 x 或者 $G(z)$,$G(z)$ 是由 G 生成的尽量服从真实数据分布 p_{data} 的样本。如果判别器的输入来自真实数据,标注为 1。如果输入样本为 $G(z)$,标注为 0。这里 D 目标是实现对数据来源的二分类判别:真(来源于真实数据 x 的分布)或者伪(来源于生成器的伪数据 $G(z)$),而 G 的目标是使自己生成的伪数据 $G(z)$ 在 D 上的表现 $D(G(z))$ 和真实数据 x 在 D 上的表现 $D(x)$ 一致,这两个相互对抗并迭代优化的过程使得 D 和 G 的性能不断提升,最终 D 的判别能力提升到一定程度,并且当无法正确判别数据来源时,可以认为这个生成器 G 已经学到了真实数据的分布。

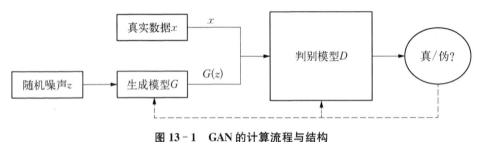

图 13 - 1　GAN 的计算流程与结构

2. 生成网络

生成器用可微函数 G 表示,输入 z 是一个随机变量或者隐空间的随机变量,一般使用高斯变量或噪声,G 生成假样本分布 $G(z)$。G 网络只要求少量限制条件,对于输入变量,既可以把它输入到第一层,也可以输入到最后一层;也可以对隐层增加噪声,增加的方式可以是求和、乘积或做拼接。GAN 对输入变量 z 的维度没有限制,它通常是一个 100 维的随机编码向量。但需要注意 G 必须是可微的,因为经过判别器的"判断"会将它的梯度传回 G、D 来更新参数,否则误差无法传递。

3. 判别网络

在 GAN 中,判别器 D 的主要目标是判断输入是否为真实样本并提供反馈机制,其与生成网络构成一个零和游戏。这个游戏由两个场景构成,在第 1 个场景中,从真实训练数据中采样 x,作为 D 的输入,D 输出的是一个 0 到 1 之间的数,表示 x 属于真实样本的概率。通常还会假设真实样本和伪造样本的先验比例是 1:1。在第 1 个场景下,$D(x)$ 被训练到尽量输出接近 1 的概率值。在第 2 个场景中,从一个先验分布中采样出变量 z,将 $G(z)$ 作为 D 的输入,在这个场景中,两名玩家都要参与,D 的目标是使得输出 $D(G(z))$ 接近 0,而 G 的目标是使得它输出接近 1。两个玩家的模型经过足够的训练,游戏最终会达到一个纳什均衡,此时 $G(z)$ 与从真实样本中采出的样本一样,而 D 对所有输入的函数值都是 1/2,无法判断真假。

13.2.2　GAN 算法分析

当模型是多层感知器时,对抗性模型框架最容易被应用。为了学习生成器关于数据

x 上的分布 p_g，定义输入噪声的先验变量 $p_z(z)$，然后使用 $G(z;\theta_g)$ 来代表数据空间的映射。这里 G 是一个由含有参数 θ_g 的多层感知机表示的可微函数。再定义了一个多层感知机 $D(x;\theta_d)$ 用来输出一个单独的标量。$D(x)$ 代表 x 来自真实数据分布而不是 p_g 的概率，训练 D 来最大化正确判断 x 属于真实训练样例还是 G 生成的样例。同时通过训练 G 来最小化 $\log(1-D(G(z)))$。 换句话说，D 和 G 的训练是关于值函数 $V(D,G)$ 的极小化极大算法的二人博弈问题。

$$\min_G \max_D V(D,G) = \min_G \max_D [E_{x\sim p_{\text{data}}(x)}\log D(x) + E_{z\sim p_z(z)}\log(1-D(G(z)))]$$

$$(13-1)$$

下面给出的对抗网络理论分析，本质上证明了当 G 和 D 被赋予足够的容量，即在非参数限制的情况下，基于训练准则可以复原数据分布。如图 13-2 展示了该方法的一个非正式却更加直观的解释。实际上，必须使用迭代数值方法来实现这个过程。不允许在训练的内循环中直接优化完成 D，并且有限的数据集将导致过拟合。相反，需要在优化 D 的 k 个步骤和优化 G 的一个步骤之间交替。只要 G 变化足够慢，可以保证 D 保持在其最佳解附近。

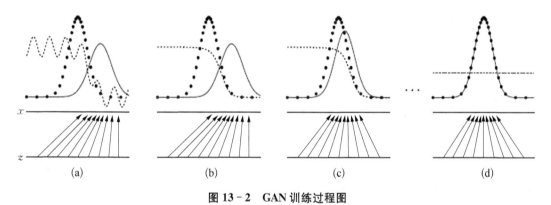

图 13-2　GAN 训练过程图

实际上，式(13-1)可能无法为 G 提供足够的梯度来学习。在训练初期，当 G 的生成效果很差时，D 会以高置信度来拒绝生成样本，因为它们与训练数据明显不同。因此，$\log(1-D(G(z)))$ 饱和。选择最大化 $\log D(G(z))$ 而不是最小化 $\log(1-D(G(z)))$ 来训练 G，该目标函数使 G 和 D 的动力学稳定点相同，并且在训练初期，该目标函数可以提供更强大的梯度。

在训练对抗的生成网络时，同时更新判别分布(D，虚线)使 D 能区分真实样本分布 p_x(黑色虚线)中的样本和生成分布 p_g(G，灰色实线)中的样本。下面的水平线为均匀采样 z 的区域，上面的水平线为 x 的部分区域。朝上的箭头显示映射 $x=G(z)$ 如何将非均匀分布 p_g 作用在转换后的样本上。G 在 p_g 高密度区域收缩，且在 p_g 的低密度区域扩散。（a）考虑一个接近收敛的对抗的模型对：p_g 与 p_{data} 相似，且 D 是个部分准确的分类器。（b）算法的内循环中，训练 D 来判别数据中的样本，收敛到：$D^*(x)=$

$\dfrac{p_{\text{data}}(x)}{p_{\text{data}}(x)+p_g(x)}$。(c) 在 G 的 1 次更新后,D 的梯度引导 $G(z)$ 流向更可能分类为真实数据的区域。(d) 训练若干步后,如果 G 和 D 性能足够,它们接近某个稳定点并都无法继续提高性能,因为此时 $p_g=p_{\text{data}}$。判别器将无法区分训练数据分布和生成数据分布,即 $D(x)=\dfrac{1}{2}$。

算法 生成式对抗网络的 minibatch 随机梯度下降训练。判别器的训练步数 k 是一个超参数。在试验中使用 $k=1$,使消耗最小。见 GAN 算法代码所示。

GAN 算法代码。

```
for number of training iterations do
  for k steps do
```
(1) 在噪声先验分布为 pg(z)的 m 个噪声样本{z⁽¹⁾,…,z⁽ᵐ⁾}中采一个 minibatch。
(2) 在数据分布为 pdata(x)的 m 个训练样本{x⁽¹⁾,…,x⁽ᵐ⁾}中采一个 minibatch。
(3) 通过随机梯度上升来更新判别器:

$$\nabla_{\theta_d} \frac{1}{m}\sum_{i=1}^{m}[\log D(x^{(i)})+\log(1-D(G(z^{(i)})))]$$

```
  end for
```
(4) 在噪声先验分布为 pg(z)的 m 个噪声样本{z⁽¹⁾,…,z⁽ᵐ⁾}中采一个 minibatch。
(5) 通过随机梯度下降来更新生成器:

$$\nabla_{\theta_g} \frac{1}{m}\sum_{i=1}^{m}\log(1-D(G(z^{(i)})))$$

```
end for
```
基于梯度的更新可以使用标准的基于梯度的学习准则,实验使用了动量准则。

当 $z \sim p_z$ 时,获得样本 $G(z)$,生成器 G 隐式地定义概率分布 p_g 为 $G(z)$ 获得的样本的分布。因此,如果模型容量足够大,训练时间足够长,算法将收敛为 p_{data} 的良好估计量。本节的结果是在非参数设置下完成的。例如,通过研究概率密度函数空间中的收敛来表示具有无限容量的模型。

1) 全局最优: $p_g=p_{\text{data}}$

首先任意给生成器 G,考虑最优判别器 D。

命题 1 固定 G,最优判别器 D 为

$$D_G^*(x)=\frac{p_{\text{data}}(x)}{p_{\text{data}}(x)+p_g(x)} \tag{13-2}$$

证明:给定任意生成器 G,判别器 D 的训练标准为最大化目标函数 $V(G, D)$。

$$V(G, D)=\int_x p_{\text{data}}(x)\log(D(x))\mathrm{d}x+\int_z p_z(z)\log(1-D(G(z)))\mathrm{d}z$$
$$=\int_x [p_{\text{data}}(x)\log(D(x))+p_g(x)\log(1-D(x))]\mathrm{d}x \tag{13-3}$$

对于任意的 $(a, b) \in \mathbf{R}^2 \backslash \{0, 0\}$，函数 $y \rightarrow a\log(y) + b\log(1 - y)$ 在 $[0, 1]$ 中的 $\frac{a}{a+b}$ 处达到最大值。无需在 $\mathrm{Supp}(p_{\mathrm{data}}) \bigcup \mathrm{Supp}(p_g)$ 外定义判别器，证毕。

注意到，判别器 D 的训练目标可以看作为条件概率 $P(Y=y \mid x)$ 的最大似然估计，当 $y=1$ 时，x 来自 p_{data}；当 $y=0$ 时，x 来自 p_g。公式(13-1)中的极小化极大问题可以变形为

$$
\begin{aligned}
C(G) &= \max_D V(G, D) \\
&= E_{x \sim p_{\mathrm{data}}}\left[\log D_G^*(x)\right] + E_{z \sim p_z}\left[\log(1 - D_G^*(G(z)))\right] \\
&= E_{x \sim p_{\mathrm{data}}}\left[\log D_G^*(x)\right] + E_{x \sim p_g}\left[\log(1 - D_G^*(x))\right] \\
&= E_{x \sim p_{\mathrm{data}}}\left[\frac{p_{\mathrm{data}}(x)}{p_{\mathrm{data}}(x) + p_g(x)}\right] + E_{x \sim p_g}\left[\frac{p_{\mathrm{data}}(x)}{p_{\mathrm{data}}(x) + p_g(x)}\right]
\end{aligned}
\tag{13-4}
$$

定理　当且仅当 $p_g = p_{\mathrm{data}}$ 时，$C(G)$ 达到全局最小。此时，$C(G)$ 的值为 $-\log 4$。

证明　$p_g = p_{\mathrm{data}}$ 时，$D_G^*(x) = \frac{1}{2}$（公式 13-2）。再根据公式(13-4)可得，$C(G) = \log\frac{1}{2} + \log\frac{1}{2} = -\log 4$。为了看仅当 $p_g = p_{\mathrm{data}}$ 时 $C(G)$ 是否是最优的，观测：

$$
E_{x \sim p_{\mathrm{data}}}[-\log 2] + E_{x \sim p_g}[-\log 2] = -\log 4
$$

然后从 $C(G) = V(D_G^*(x), G)$ 减去上式，可得

$$
C(G) = -\log(4) + KL\left(p_{\mathrm{data}} \,\middle\|\, \frac{p_{\mathrm{data}} + p_g}{2}\right) + KL\left(p_g \,\middle\|\, \frac{p_{\mathrm{data}} + p_g}{2}\right)
\tag{13-5}
$$

其中，KL 为 Kullback-Leibler 散度。在表达式中识别出了模型判别和数据生成过程之间的 Jensen-Shannon 散度为

$$
C(G) = -\log(4) + 2 \cdot \mathrm{JSD}(p_{\mathrm{data}} \,\|\, p_g)
\tag{13-6}
$$

由于两个分布之间的 Jensen-Shannon 散度总是非负的，并且当两个分布相等时，值为 0。因此 $C^* = -\log(4)$ 为 $C(G)$ 的全局极小值，并且唯一解为 $p_g = p_{\mathrm{data}}$，即生成模型能够完美地复制数据的生成过程。

2）算法收敛性

命题 2　如果 G 和 D 有足够的性能，对于算法中的每一步，给定 G 时，判别器能够达到它的最优，并且通过更新 p_g 来提高这个判别准则。

$$
E_{x \sim p_{\mathrm{data}}}\left[\log D_G^*(x)\right] + E_{x \sim p_g}\left[\log(1 - D_G^*(x))\right]
$$

则 p_g 收敛为 p_{data}。

证明　如上述准则，考虑 $V(G, D) = U(p_g, D)$ 为关于 p_g 的函数。注意到 $U(p_g,$

D)为 p_g 的凸函数。该凸函数上确界的一次导数包括达到最大值处的该函数的导数。换句话说,如果 $f(x)=\sup_{a\in A}f_a(x)$ 且对于每一个 a,$f_a(x)$ 是关于 x 的凸函数,那么如果 $\beta=\arg\sup_{a\in A}f_a(x)$,则 $\partial f_\beta(x)\in\partial f$。这等价于给定对应的 G 和最优的 D,计算 p_g 的梯度更新。如上述定理所证明,$\sup_D U(p_g, D)$ 是关于 p_g 的凸函数且有唯一的全局最优解,因此,当 p_g 的更新足够小时,p_g 收敛到 p_x,证毕。

实际上,对抗的网络通过函数 $G(z; \theta_g)$ 表示 p_g 分布的有限簇,并且优化 θ_g 而不是 p_g 本身。使用一个多层感知机来定义 G 在参数空间引入了多个临界点。然而,尽管缺乏理论证明,但在实际中多层感知机的优良性能表明了这是一个合理的模型。

13.2.3　GAN 的学习方法

在给定生成器 G 的情况下,考虑最优化判别器 D。和一般基于 Sigmoid 的二分类模型训练一样,训练判别器 D 也是最小化交叉熵的过程,其损失函数为

$$\text{Obj}^D(\theta_D, \theta_G) = -\frac{1}{2}E_{x\sim p_{\text{data}}(x)}[\log D(x)] - \frac{1}{2}E_{z\sim p_z(z)}[\log(1-D(G(z)))]$$

$$(13-7)$$

其中,x 采样于真实数据分布 $p_{\text{data}}(x)$,z 采样于先验分布 $p_z(z)$(例如高斯噪声分布),$E(\cdot)$ 表示计算期望值。这里实际训练时和常规二值分类模型不同,判别器的训练数据集来源于真实数据集分布 $p_{\text{data}}(x)$(标注为 1)和生成器的数据分布 $p_g(x)$(标注为 0)两部分。给定生成器 G,需要最小化式(13-1)来得到最优解,在连续空间上,式(13-1)可以写为如下形式。

$$\text{Obj}^D(\theta_D, \theta_G) = -\frac{1}{2}\int_x p_{\text{data}}(x)\log(D(x))\mathrm{d}x - \frac{1}{2}\int_z p_z(z)\log(1-D(G(z)))\mathrm{d}z$$

$$= -\frac{1}{2}\int_x [p_{\text{data}}(x)\log(D(x)) + p_g(x)\log(1-D(x))]\mathrm{d}x$$

$$(13-8)$$

对任意的非零实数 m 和 n,且实数值 $y\in[0,1]$,表达式

$$-m\log(y) - n\log(1-y) \qquad (13-9)$$

在 $\dfrac{m}{m+n}$ 处得到最小值。因此,给定生成器 G 的情况下,目标函数(13-2)在 $p_{\text{data}}(x)=p_g(x)$ 处得到最小值,此即为判别器的最优解。由式(13-4)可知,GAN 估计的是两个概率分布密度的比值,这也是和其他基于下界优化或者马尔可夫链方法的关键不同之处。

另一方面,$D(x)$ 代表的是 x 来源于真实数据而非生成数据的概率。当输入数据采样自真实数据 x 时,D 的目标是使得输出概率值 $D(x)$ 趋近于 1。而当输入来自生成数据

$G(z)$ 时，D 的目标是正确判断数据来源，使得 $D(G(z))$ 趋近于 0，同时 G 的目标是使得其趋近于 1。这实际上就是一个关于 G 和 D 的零和游戏，那么生成器 G 的损失函数为 $\mathrm{Obj}^G(\theta_G) = -\mathrm{Obj}^D(\theta_D, \theta_G)$。 所以 GAN 的优化问题是一个极小化极大问题，GAN 的目标函数可以描述如下：

$$\min_G \max_D \{f(D, G) = E_{x \sim p_{\mathrm{data}}(x)}\left[\log D(x)\right] + E_{z \sim p_z(z)}\left[\log(1 - D(G(z)))\right]\}$$

$$(13-10)$$

总之，对于 GAN 的学习过程，需要训练模型 D 来最大化判别数据来源于真实数据或者伪数据分布 $G(z)$ 的准确率，同时，需要训练模型 G 来最小化 $\log(1 - D(G(z)))$。这里可以采用交替优化的方法：先固定生成器 G，优化判别器 D，使得 D 的判别准确率最大化；然后固定判别器 D，优化生成器 G，使得 D 的判别准确率最小化。当且仅当 $p_{\mathrm{data}} = p_g$ 时达到全局最优解。在训练 GAN 时，同一轮参数更新中，一般对 D 的参数更新 k 次再对 G 的参数更新一次。

13.2.4　GAN 的优势与劣势

自 GAN 出现以来，研究者针对不同领域提出了许多变体，它们或在结构上有所改进，或在理论上有所发展，或在应用上有所创新。在 Goodfellow 等人提出的原始 GAN 中，先验假设很少，对于数据没有做任何假设，它可以是任何分布，最终目标使 GAN 具有无限的建模能力，可以拟合一切分布。另外，GAN 模型设计简单，不必预先设计复杂函数模型，使用反向传播算法(BP)训练网络，生成器和判别器就能正常工作；GAN 为创建无监督学习模型提供了强有力的算法框架，它颠覆了传统人工智能算法。不是用人的思维去限定机器，而是用机器来"对话"机器，通过自身的不断对抗博弈，经过足够的数据训练，能够学到现实世界内在规律。

事情都有两面性，无限建模能力的目标背后隐藏着一系列问题，由于生成过程过于自由，训练过程的稳定性和收敛性难以保证，容易发生模式崩塌，进而出现无法继续训练的情况。原始 GAN 存在如梯度消失、训练困难、生成器和判别器的损失无法指示训练进程、生成样本缺乏多样性以及容易过拟合等问题。同时，由于 GAN 本身的局限性，它很难学习生成离散的分布，比如文本。到目前为止，许多新的 GAN 模型的提出或者训练技巧的改进都是为了增加模型的稳定性，提高生成结果的质量。

13.2.5　GAN 的几个应用

1. 图像分割

图像分割是指将图像中的内容根据不同的语义分割开来。绝大多数分割的方法是将图像的每个像素进行分类，这样就忽略了空间一致性这个重要信息。生成式对抗网络做图像分割时，生成模型被图像像素分类的网络替换，判别模型用于判断是网络的分类产生的分割图还是标准的分割图。其流程如图 13-3 所示。

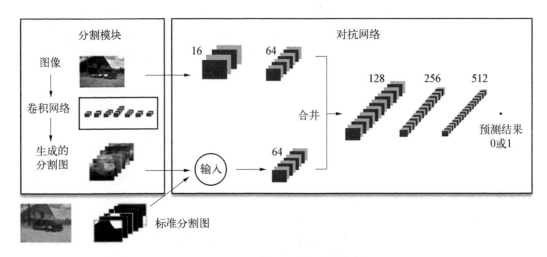

图 13‑3　GAN 应用于图像分割的流程

2. 视频预测

视频预测是根据当前的几帧视频预测接下来的一帧或者多帧视频。一般常用的做法是用最小二乘回归视频帧的逐个像素值，这样做的一个问题就是生成视频帧存在动作模糊。一种采用生成式对抗网络的做法是，将现有视频帧以不同尺寸输入生成模型 G，让其输出接下来的真值帧。图 13‑4 给出了一种常用的基于编解码与生成式对抗网络的视频预测架构图。判别模型和一般生成式对抗网络相同，即判断视频帧是生成的还是训练数据原有的。

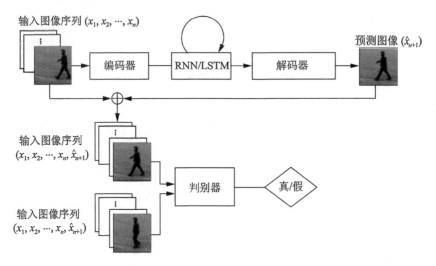

图 13‑4　基于生成式对抗网络的视频预测模型架构图

3. 风格迁移

风格迁移是指将目标图像的风格迁移到源图像当中，使得源图像保留内容的同时具有目标图像的风格。比如将卡通人物的风格迁移到真实人脸图像中使其成为卡通头像。

生成式对抗网络用于图像风格迁移时有 3 个特点：将源图像输入生成网络后，生成网络输出目标图像风格的图片；生成图像和源图像特征相同（或者说保持内容）；当把目标图像输入生成网络后，生成网络仍然输出目标图像（相当于单位映射）。风格迁移生成式对抗网络的结构如图 13-5 所示。

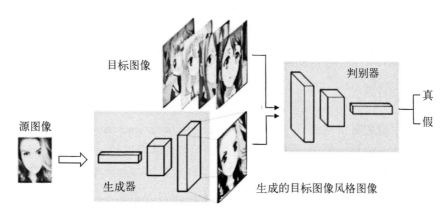

图 13-5　风格迁移生成式对抗网络结构图

13.3　GAN 的衍生模型

针对原始 GAN 存在的问题，研究者们提出许多新的改进方法，本节将介绍几个有里程碑意义的改进模型。

13.3.1　CGAN

在前面简单介绍了生成式对抗网络（GAN）的基本结构和其训练方式，然而这种方式是基于无监督学习的，没有指定对应的标签，使用一个分布直接进行采样，从而理论上可以达到完全逼近原始数据。因此，生成网络 G 比较自由，而且当图片的像素较多的时候，这样导致训练好的生成网络 G 不可控。为了使得训练的生成网络比较可控，希望将对原来的无监督学习的对抗网络加一些限制，即将其变为有监督学习的网络，使得其可以更好地进行学习。

该 GAN 模型在输入随机变量 z 和真实数据 x 时，一同输入的还有条件变量 c，使用增加的信息 c 对模型增加约束条件，指导数据生成过程，条件 GAN 结构如图 13-6 所示。条件变量 c 可以是类别标签，这样 CGAN 把无监督的 GAN 变成了一种有监督模型；c 也可以是一个文本输入，比如一段描述句子，镶嵌到与之对应的图片中，经过训练，模型可以"看图说话"；c 同样可以是对应的目标图片，这样 GAN 可以有目标地去学习；CGAN 不仅可以以类别为标签生成指定类别的图像，还可以以图像特征为条件变量，生成该图像的目标词向量。这个简单直接的改进被证明非常有效，广泛用于后续工作中。

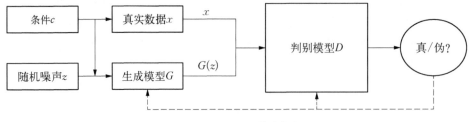

图 13 - 6　CGAN 基本框架

13.3.2　DCGAN

深度卷积生成式对抗网络(unsupervised representation learning with deep convolutional generative adversarial networks，DCGAN)属于无监督学习下的一种生成模型网络，由于其强大的生成表达能力使得越来越多的人开始关注它。深度卷积生成式对抗网络是以生成对抗网络为基础加入已经被证明出强大图像表达能力的卷积神经网络。将两者相结合发展而来，两者的架构基本上相同，只是深度卷积生成式对抗网络将普通的生成式对抗网络中的生成器以及判别器替换成了两个经过调优改进的卷积神经网络，使之能够更好地生成图像以及对真假图像进行分类。在加入了改进后的卷积神经网络之后，整个生成式对抗网络变得更加容易训练，能够更好地估测数据样本的潜在分布并生成新的数据样本。

深度卷积生成式对抗网络的思想来自博弈论，整个网络主要由一个生成器和一个判别器组成。通过训练生成器来获取真实数据下隐藏的潜在分布规律，然后生成与之分布相类似的人造样本数据；判别器也就是一个二分类的分类器，可以判别输入的样本是真实的数据还是生成的假的人造样本。通过网络训练不断迭代参数去提高各自生成器的生成能力以及判别器的判别能力，最终获取生成器与判别器这二者之间的一个平衡。

1. 生成模型

生成器的整体结构是一个以卷积神经网络为基础的类卷积神经网络结构。与普通的卷积神经网络不同，生成模型的输入是一个一维的随机噪声，而不是一张图像，图 13 - 7 中的 conv 卷积层的操作也都是微步幅的卷积也就是反卷积，而不是普通的卷积操作(反卷积操作会在下文中详细介绍)。在除了最后的输出层之外的每一层都加上一个批量规范化的操作，这样的批量规范化操作能够将输入的每个数据单元标准化为均值为 0 和单位方差的数据帮助训练过程更加稳定，也能够帮助处理由于初始化不良所导致的一些训练问题另外还能够使得梯度传向更深层次的网络。最后将输出层的激活函数设置为 Tanh，而其他每层的激活函数设置为 ReLU。

2. 判别模型

判别模型的整体结构与普通的卷积神经网络类似。卷积神经网络是由卷积层、池化层、激活函数以及全连接层相互连接所组成，而在判别模型中则有些不同。首先，由于跨步长的卷积层同样能够获得下采样的效果，池化层在这里就被一个步长大于 1 的卷积核所构成的卷积层替代了。其次，除了输入的第一层之外，与生成模型相类似的每一层都加入了批量规范化的操作。然后,将每一层的激活函数都设置为 LeakyReLU。最后删除了全连接层。

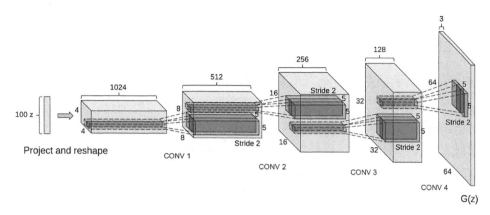

图 13 - 7　DCGAN 的生成器网络结构图

3. 反卷积

近年来随着反卷积在神经网络可视化上的成功应用,反卷积已经在场景分割、生成模型等领域被应用。反卷积也就是对卷积操作的逆向操作。对于正常的卷积操作来说,卷积前为图像,卷积后就能得到图像的特征。那么反卷积就是反卷积前为图像的特征,经过反卷积的操作得到一张图像。将卷积操作认定为前向操作,一般的操作方式就是将两个矩阵对应元素相乘再相加,那么反卷积也就是反向传播即与矩阵转置相乘再相加。在生成器中,称之为微步幅卷积的反卷积也就是对于步长 s 大于 1 的卷积操作的反向过程,在实际操作中就是在每一步之后,在特征单元之后插入 $s-1$ 个 0,这样实现类似于上采样的操作,使得图像的特征转换为图像。

13.3.3　WGAN

GAN 训练中会出现梯度消失的问题,因为 GAN 的生成器一般是从某个低维(即 z 通常取 100 维)的随机分布中采样的一个编码向量,再经神经网络生成高维样本。当生成器的参数固定时,生成样本的概率分布虽然是定义在 4096 维的空间上,但它本身所有可能产生的变化已经被 100 维的随机分布限定,其本质维度依然是 100。再加上神经网络带来的映射降维,结果可能比 100 还小。所以生成样本分布的支撑集就在 4096 维空间中构成一个最多 100 维的低维流形,如果填不满整个空间,两个空间就很难有重合的部分,生成分布与真实分布的相似度衡量函数即 Jensen - Shannon(JS)散度变成一个常数,导致梯度消失,无法继续训练模型。为了解决上述问题,提出了 WGAN(Wasserstein GAN)。该模型使用 Wasserstein 距离(又称为 Earth - Mover(EM)距离)代替 JS 散度对真实样本和生成样本之间的距离进行度量。Wasserstein 距离比 JS 散度的优越性在于,即使两个分布没有重叠,Wasserstein 距离仍然能够较好地度量距离的远近。同时,它又有优越的平滑特性,理论上可以解决梯度消失问题。除此之外,WGAN 还解决了训练不稳定的问题,不需要再小心平衡 G 和 D 的训练程度,而且生成的样本具有多样性。最重要的是在训练过程中终于有一个像交叉熵、准确率这样的数值来指示训练的过程,这个数值越小代表 WGAN 训练得越好,生成器产生的图像质量就越高。

13.3.4 EBGAN

与 WGAN 基于样本间的距离度量不同,EBGAN(energy-based generative adversarial network)是从能量模型的角度对 GAN 进行了改进。该模型将判别器视为一个能量函数,在真实数据范围内该能量函数的能量值会减小,在非真实数据(即它认为是生成数据)范围内能量值会增大。这样一来生成器的目标就是产生能量值足够小的样本,而判别器则是以对生成的样本赋高的能量值以及对真实样本赋低的能量值为目的。EBGAN 的意义在于它给予 GAN 一种不同于其他模型通过距离度量定义损失函数的能量模型的定义,提供了新的研究思路,即用更宽泛的结构和更多样的损失函数类型来训练 GAN 模型。

13.3.5 SRGAN

大部分基于深度学习的图像超分辨率重建技术使用均方误差作为其网络训练过程中使用的损失函数,但是由于均方差本身的性质,往往会导致复原出的图像出现高频信息丢失的问题。而生成式对抗网络则通过其中的判别器网络很好地解决了这个问题,GAN 的优势就是生成符合视觉习惯的逼真图像,所以 SRGAN(photo-realistic single image superresolution using a generative adversarial network)的作者就将 GAN 引入了图像超分辨率重建领域。

如图 13 - 8 所示,SRGAN 也是由一个生成器和一个判别器组成。生成器负责合成高分辨率图像,判别器用于判断给定的图像是来自生成器还是真实样本。通过一个二元零

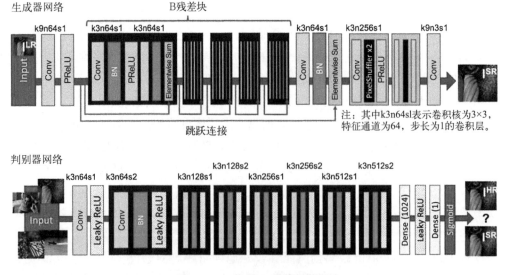

图 13 - 8　SRGAN 网络结构图

和博弈的对抗过程,使得生成器能够将给定的低分辨率图像复原为高分辨率图像。

本章小结

生成式对抗网络在计算机视觉领域具有广泛的应用前景,虽然经过几年发展,其性能有了较大程度提升,但仍然存在以下问题:① 缺乏一个评价结果好坏的量化标准;② 生成图片的分辨率有限,很难生成高清图像;③ 网络训练对参数配置敏感,不稳定。因此,如何构建一个训练容易,能够生成高质量高分辨率图像的网络是未来重要研究内容之一。鉴于目前学术界对于生成式对抗网络综述较少,本章归纳总结了生成式对抗网络的基本模型及其衍生模型,并介绍了基本模型相关原理以及各衍生模型的改进思路。本章有助于读者较全面地认识和理解生成式对抗网络基本概念、原理和方法,希望对读者有所帮助或启迪。

参考文献

[1] 赵增顺,高寒旭,孙骞,等.生成对抗网络理论框架、衍生模型与应用最新进展[J].小型微型计算机系统,2018,39(12):2602-2606.

[2] 柴梦婷,朱远平.生成式对抗网络研究与应用进展[J/OL].计算机工程 2019(9):1-16.

[3] 曹仰杰,贾丽丽,陈永霞,等.生成式对抗网络及其计算机视觉应用研究综述[J].中国图象图形学报,2018,23(10):1433-1449.

[4] 张营营.生成对抗网络模型综述[J].电子设计工程,2018,26(5):34-37+43.

[5] 王万良,李卓蓉.生成式对抗网络研究进展[J].通信学报,2018,39(2):135-148.

[6] 徐一峰.生成对抗网络理论模型和应用综述[J].金华职业技术学院学报,2017,17(3):81-88.

[7] 王坤峰,苟超,段艳杰,等.生成式对抗网络 GAN 的研究进展与展望[J].自动化学报,2017,43(3):321-332.

[8] GOODFELLOW IAN, POUGET-ABADIE J,MIRZA M, et al. Generative adversarial nets[C]// Advances in Neural Information Processing Systems. 2014:2672-2680.

[9] MIRZA M, OSINDERO S. Conditional generative adversarial nets[J]. arXiv preprint arXiv:1411.1784,2014.

[10] RADFORD A, METZ L, CHINTALA S. Unsupervised representation learning with deep convolutional generative adversarial networks[J]. arXiv preprint arXiv:1511.06434,2015.

[11] ARJOVSKY M, CHINTALA S, BOTTOU L. Wasserstein gan[J]. arXiv preprint arXiv:1701.07875,2017.

[12] ZHAO J, MATHIEU M, LECUN Y. Energy-based generative adversarial network[J]. arXiv preprint arXiv:1609.03126,2016.

[13] LEDIG C, THEIS L, HUSZAR F, et al. Photo-realistic single image super-resolution using a generative adversarial network[C]//2017 IEEE Conference on Computer Vision and Pattern Recognition (CVPR). IEEE, 2017:105-114.

第14章　Transformer 网络

14.1　概述

2014 年 Bengio 团队提出了注意力（Attention）机制，近年来已被广泛应用于计算机视觉（Computer Vision，CV）和自然语言处理（Natural Language Processing，NLP），例如在计算机视觉中利用注意力机制捕捉图像上的需要重点关注的目标区域，在自然语言处理中利用注意力机制定位关键 token 或者特征。同样 2014 年，Sutskever 等人提出了针对 NLP 工作的序列转录模型（Seq2Seq），例如在机器翻译任务中，给定一句英文，生成一句对应意思的中文，因此机器翻译模型就是一个序列转录模型，该模型通常依赖于比较复杂的循环神经网络或者卷积神经网络，同时具有一种编码器—解码器（Encoder-Decoder）结构。2017 年，Vaswani 等人发表了论文"Attention Is All You Need"，提出了一种完全基于注意力机制的 Transformer 网络结构模型，该模型抛弃了传统的不可并行的 CNN 和 RNN 结构，仅由自注意力（self-attention）和前馈神经网络组成。一个基于 Transformer 的可训练的神经网络可以通过堆叠 Transformer 的形式进行搭建，Vaswani 等人通过搭建编码器和解码器各 6 层，总共 12 层的 Encoder—Decoder，并在机器翻译中双语替换评测（Bilingual Evaluation Understudy，BLEU）指标值取得新高。虽然该模型是针对 NLP 领域提出的较好的解决方案，但是近年来被拓展应用到图片、视频、音频的处理以及计算机视觉等领域，该论文已被广泛引用，充分证明 Transformer 模型具有极大的影响力。

14.2　Transformer 的简介

14.2.1　Transformer 的基本理论

本节介绍 Transformer 的网络结构及其重要的组成部分：自注意力机制、编码器和解码器，详细介绍它们的作用与组成结构。

1. 自注意力机制

注意力机制模仿了生物观察行为的内部过程,即一种将内部经验和外部感觉对齐从而增加部分区域的观察精细度的机制。注意力机制可以快速提取稀疏数据的重要特征,因而被广泛用于自然语言处理任务,特别是机器翻译。自注意力机制是注意力机制的改进,是一种将单个序列的不同位置联系起来以计算该序列的表示的注意机制。自注意力机制已经成功地应用于阅读理解、抽象总结、文本蕴涵和学习任务无关的句子表征等多种任务中。Transformer 是第一个完全依赖于自注意力机制来计算输入与输出关系的转导(transduction)模型。

2. 编码器—解码器结构

Transformer 的结构示意图如图 14 - 1 所示,包括编码器(Encoder)和解码器(Decoder)两个部分。Encoder 对输入序列进行编码输出一个序列,转交给 Decoder,Decoder 对这个序列进行解码,输出我们需要的序列。

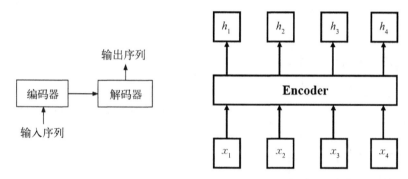

图 14 - 1　Transformer 的结构示意图　　图 14 - 2　编码器的输入和输出

Transformer 对输入序列进行编码生成另一个长度相等的序列,如图 14 - 2 所示,这里假设输入序列是向量 $x_i(i=1, 2, 3, 4)$,对应的输出是向量 $h_i(i=1, 2, 3, 4)$。编码的目的实际上就要考虑序列的全局并聚焦重点,所以 Encoder 的核心就是自注意力机制,但不仅仅有自注意力机制。

Encoder 由多个 Block 组成,每个 Block 又由自注意力网络和全连接(Full-Connected)组成。例如,向量 $x_i(i=1, 2, 3, 4)$ 通过自注意力网络后生成四个向量,这些向量是考虑了序列全局的,然后每个向量再通过一个全连接网络进行一次变换得到四个向量,通过几次模块(Block)变换后才输出向量 $h_i(i=1, 2, 3, 4)$。编码器整体结构如图 14 - 3 所示。

Encoder 对输入进行编码后输出一个序列,Decoder 则要根据这个序列输出一个对应的序列。假设有一个机器翻译任务需要将中文"我爱你"翻译为英文,将中文输入编码器后,经过编码操作得到若干向量。首先,设置一个特殊的符号"Begin"同时作为输入的一部分,Decoder 结合 Encoder 输出的序列和"Begin"这个输入产生一个向量。这个向量再经过一个 Softmax 操作,输出一个概率分布,概率最大的那个字就作为该位置的输出,具体流程如图 14-4 所示,在此例子中"I"的概率最大,那么就输出"I"。输出"I"之后,再将"I"作为 Decoder 新的输入。这样,Decoder 的输入除了"Begin"之外,又多了一个"I"。通过 Decoder 和 Softmax 之后,又输出一个"love",然后又将"love"作为新的输入。重复上述过程,周而复始地将新的输出作为新的输入,又输出新的输出,这种解码器也称为自回归解码器。

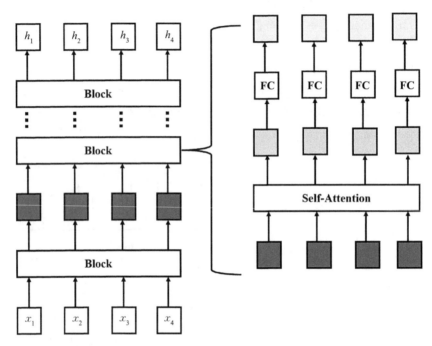

图 14-3 编码器结构

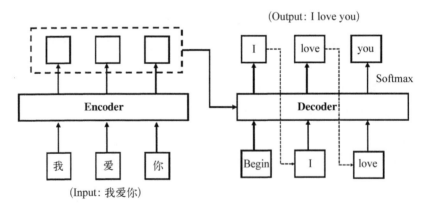

图 14-4 **Transformer 中编码器—解码器的执行流程**

3. Transformer 结构

Transformer 整体结构如图 14-5 所示,Vaswani 在论文中采用 6 个编码器与 6 个解码器组成 Transformer 网络结构,其中左侧为编码器,右侧为含有自回归机制的解码器,图中 N 的值表示编码器与解码器的个数。

编码器每一层有两个子层,第一层是多头自注意力机制,这种多头机制允许模型同时关注序列中不同位置的相关信息,从而更好地捕捉上下文和语义关系。第二层是简单的全连接的前馈神经网络,用于将输入向量映射到输出向量。在每一个子层周围使用残差连接,允许信息直接跨层传递,有助于缓解梯度消失问题,然后进行层归一化,对每个层的输出进行标准化,增强了模型的鲁棒性和稳定性。

解码器中除了每个编码器层中的两个子层之外,还插入了第三个子层,该子层对编码器的输出执行多头注意力机制。与编码器类似,在每个子层周围使用残差连接,然后进行层归一化,并修改了解码器中的自注意力子层,防止当前的位置会关注后续的位置。这种带有 masked 的多头注意力机制,确保了当前位置的预测只能依赖于当前位置前的已知输出。以上文中机器翻译为例,如图 14-6 所示,预测 I 的时候,不可以看到 love 和 you 的信息,预测 love 的时候,也不可以看到 you 的信息。因此该矩阵的右上角部分要加上一个极小负值,图中用-inf 表示,因为在后续做 Softmax 的时候,极小负值就会变为 0,masked 就表示将当前预测位置后的内容遮挡起来,过滤掉要预测词后边词的注意力权重。

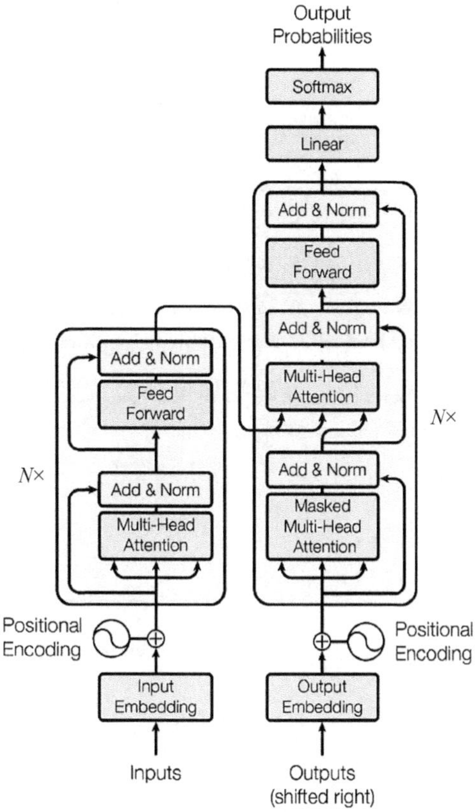

图 14-5 Transformer 整体结构图

	I	love	you
I		−inf	−inf
love			−inf
you			

图 14-6 带 masked 的注意力机制执行过程举例

14.2.2 Transformer 算法分析

1. 位置编码(Positional Encoding)

由于 Transformer 模型中既没有递归,也没有卷积,需要获得输入序列精准的位置信息,必须插入位置编码。位置编码精准地描述了输入序列中各个单词的绝对和相对位置信息,即在编码器—解码器的底部输入嵌入中注入位置编码。位置编码和输入嵌入有相同的维度,所以二者可以实现相加运算。位置编码方式可以有多种,在 Transformer 模型中采用的是频率不同的三角函数如式(14-1)所示。

$$\begin{cases} \mathrm{PE}_{(\mathrm{pos},2i)} = \sin(\mathrm{pos}/10\,000^{2i/d_{\mathrm{model}}}) \\ \mathrm{PE}_{(\mathrm{pos},\,2i+1)} = \cos(\mathrm{pos}/10\,000^{2i/d_{\mathrm{model}}}) \end{cases} \qquad (14-1)$$

其中 pos 是位置，i 是位置编码向量的分量索引，d_{model} 是嵌入向量的维数，$i \in \{0,$
$1,\cdots,(d_{\mathrm{model}}-1)/2\}$。也就是说，位置编码的每个维度都对应于一个正弦曲线，波长
从 2π 到 $10\,000 \cdot 2\pi$ 的几何变化。在这样的函数设计下，对任意固定的位置差 k，
$PE_{(pos+k,\,2i)}$、$PE_{(pos+k,\,2i+1)}$ 可以表示成 $PE_{(pos,\,2i)}$ 和 $PE_{(pos,\,2i+1)}$ 的一个线性组合，这意味
着位置向量中蕴含了相对位置信息，因此模型能够学习到 token 之间的相对位置。输
入的词首先进行嵌入（Embedding）操作，生成对应的词向量，将词向量与其对应位置长
度一致的位置编码相加得到输入至第一个编码器的向量，词向量与位置编码的计算过
程如图 14-7 所示。

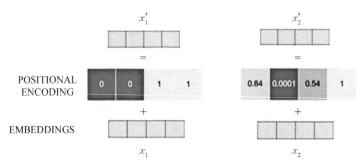

图 14-7 词向量与位置编码的运算

Scaled Dot-Product Attention

2. 注意力机制

Transformer 的一个关键优势是能够捕获长期依赖关系。
根据上下文，一个注意力头可能与另一个注意力头有不同的注
意力模式，如果注意力跨度可以灵活地调整其长度，并且只在需
要时再关注，这将有助于降低计算和内存成本，以支持模型中更
长的上下文。Transformer 中使用缩放点积注意力（Scaled dot-
product attention），注意力函数可以描述为将查询（query）和一
组键值对（key-value）映射到输出，如图 14-8 所示。其中查询
（query）、键（key）、值（value）和输出都是向量，首先计算 Q、K
两者矩阵的点积，之后进行缩放操作，然后选择是否使用 mask
机制（Transformer 在编码器中一般不采用遮掩机制，在解码器中
才会采用）再进行 Softmax 处理得到新的向量，并将这个向量与 V
向量再计算一次矩阵的点积。输出是按值的加权和计算的，其中
分配给每个 value 的权重是由 query 与相应的 key 的关系函数可以通过计算获得。

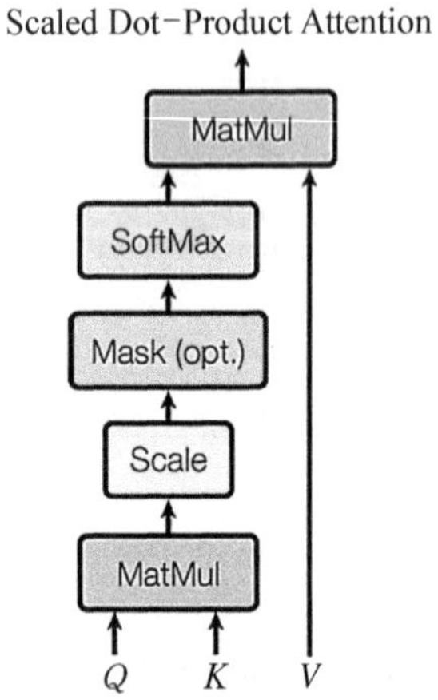

**图 14-8 缩放点积注
意力流程**

缩放点积注意力的输入就是词向量，即整个模型的最初的输入是词向量的形式。而
自注意力机制顾名思义就是自身与自身计算一遍注意力，即对每一个输入的词向量，需要
构建 self-attention 的输入。在这里，Transformer 首先将词向量乘上三个矩阵，得到三个

新的向量,之所以乘上三个矩阵参数而不是直接用原本的词向量是因为这样增加更多的参数,提高模型效果。

对于输入 X_1,将输入向量乘上三个权重矩阵后分别得到 Q_1,K_1,V_1。同样地,图 14 - 9 中,对于输入 X_i,也乘上三个对应的不同权重矩阵得到 Q_i,K_i,V_i。那接下来就要计算注意力得分,这个得分是通过计算 Q 与各个单词的 K 向量的点积得到。假设有 2 个单词,则存在相应的 K_1 和 K_2 向量。对于输入 X_1,分别将 Q_1 与 K_1、K_2 进行矩阵的点积运算,假设点积运算结果分别为 112 和 96。然后分别除以一个特定数值 8(K 向量的维度的平方根,通常 K 向量的维度是 64),这能让梯度更加稳定,再将上述结果进行 Softmax 运算,将分数标准化为 0 到 1 之间的小数,并且加起来等于 1,将 Softmax 之后的结果与对应的 V 向量相乘,得到对应的 Z 向量,这个思想主要是为了保持想要关注的单词的值不变,而掩盖掉那些不相关的单词,因为 Softmax 之后的小数如果很小,那么与 V 向量的乘积结果也越小。最后将各个 Z 向量加起来,至此,产生在 X_1 这个位置上的 self-attention 层的输出,流程如图 14 - 10 所示。X_2 位置的 self-attention 输出也是同样的计算方式。

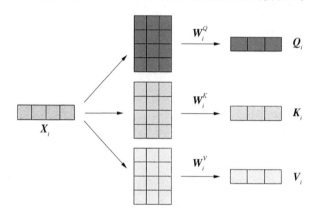

图 14 - 9　计算得到对应的 Q、K、V 向量

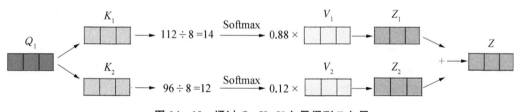

图 14 - 10　通过 Q、K、V 向量得到 Z 向量

所以注意力函数可由式(14 - 2)表示,首先使用 Q 向量与 K 向量矩阵的转置矩阵做矩阵乘法运算得到注意力分数,为了防止梯度爆炸的问题,还要除以 K 向量维度 d_k 的平方根,运算出来的结果做 Softmax 操作,最后与 V 向量矩阵做矩阵乘法得到对应的 Z 向量矩阵。

$$\text{Attention}(Q,\ K,\ V) = \text{Softmax}\left(\frac{QK^{\mathrm{T}}}{\sqrt{d_k}}\right)V \qquad (14 - 2)$$

3. 多头注意力机制

多头自注意力模块(multi-head self-attention)是 Transformer 的关键部件。如图 14-11 所示,多头机制不是只计算一次注意力,而是将输入分成更小的块,然后并行计算每个子空间上缩放的点积注意力。独立的注意力输出被简单地连接起来,并线性转换为预期的维度。

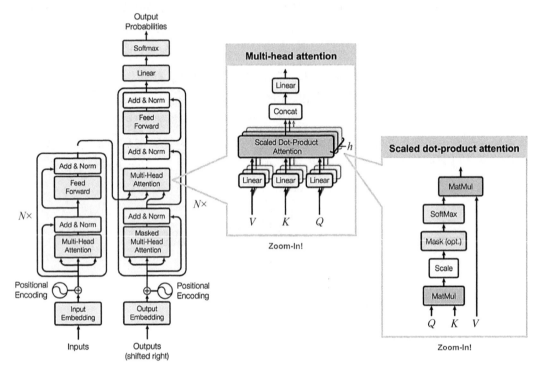

图 14-11 多头注意力机制结构

在 Transformer 中,多头注意力一般由 8 个单头缩放注意力模块并列组成,为每个头保持不同且独立的 W^Q, W^K, W^V 权重矩阵,从而产生不同的 Q_i, K_i, V_i 矩阵,同时进行注意力的计算,彼此之间参数不共享,最终将结果拼接起来,这样可以允许模型在不同的表示子空间里学习到相关的信息,提高了模型学习的性能与鲁棒性。如图 14-12 所示,其中 8 个单头缩放注意力机制的计算步骤和之前一样,使用 X_i 与 W^Q, W^K, W^V 矩阵做矩阵乘法产生 Q_i, K_i, V_i 矩阵,然后采用式 14-2 计算得到对应的 8 个 Z_i 向量。

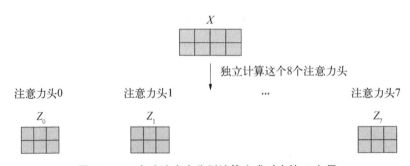

图 14-12 多头注意力分别计算生成对应的 Z_i 向量

　　然而后续的前馈层不需要 8 个 Z_i 矩阵，Transformer 的做法是将 8 个 Z 矩阵按照顺序水平拼接在一起，如图 14-13 所示，即将每个尺寸为 m 行 n 列的矩阵拼接为一个尺寸为 m 行 $8n$ 列的 Z 矩阵，但是直接将 Z 矩阵传给后续模块会增加运算负担，同时矩阵内容也会产生冗余，因此引入一个权重 W^O，将得到的 Z 矩阵与 W^O 做矩阵乘法可以控制传入前馈层 Z' 矩阵的大小。

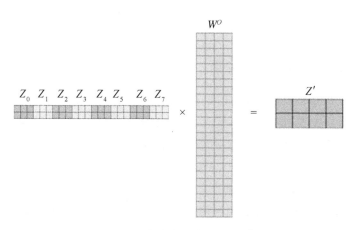

图 14-13　生成传入前馈层的 Z' 矩阵

　　上述过程公式如式(14-3)所示。

$$Z' = \text{Multihead}(Q, K, V) = \text{Concat}(Z_1, \cdots, Z_i)W^O \tag{14-3}$$

4. 前馈神经网络

　　在深度学习中，随着网络层数的增加，通过多层的计算后参数可能开始出现过大或过小的情况，这样可能会导致学习过程出现异常，模型可能收敛非常慢，因此 Transformer 在每个编码器和解码器最后都连接规范化层进行数值的规范化，使其特征数值在合理范围内变化。

　　前馈网络(feed-forward network)是一种简单的神经网络结构，由一个或多个线性变换和非线性激活函数组成。它的输入是一个词向量，经过一系列线性变换和激活函数处理之后，输出另一个词向量。在自注意力机制之外的神经网络部分就是一个前馈网络，它用于将输入的词向量映射到输出的词向量。在 Transformer 模型中，每个词向量通过自注意力机制计算得到，然后再通过前馈网络进行进一步处理，以提取更丰富的语义信息。编码器和解码器中的每一层都包含一个相同的完全连接的前馈网络，包括两个线性转换，且使用 ReLU 激活函数，前馈层的计算传播如式(14-4)所示。

$$F(x) = \text{ReLU}(\text{ReLU}(xW_1 + b_1)W_3 + b_0) \tag{14-4}$$

　　最后，在前馈神经网络之后编码器与解码器使用了一个残差连接(residual connection)和一个层归一化(layer normalization)操作，可以有效预防梯度爆炸问题。

5. Transformer 算法构建

通过不断堆叠多个上述描述的自注意力层和前馈神经网络层,可以构建出 Transformer 模型。对于 Transformer 模型的训练,通常采用无监督的方式进行预训练,然后再进行有监督的微调。在预训练过程中,通常采用自编码器或者掩码语言模型等方式进行训练,目标是学习输入序列的表示。在微调过程中,通常采用有监督的方式进行训练,例如在机器翻译任务中,使用平行语料进行训练,目标是学习将输入序列映射到目标序列的映射关系。

14.2.3　Transformer 的优势与劣势

Transformer 模型出现后,掀起自然语言处理领域中 Transformer 使用与改进的浪潮,并且在自然语言处理领域中独占鳌头,足以说明 Transformer 纯注意力机制模型的成功,它相对于其他自然语言处理模型,有着以下优点。

(1) 更好的并行性能:Transformer 模型能够在所有位置同时计算,从而充分利用 GPU 并行计算的优势,加速了模型的训练和推理过程。

(2) 能够处理长序列:传统的循环神经网络模型在处理长序列时容易出现梯度消失和梯度爆炸的问题,而 Transformer 模型使用了自注意力机制,能够同时考虑所有位置的信息,从而更好地处理长序列。

(3) 更好的性能表现:Transformer 模型在自然语言处理领域中已经取得了很多重要的研究成果,比如在机器翻译、文本生成、语言模型等任务中都取得了很好的效果。

但是如果对于小数据集,Transformer 模型的表现可能会不如传统的循环神经网络模型,因为它需要更大的数据集来训练,其次 Transformer 模型的计算复杂度较高,需要更多的计算资源,最后 Transformer 模型的可解释性不如传统的循环神经网络模型,因为它使用了自注意力机制,难以解释每个位置的重要性,这些都是 Transformer 模型亟须解决的痛点问题。

14.2.4　Transformer 模型应用

Transformer 模型是一种基于注意力机制的神经网络架构,最初被提出用于自然语言处理任务中的序列到序列学习。随着时间的推移,Transformer 模型被应用于各种不同的领域。

1. 自然语言处理

自然语言处理是指将人类语言转换为计算机可以理解的形式,以便计算机能够处理和理解语言。文本分类:对文本进行分类,例如将电子邮件分类为垃圾邮件或非垃圾邮件。机器翻译:将一种语言的文本翻译成另一种语言的文本。命名实体识别:可以识别文本中的命名实体,例如人名、地名、组织名称等。在这种情况下,Transformer 模型可以将文本作为输入,然后输出命名实体的类型和位置。情感分析:Transformer 模型可以对文本进行情感分析,例如判断一篇文章是积极的还是消极的。因此 Transformer 在自然语言处理任务和序列建模任务中具有广泛的应用。相比于传统的循环神经网络模型，Transformer 模型可以通过自注意力机制实现并行计算，大大提高了模型训练和推理的效率。此外，Transformer 模型还采用了位置编码和残差连接等技术来提高模型的表达能力和稳定性，从而在各种任务中取得了较好的结果。

2. 语音识别

语音识别是指将人类语音转换为计算机可以理解的形式，以便计算机能够处理和理解语音。一些最新的研究表明，基于 Transformer 的语音识别系统已经取得了与传统的循环神经网络(RNN)和卷积神经网络(CNN)相媲美的性能。语音识别：Transformer 模型可以对语音信号进行识别，例如将语音转换为文本。语音合成：Transformer 模型可以将文本转换为语音信号。说话人识别：Transformer 模型可以识别不同说话者的语音信号。除此之外 Transformer 模型还可以进行语音转换，例如将男声转变为女声。

3. 计算机视觉

计算机视觉是指让计算机理解和分析图像和视频。Transformer 模型在计算机视觉领域也有广泛应用。图像分类：Transformer 模型可以对图像进行分类，例如将图像分类为不同的物体或场景。目标检测：Transformer 模型能够准确地定位和识别图像中的物体。图像生成：Transformer 模型可以生成新的图像，例如生成一幅艺术作品或者修改一张图像。在这种情况下，Transformer 模型可以将图像作为输入，然后输出新的图像。

4. 强化学习

Transformer 模型在强化学习领域的应用主要是应用于策略学习和值函数近似。强化学习是指让机器在与环境互动的过程中，通过试错来学习最优的行为策略。在强化学习中，模型需要通过学习状态转移概率，来预测下一个状态和奖励，从而实现增强学习。

Transformer 模型已经被广泛应用于自然语言处理、语音识别、计算机视觉和强化学习等领域，并且在这些领域中都取得了显著的成果。它的广泛应用前景表明，Transformer 模型在未来的人工智能领域中将扮演着越来越重要的角色。总体来说，Transformer 模型是一种高效、灵活、易于实现的神经网络模型，其在多个领域中发挥着越来越重要的作用。

14.3　Transformer 的衍生模型

由于 Transformer 的简单易用性及应用广泛性，研究者们提出许多结合 Transformer 思想的新方法，下面将介绍几种具有里程碑意义的改进模型。

14.3.1　ViT(Vision Transformer)

ViT 是 2020 年 Google 团队提出的将 Transformer 应用在图像分类的模型，虽然该模型不是首次将 Transformer 应用于视觉任务,但是该模型简单且效果好,可扩展性强,成为 Transformer 在 CV 领域应用的里程碑著作。当拥有足够多的数据进行预训练的时候,ViT 的表现就会超过 CNN,它突破 Transformer 缺少归纳偏置的限制,可以在下游任务中获得较好的迁移效果,但是当训练数据集不够大的时候,ViT 的表现通常比同等大小的 ResNet 要差一些。ViT 结构如图 14-14 所示,将输入图片分为多个 patch(16×16),再将每个 patch 投影为固定长度的向量送入 Transformer,后续 Encoder 的操作和原始 Transformer 中完全相同。但是因为对图片进行分类,因此在输入序列中加入一个特殊的 token,该 token 对应的输出即为最后的类别预测。

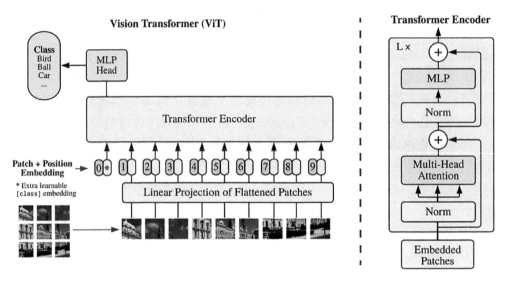

图 14-14 Vision Transformer 结构

14.3.2　BERT

　　BERT 的全称为 bidirectional encoder representation from Transformers,是一个预训练的语言表征模型。它强调了不再像以往一样采用传统的单向语言模型或者把两个单向语言模型进行浅层拼接的方法进行预训练,而是采用新的 masked language model (MLM),以致能生成深度的双向语言表征。BERT 是基于 Transformer 实现的模型,BERT 中包含多个 Transformer 模块,其取得成功的一个关键因素是 Transformer 的强大作用。Transformer 可以理解为一个神经网络模块,模块内部有其复杂的网络结构,这个模块通过自注意力机制实现快速并行,改进了 RNN 最被人诟病的训练慢的缺点,并且可以增加到非常深的深度,充分发掘 DNN 模型的特性,提升模型准确率。以往的预训练模型的结构会受到单向语言模型(从左到右或者从右到左)的限制,因而也限制了模型的表征能力,使其只能获取单方向的上下文信息。而 BERT 利用 MLM 进行预训练并且采用深层的双向 Transformer 组构建整个模型,因此最终生成能融合左右上下文信息的深层双向语言表征。

BERT 的主要结构是 Transformer(如图 14 - 15 所示),一个 BERT 预训练模型的基础结构是标准 Transformer 结构的 Encoder 部分,具有双向特性,单向的 Transformer 一般被称为 Transformer Decoder,其每一个 token 只会连接到目前往左的 token。而双向的 Transformer 则被称为 Transformer Encoder,其每一个 token 会连接到所有的 token。

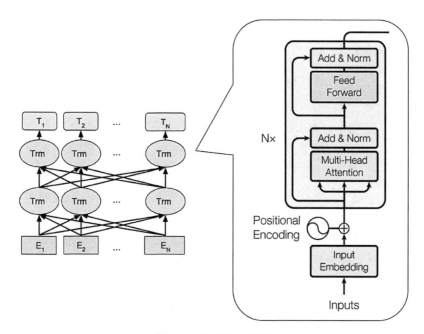

图 14 - 15　BERT 结构

BERT 的创新在于 Transformer Decoder(包含 Masked Multi-Head Attention)作为提取器,并使用与之配套的掩码训练方法。虽然使用了双编码使得 BERT 不具有文本生成能力,但 BERT 在对输入文本的编码过程中,利用了每个词的所有上下文信息,和只能使用前序信息提取语义的单向编码器相比,BERT 的语义信息提取能力更强。

14.3.3　GPT

GPT(Generative Pre-trained Transformer)是由 OpenAI 公司开发的一系列自然语言处理模型,采用多层 Transformer 结构来预测下一个单词的概率分布,通过在大型文本语料库中学习到的语言模式来生成自然语言文本。GPT 系列模型目前主要包括四个版本。

GPT - 1 发布于 2018 年,参数规模为 1.17 亿。模型采用 Transformer 进行特征抽取,与 BERT 模型相反的是,GPT 中间部分主要由 12 个 Transformer Decoder 的 block 堆叠而成。这是首次将 Transformer 应用于预训练语言模型,预训练的语料库包括英文维基百科、WebText 等大规模文本数据。GPT - 1 是一个单向语言模型,即它只能根据

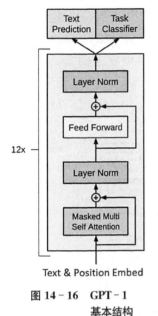

图 14 - 16　GPT - 1
基本结构

上下文来生成接下来的文本。GPT - 1 的模型如图 14 - 16 所示。

GPT - 2 发布于 2019 年,参数规模为 15 亿。与 GPT - 1 相比,参数规模大了 10 倍以上,GPT - 2 生成的文本质量更高,更加自然和流畅,可以生成更长的文本段落。该模型在生成文本方面表现出色,能够编故事甚至生成假新闻,但由于其潜在的滥用风险,OpenAI 公司选择不公开发布其完整参数和源代码。

GPT - 3 发布于 2020 年,参数规模为 1 750 亿。该模型在自然语言处理方面的表现十分出色,可以完成文本自动补全、将网页描述转换为相应代码、模仿人类叙事等多种任务。GPT - 3 可以通过少量的样本进行零样本学习,即在没有进行监督训练的情况下,可以生成合理的文本结果。GPT - 3 的出现标志着语言模型的发展进入了一个新的阶段,其生成的文本质量已经接近人类水平,在众多领域具有应用潜力,隐藏的伦理安全问题需引起关注和重视。

ChatGPT 发布于 2022 年,是一款基于 GPT - 3 的聊天机器人程序,它能够基于在预训练阶段所见的模式和统计规律,来生成回答,还能根据聊天的上下文进行互动,将人类的反馈纳入训练过程,更好地使模型输出和用户意图保持一致,可生成连贯、有趣的对话。甚至能完成撰写论文、邮件、脚本、文案、翻译、代码等任务。

GPT - 4 发布于 2023 年。GPT - 4 是一个大型多模态模型,支持图像和文本输入,再输出文本回复。虽然在许多场景中其表现与人类存在差距,但 GPT - 4 在某些专业和学术测试中表现出拥有专业人士的水平,它通过了模拟美国律师资格考试,且成绩在应试者中排名前 10% 左右,在 SAT 阅读考试中得分排在前 7% 左右。

14.3.4　Transformer-XL

Transformer-XL 的核心是通过增强 Transformer 中的循环机制,来增强长序列上下文的记忆。在 Transformer 中,每个 Encoder 或 Decoder 的自注意力机制的输入是序列中的某个位置,然后它会计算出该位置对所有位置的注意力分数,并对所有位置的值进行加权平均,得到该位置的输出。这个过程是在所有位置上并行计算的,因此 Transformer 的计算复杂度是线性的。然而,由于需要同时处理整个序列,每个位置的计算都是独立的,因此 Transformer 无法直接处理超过固定长度的序列。Transformer-XL 增加了一种记忆机制增强长序列上下文的记忆,可以将之前的状态保存下来,并在下一步计算时使用这些状态。具体来说,每个 Encoder 和 Decoder 都有一个内存,用于存储之前的状态。每当计算到一个新的位置时,会从内存中读取之前的状态,并与当前的输入一起计算,得到新的输出,并将输出存储到内存中。这个过程相当于是对前面的序列进行了循环,从而扩展了序列的长度。

Transformer-XL 通过增加一种新的方法来解决长距离依赖问题,称为相对位置编码 (Relative Positional Encoding)。相对位置编码的思路是通过引入相对位置的概念,来获取序列中不同位置之间的关系。具体来说,对于一个位置 i 和另一个位置 j,相对位置的定义是它们之间的距离 $d = i - j$。通过引入相对位置编码,Transformer 可以获取到位置 i 和位置 j 之间的相对位置信息,从而处理长距离依赖。相对位置编码的具体实现方式是,在原有的位置编码的基础上,增加一部分相对位置编码,以表示当前位置与其他位置之间的相对位置信息。Transformer-XL 中的相对位置编码包括了相对位置的信息,从而能够处理长距离依赖。

本章小结

Transformer 是一种仅基于注意机制的新型的神经网络结构,它是第一个主要依靠自我注意来计算其输入和输出表示的转导模型,而不同于使用序列对齐的循环和卷积神经网络结构。虽然 Transformer 性能较好且具备并行计算的优点,但是其依然存在小数据集上表现不佳、计算复杂度较高以及缺乏解释性等问题。本章介绍了 Transformer 的概况、基本理论、算法分析、优势与劣势、应用领域及其衍生模型,如:ViT、BERT、GPT、Transformer-XL 等,让读者对 Transformer 网络有一个总体的认识和把握,给予读者一定的帮助和启迪。

参考文献

[1] VASWANI A, SHAZEER N, PARMAR N, et al. Attention is all you need[C]//Proceedings of the 31st International Conference on Neural Information Processing Systems, Long Beach, California, USA: Curran Associates Inc, 2017: 6000 - 6010.

[2] DOSOVITSKIY A, BEYER L, KOLESNIKOV A, et al. An image is worth 16x16 words: Transformers for image recognition at scale[J]. arXiv preprint arXiv: 2010.11929, 2020.

[3] RADFORD A, NARASIMHAN K, SALIMANS T, et al. Improving language understanding by generative pre-training[EB/OL]. https://cdn.openai.com/research-covers/language-unsupervised/language_understanding_paper.pdf. 2018.

[4] DAI Z, YANG Z, YANG Y, et al. Transformer-xl: Attentive language models beyond a fixed-length context[J]. arXiv preprint arXiv: 1901.02860, 2019.

[5] XU P, ZHU X, CLIFTON D A. Multimodal learning with transformers: A survey[J]. arXiv preprint arXiv: 2206.06488, 2022.

[6] 刘宇晶. 基于 Transformer 的目标检测研究综述[J]. 计算机时代, 2023(5): 6 - 10.

[7] 李清格, 杨小冈, 卢瑞涛, 等. 计算机视觉中的 Transformer 发展综述[J]. 小型微型计算机系统, 2023, 44(4): 850 - 861.

[8] 李佳盈, 蒋文婷, 杨林, 等. 基于 ViT 的细粒度图像分类[J]. 计算机工程与设计, 2023, 44(3): 916 - 921.

实　战　篇

第 **15** 章 应用案例

15.1 基于 BP 神经网络的溶解氧预测

15.1.1 问题描述

溶解氧(dissolved oxygen，DO)在水体中的含量能够反映出水体的污染程度、生物的生长状况，它是衡量水质优劣的重要指标之一。国内外相关文献表明溶解氧的含量受到多种因素的影响，如水温、pH 值、生物种类等，同时直接或者间接影响着养殖生物的生长。因此，在水产养殖过程中，监测养殖水体溶解氧浓度，并预测其变化趋势具有重要意义。

近年来，溶解氧预测方法的研究主要集中在时间序列预测、支持向量机、组合预测、人工神经网络等方面。时间序列预测方法基于溶解氧含量与其历史变化之间的关联进行预测，然而，由于溶解氧的变化受多种复杂因素影响，该方法仅考虑了预测变量与其历史变化之间的关联，未能充分纳入相关影响因子，因此其预测准确性相对较低。支持向量机作为一种针对有限样本设计的学习方法，在处理大规模数据集时，面临着算法效率低下、存在大量冗余支撑向量以及缺乏有效的参数选择策略等问题。相比之下，人工神经网络因其具备自学习、自组织、并行处理信息以及处理非线性信息的能力，能够深入挖掘数据背后难以用数学公式描述的非线性特征，从而有效弥补了传统时间序列模型的不足。正因如此，人工神经网络在溶解氧预测领域得到了广泛应用。

本案例使用课题组 2016 年 4 月 5 日~25 日的水质监测数据来构建 BP 神经网络模型进行预测，该数据由 AP‐2000 型多参数水质仪探测到的水温(TEMP)、酸碱度(pH)、氧化还原电位(ORP)、溶解氧(DO)、盐度(SAL)、浊度(TDS)和海水比重(SSG)共 7 项参数。水质检测仪每 3 分钟获取一组数据，共 9 600 组。根据长时间监测数据表明，每小时内各项参数指标浮动范围很小，因此可以小时为单位，计算每小时各项参数的平均值，得到共计 480 组数据。

15.1.2 案例环境

案例环境为基于 Python3.6 的 TensorFlow 1.3 框架与 Keras 2.0.8 框架，GPU 为 NVIDIA GTX 1080Ti，通过 CUDA8.0 进行加速运算，CPU 为 AMD Ryzen

Threadripper 1950X。

15.1.3 模型设计

BP(back propagation)神经网络是一种单向传播的多层前向型网络,具有三层或三层以上的神经网络,包括输入层、中间层(隐藏层)和输出层。前后层之间实现全连接,而每层神经元之间无连接。BP 网络的传递函数要求必须可求导,通常选取 s 型函数。算法的学习过程由正向传播和反向传播组成。在正向传播过程中,首先从样本集中取一个样本 (X_p, Y_p) 输入网络;然后计算相应的实际输出 O_p。在反向传播过程中,首先计算实际输出 O_p 与相应的理想输出 Y_p 的误差;然后按极小化误差的方式调整权矩阵,直到 $\Sigma E_p < \varepsilon$。

由于各个参数的量纲不同而导致原始数据不同属性的取值范围差异较大,不利于神经网络学习。本案例采取零均值归一化对数据进行处理。取样本的 80% 作为训练集用于网络训练,剩下的 20% 作为测试集验证精度。本案例采用 6-14-1 的 BP 神经网络模型(6-14-1 表示该神经网络的结构为输入层 6 个神经元、隐藏层 14 个神经元、输出层 1 个神经元),使用归一化后的六个参数作为输入节点,隐藏层节点设置为 14 个,输出值为溶解氧含量,每一层的激活函数都为 Sigmoid 函数。训练的通用参数设置迭代次数为 200,批大小为 8,将学习率设置为 0.01。

15.1.4 代码实现

(1)导入所需要的函数库。

```
from keras.models import Sequential
from keras.layers import Dense
import pandas as pd
from sklearn.model_selection import train_test_split
from sklearn.preprocessing import StandardScaler
from keras.optimizers import Adam
import matplotlib.pyplot as plt
```

(2)使用 pandas 读取目标 excel 文件,分别读取水质数据和溶解氧值。

```
data = pd.read_excel('数据.xlsx')
y = data['溶解氧'].values
x = data.drop(['溶解氧'], axis = 1)
```

(3)使用 sklearn 对输入数据进行零均值归一化。

```
scaler = StandardScaler ().fit(x)
x = pd.DataFrame(scaler.transform(x)).values
```

(4)使用 sklearn 的分割函数将归一化后的数据和溶解氧值按照 80% 和 20% 的比例分为训练集和测试集。

```
# 设定训练集和测试集
x_train, x_test, y_train, y_test = train_test_split(x, y, test_size = 0.2)
```

（5）使用 keras 搭建模型，批大小设置为 8，学习率为 0.01，优化器选用 Adam，训练次数为 200，对模型进行优化。

```
# keras 的序贯模型
model = Sequential()
# 搭建 3 层的 BP 神经网络的结构，units 表示隐含层神经元数，input_dim 表示输入层神经元数，
# activation 表示激活函数
model.add(Dense(units = 14, input_dim = x_train.shape[1], activation = 'sigmoid'))
model.add(Dense(units = 1, input_dim = 14, activation = 'sigmoid'))
# loss 表示损失函数，这里损失函数为 mse，优化算法采用 Adam，metrics 表示训练集的拟合误差
model.compile(loss = 'mse', optimizer = Adam(lr = 0.01), metrics = ['mape'])
model.summary()
history = model.fit(x_train, y_train, epochs = 200, batch_size = 8)
```

（6）用折线绘制损失函数曲线，图例为 Train_loss（见图 15-1）。

```
loss = history.history['loss']
epochs = range(len(loss))
plt.plot(epochs, loss, '-b.', label = 'Train_loss')
plt.legend()
```

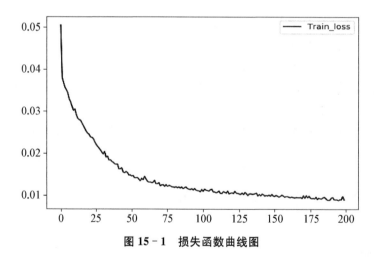

图 15-1　损失函数曲线图

（7）使用训练好的模型对测试样本进行预测。

```
result = model.predict(x_test, batch_size = 1)
print(y_test)
print('测试集的预测结果为：', result)
```

（8）新建一张图，对实际值和预测值进行可视化。其中实际值用默认的折线表示，预测值用虚线表示（见图 15-2）。

```
# 对预测结果和实际值进行可视化
plt.figure()
plt.plot(y_test, label = 'true data')
plt.plot(result, 'r: ',label = 'predict')
plt.legend()
```

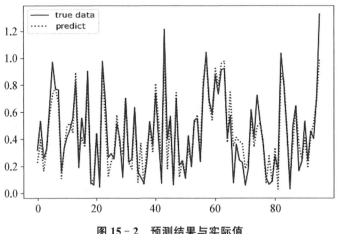

图 15 - 2　预测结果与实际值

15.1.5　结果分析

本案例采取的训练停止方式为固定训练 200 次循环,也可以设置为目标误差达到一定值后训练停止。经过 200 次训练该模型损失值基本不再下降,模型达到了拟合状态,训练集损失值下降到 0.009,损失函数曲线较好(见图 15 - 1)。

本案例使用训练好的模型对剩下 20% 的测试集的溶解氧含量进行预测,并与真实数据进行对比,结果如图 15 - 2 所示,除溶解氧变化峰值与谷值处有略大误差,整体在测试集上神经网络模型预测得到的水溶解氧(DO)预测输出与实际值有较好的吻合。

15.2　基于 LSTM 的渔业产量预测

15.2.1　问题描述

东南太平洋智利竹筴鱼是世界上一种较为重要的海洋经济鱼种,也是我国大型拖网渔船远洋捕捞作业的主要鱼种之一。因其渔业资源的分布范围横跨南太平洋,又易受到不同的海洋环境因素影响,导致渔场的中心范围与资源丰度很难把握。因而利用一些先进的渔情预测方法对其渔场中心及资源丰度进行准确预测,有助于提高渔业生产效能,也可以为渔业管理组织对资源的科学管理与可持续利用提供参考。

本案例将 2000—2011 年东南太平洋智利竹筴鱼渔场产量作为数据集,使用 LSTM

模型进行训练及预测。

15.2.2　案例环境

案例环境为基于 Python3.7 的 TensorFlow 1.13.1 框架,操作系统为 Windows10,GPU 为 NVIDIA GTX 1060,通过 CUDA9.0 进行加速运算,CPU 为 Intel i7-7700K。

15.2.3　模型设计

长短期记忆网络(LSTM),作为一种改进之后的循环神经网络(RNN),不仅能够解决 RNN 无法处理长距离的依赖问题,还能够解决神经网络中常见的梯度爆炸或梯度消失等问题,在处理序列数据方面非常有效。LSTM 网络的基本单元中包含遗忘门、输入门和输出门,该模型单元结构如图 11-3 所示。

15.2.4　代码实现

(1) 导入需要的库包。

```
from pandas import concat
from numpy import concatenate
from pandas import read_csv
import numpy as np
from sklearn.preprocessing import MinMaxScaler
import matplotlib.pyplot as pyplot
from keras.models import Sequential
from keras.layers import Dense
from keras.layers import LSTM
```

(2) 读取数据。由于数据量纲不同,需要将数据归一化到 0~1 之间。

```
dataset = read_csv('scad.csv', header= 0, index_col= 0)
dataset.info()
dataset = dataset.dropna()
values = dataset.values
# 确保所有数据都是 float
values = values.astype('float32')
# 归一化
scaler = MinMaxScaler(feature_range= (0, 1))
scaled = scaler.fit_transform(values)
# 框架作为监督学习
value2 = scaled
```

(3) 对数据集进行划分,设定训练集数据占 80%,测试集数据占 20%。

```
n_train_hours = int(len(dataset) *  0.8)
train = value2[:n_train_hours, :]
val = value2[n_train_hours:, :]
# 建立训练集、测试集和验证集
```

```
train_X, train_y = train[:, :- 1], train[:, - 1]
val_X, val_y = val[:, :- 1], val[:, - 1]
#  将训练集、测试集和验证集的输入数据转化为 3 维
train_X = train_X.reshape((train_X.shape[0], 1, train_X.shape[1]))
val_X = val_X.reshape((val_X.shape[0], 1, val_X.shape[1]))
print(train_X.shape, train_y.shape, val_X.shape, val_y.shape)
```

（4）构建并调整神经网络，将学习周期设定为 100，batch size 设定为 50。

```
#  构建神经网络模型
model = Sequential()
model.add(LSTM(50,input_shape= (train_X.shape[1], train_X.shape[2])))
model.add(Dense(1))
model.compile(loss= 'mae', optimizer= 'adam')
#  训练神经网络
history = model.fit(train_X, train_y, epochs= 100, batch_size= 50, validation_
data= (val_X, val_y), verbose= 2, shuffle= False)
print(model.summary())
```

（5）显示训练集上的损失函数曲线图。

```
pyplot.plot(history.history['loss'], label= 'train')
pyplot.legend()
pyplot.savefig("loss.png")
pyplot.show()
```

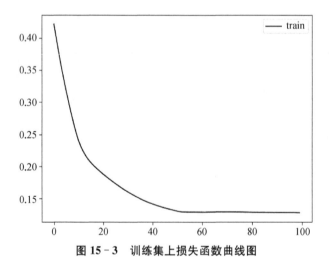

图 15 - 3   训练集上损失函数曲线图

（6）进行预测。

```
yval = model.predict(val_X)
val_X = val_X.reshape((val_X.shape[0], val_X.shape[2]))
ytrain = model.predict(train_X)
```

```
train_X = train_X.reshape((train_X.shape[0], train_X.shape[2]))
inv_train = concatenate((train_X, ytrain), axis= 1)
inv_train = scaler.inverse_transform(inv_train)
inv_train = inv_train[:, - 1]
train_y = train_y.reshape((len(train_y), 1))
inv_val = concatenate((val_X, yval), axis= 1)
inv_val = scaler.inverse_transform(inv_val)
inv_val= inv_val[:, - 1]
val_y = val_y.reshape((len(val_y), 1))
inv_c = value2
inv_c = scaler.inverse_transform(inv_c)
inv_c = inv_c[:, - 1]
```

（7）生成结果图。

```
pyplot.plot(inv_c)
pyplot.plot(range(len(train_y)), inv_train, ':o')
pyplot.plot(range(len(train_y), len(train_y) + len(val_y)), inv_val, ':^')
pyplot.legend()
pyplot.savefig("predict.png")
pyplot.show()
```

15.2.5　结果分析

图 15-4 为原数据集数据与模型预测数据对比图，实线为原始数据，圆点虚线为训练集预测值，三角点虚线为测试集的预测值。根据结果可以得出 LSTM 模型能够对捕捞量进行较为准确的预测。

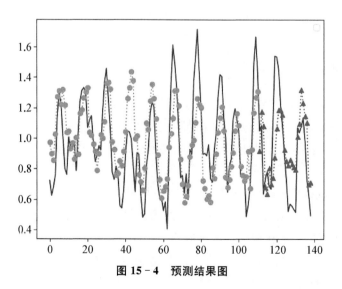

图 15-4　预测结果图

15.3　基于 CNN 的水产图像识别方法

15.3.1　问题描述

传统的水产图像识别主要依靠直接观察识别,重量或体尺测量主要采用手工接触方式进行。这类方法容易被外界因素干扰,且通常具有较强的主观性,受检测人员的经验、专业技能水平等条件影响,导致检测过程耗时费力,而且结果不平衡、标准不一致、错误率高。同时水产动物往往是对外界因子十分敏感的动物,接触式测量容易在水产动物种群中导致疾病传播与水环境污染,直接对个体进行物理接触也可能造成严重损伤。

近年来深度卷积神经网络已在图像识别领域取得巨大进步,并得到广泛应用。这种网络模仿生物神经网络的层次结构,低层表示抽象细节,高层表示具体语义,通过逐层提取特征,挖掘数据的本质信息,从而完成识别任务。网络学习过程完全自动,无需人工干预的特点是其具有应用潜力的最大优势。近年来通过海量样本集训练得到的深度卷积神经网络模型已经在识别速度及识别准确率等方面得到很大提升。

针对渔业生产活动中的水产图像自动识别需求,本案例采用微调的方式训练预训练模型 VGG16。与建立全新模型相比,这种方式能够在相对较低成本下得到具有良好性能的水产动物图像分类模型。

15.3.2　案例环境

本案例环境为基于 Python3.6 的 TensorFlow 1.3 框架与 Keras 2.0.8 框架,GPU 为 NVIDIA GTX 1080Ti,通过 CUDA8.0 进行加速运算,CPU 为 AMD Ryzen Threadripper 1950X。

15.3.3　模型设计

本案例采用的 VGG16 是由牛津大学计算机视觉组开发的卷积神经网络结构,至今仍被认为是一个杰出的图像识别模型,虽然它的性能已经被后来的 Inception 和 ResNet 架构超越,但作为经典模型,其简洁的结构和易于实现的特点依然具有应用价值。

如图 15-5 所示,VGG16 模型在整个卷积过程中都使用 $3×3$ 尺寸的卷积过滤器和 $2×2$ 尺寸的池化过滤器,接受 $224×224×3$ 的图片作为输入,卷积模块分别具有 64、128、256、512 个卷积核共 13 个卷积层逐步提取特征。图 15-5 中 conv 层为卷积层,卷积模块之间采用最大池化方式;图 15-5 中 Pool 层是池化层,再通过 2 层各 4 096 个神经元和 1 层 1 000 个神经元的全连接层运算;图 15-5 中 FC 层是全连接层;最后由一层使用

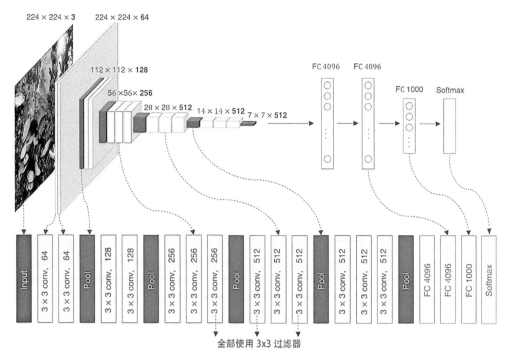

图 15-5 VGG16 模型结构示意图

Softmax 分类器得到预测结果。预测层的作用是将全连接层输出的信息转化为相应的类别概率,而起到分类作用。从图 15-5 可以看出,VGG16 实际上由 CNN 和 DNN 两部分共同组成,其中 CNN 部分的功能在于从原始图像中提取对于图像识别有价值的特征,再交由 DNN 部分来完成最后的分类任务。

本案例以养殖基地数据及网络收集的鱼、虾、蟹和贝 4 类图片,各 300 张共计 1 200 张图片作为训练集,另外各选 100 张图片作为验证集。在选取训练样本的过程中采用了部分含有非目标物体(如容器、人手、背景物体等)的图片来模拟随机噪声以提升模型的泛化能力。需先将原始图片进行归一化处理,根据 VGG16 的要求将图片剪裁为 224×224 像素。

在深度神经网络模型的训练过程中,过拟合是常见的问题,尤其在样本集较小的情况下是很容易遇到的难点。本案例为缓解过拟合现象,在训练中对样本集进行数据增强,采用旋转、平移、翻转、光照变化等操作处理,使每张原始图片生成 32 张变形图,扩大样本空间。

本案例验证了简单参数迁移后的模型性能,将原模型的全连接层替换为 4 分类的 Softmax 分类器,卷积层保持权值不变,即保留预训练模型的归纳能力和泛化能力,将修改后的模型采用目标样本集进行训练。

训练的通用参数设置如下:将 ImageNet 的预训练模型迁移到本案例中,迭代次数为 100,批大小为 32,学习率设置为 0.000 1,其他主要超参数基本一致,均为 ImageNet 比赛版本中所使用的设置。

15.3.4 代码实现

(1) 导入所需要的函数库。

```
import os
import sys
import glob
import argparse
import matplotlib.pyplot as plt
from keras.applications.resnet50 import preprocess_input
from keras import applications
from keras.models import Model
from keras.layers import Dense, GlobalAveragePooling2D
from keras.preprocessing.image import ImageDataGenerator
from keras.optimizers import SGD
from keras.callbacks import ModelCheckpoint,ReduceLROnPlateau
```

(2) 设置数据集和输出权重文件路径，设置训练的参数。

```
TRAIN_DIR = './acqua_data/train'   # 训练集数据
VAL_DIR = './acqua_data/validation'   # 验证集数据
OUT_PUT_MODEL_FT = 'VGG16.h5'
IM_WIDTH, IM_HEIGHT = 224, 224
NB_EPOCHS = 100
BATCH_SIZE = 32
FC_SIZE = 128
NB_IV3_LAYERS_TO_FREEZE = 0
```

(3) 创建读取数据函数，按文件夹读取图片，并且将读取的每个文件夹作为一个类别。

```
def get_nb_files(directory):
    '''获取数据集信息'''
    if not os.path.exists(directory):
        return 0
    count = 0
    for r, dirs, files in os.walk(directory):
        for dr in dirs:
            count += len(glob.glob(os.path.join(r, dr + "/* ")))
    return count
```

(4) 创建迁移学习函数，将所有卷积层设置为不可训练。创建一个优化器，并且设置优化器的种类、损失函数和监测函数。

```
def setup_to_tansfer_learn(model, base_model):
    '''冻结全部 CONV 层并编译'''
    for layer in base_model.layers:
        layer.trainable = False
    model.compile(optimizer = 'rmsprop', loss = 'categorical_crossentropy',
metrics = ['accuracy'])
```

（5）重新编写模型最后的全连接网络，将最终分类的类别作为全连接层最后的节点数，在本案例中节点数为 4（鱼、虾、蟹和贝 4 类）。

```python
def add_new_last_layer(base_model, nb_classes):
    '''添加 fc 层'''
    x = base_model.output
    x = GlobalAveragePooling2D()(x)
    x = Dense(FC_SIZE, activation = 'sigmoid')(x)
    predictions = Dense(nb_classes, activation = 'softmax')(x)
    model = Model(inputs = base_model.input, outputs = predictions)
    return model
```

（6）设置数据集和输出权重文件路径，设置训练的参数。

```python
def setup_to_finetune(model):
    '''冻结除最后 block 之外的层，并编译'''
    for layer in model.layers[: NB_IV3_LAYERS_TO_FREEZE]:
        layer.trainable = False
    for layer in model.layers[NB_IV3_LAYERS_TO_FREEZE: ]:
        layer.trainable = True
    model.compile(optimizer = SGD(lr = 1e - 4, momentum = 0.9),
loss = 'categorical_crossentropy', metrics = ['accuracy'])
```

（7）分别绘制训练集和验证集的准确率和损失函数曲线。

```python
def plot_training(history):
    acc = history.history['acc']
    val_acc = history.history['val_acc']
    loss = history.history['loss']
    val_loss = history.history['val_loss']
    epochs = range(len(acc))
    plt.plot(epochs, acc, 'b.', label = 'Train_acc')
    plt.plot(epochs, val_acc, 'r - ', label = 'Val_acc')
    plt.title('Training and validation accuracy')
    plt.legend(loc = 'lower right')
    plt.figure()
    plt.plot(epochs, loss, 'b.', label = 'Train_loss')
    plt.plot(epochs, val_loss, 'r - ', label = 'Val_loss')
    plt.title('Training and validation loss')
    plt.legend(loc = 'upper right')
    plt.show()
```

（8）获取模型训练的参数。

```python
def train(args):
    '''先模式一训练，后 finetune 训练'''
    nb_train_samples = get_nb_files(args.train_dir)
    nb_classes = len(glob.glob(args.train_dir + "/* "))
    nb_val_samples = get_nb_files(args.val_dir)
    nb_epoch = int(args.nb_epoch)
    batch_size = int(args.batch_size)
```

（9）使用 Keras 自带的数据增强函数对现有的数据集进行增强，Keras 会自动在每个训练循环开始时进行数据扩增。主要的扩增手段有旋转、平移、翻转、随机变大和剪裁变换等。

```
# 生成数据集
train_datagen = ImageDataGenerator(
    preprocessing_function = preprocess_input,
    rotation_range = 30,
    width_shift_range = 0.2,
    height_shift_range = 0.2,
    shear_range = 0.2,
    zoom_range = 0.2,
    horizontal_flip = True
)
val_datagen = ImageDataGenerator(
    preprocessing_function = preprocess_input,
    rotation_range = 30,
    width_shift_range = 0.2,
    height_shift_range = 0.2,
    shear_range = 0.2,
    zoom_range = 0.2,
    horizontal_flip = True
)
train_generator = train_datagen.flow_from_directory(
    args.train_dir,
    target_size = (IM_WIDTH, IM_HEIGHT),
    batch_size = batch_size,
)
validation_generator = val_datagen.flow_from_directory(
    args.val_dir,
    target_size = (IM_WIDTH, IM_HEIGHT),
    batch_size = batch_size,
)
```

（10）读取 Keras 当中默认的 VGG 网络模型，设置模型的检查点，保存最优的模型，插入一个自动优化器，当验证集损失值在 10 个循环内不下降时自动降低学习率。

```
base_model = applications.VGG16(weights = 'imagenet', include_top = False)
model = add_new_last_layer(base_model, nb_classes)
best_model_ft = ModelCheckpoint(OUT_PUT_MODEL_FT, monitor = 'val_acc', verbose =
1, save_best_only = True)
learningRate = ReduceLROnPlateau(monitor = 'val_loss', factor = 0.8, patience =
10, mode = 'auto', epsilon = 0.0001, cooldown = 0, min_lr = 0)
# finetune
setup_to_finetune(model)
model.summary()
```

（11）设置 Keras 的训练函数，将数据扩增后作为输入数据，将训练参数和回调函数传入训练函数。

```
history_ft = model.fit_generator(
    train_generator,
    # TRAIN_DIR,
    steps_per_epoch = nb_train_samples // batch_size,
    epochs = nb_epoch,
    # validation_data = VAL_DIR,
    validation_data = validation_generator,
    validation_steps = nb_val_samples // batch_size,
    class_weight = 'auto',
    verbose = 1,
    callbacks = [best_model_ft,learningRate]
)
```

（12）保存模型，在控制台输出模型的整体结构，并画出训练函数图像。

```
model.save(args.output_model_file)
model.summary()
plot_training(history_ft)
```

（13）编写主函数使用 argparse 函数来获取训练所需要的变量，并将函数值传递到训练函数 train()中。

```
if __name__ == "__main__":
    a = argparse.ArgumentParser()
    a.add_argument(" -- train_dir", default = TRAIN_DIR)
    a.add_argument(" -- val_dir", default = VAL_DIR)
    a.add_argument(" -- nb_epoch", default = NB_EPOCHS)
    a.add_argument(" -- batch_size", default = BATCH_SIZE)
    a.add_argument(" -- output_model_file", default = OUT_PUT_MODEL_FT)
    a.add_argument(" -- plot", action = "store_true")
    args = a.parse_args()
    if args.train_dir is None or args.val_dir is None:
        a.print_help()
        sys.exit(1)
    if (not os.path.exists(args.train_dir)) or (not os.path.exists(args.val_dir)):
        print("Directory not found")
        sys.exit(1)
    train(args)
```

15.3.5　结果分析

本案例经过 100 次循环的训练，训练集准确率达到了 99.03%，验证集准确率达到了 93.23%。本案例通过使用 1 200 张图片在预训练模型上进行微调，仅经过 100 次循环的训练，就得到较好的分类效果。从本案例可以看出，VGG 预训练模型具有强大的泛化能力与移植能力，在经过较少资源耗费改造后，即可应用于样本规模较小和计算资源较低的项目。

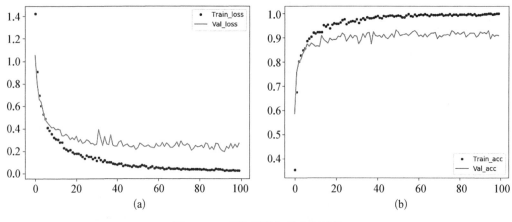

图 15-6 损失函数与准确率图像
(a) 损失函数图;(b) 准确率图

15.4 基于 U-Net 的鱼群游动视频帧预测

15.4.1 问题描述

视频帧预测是一种利用机器学习或深度学习方法,根据已有的视频帧信息来预测未来帧内容的技术。它通过分析视频序列中的时空相关性,捕捉视频数据的动态变化模式,从而生成连续、流畅的视频帧序列。这项技术不仅提升了视频处理的智能性,还在多个领域发挥着重要作用。视频帧预测技术可以帮助减少需要存储或传输的数据量。通过预测并仅传输或存储与预测帧差异较大的信息,可以显著降低视频数据的冗余度,从而提高压缩效率。在预测生成方面,视频帧预测可以生成高质量的中间帧,以增加视频的流畅度和清晰度,提升用户观看体验。在异常检测领域中,视频帧预测常用于异常检测和行为识别。通过分析预测帧与实际帧之间的差异,可以及时发现并报警异常情况,如人员闯入、物品丢失等,提高监控系统的智能化水平。在鱼类行为异常检测中,鱼群游动通常具有固定的行为特征和表现形式,异常检测模型通过分辨正常游动和异常游动来检测鱼类生存环境异常事件。但由于鱼类异常视频比较难以收集,导致正常样本和异常样本比例失衡,会降低模型学习能力。因此通过鱼类异常行为视频进行学习,预测异常行为帧来扩充异常样本是一个有效的做法。

本实验使用 U-Net 进行视频帧的预测,使用的数据为课题组采集的鱼群游动视频,采集帧率为 12 帧每秒,共 10 段视频,总帧数为 3 492 帧。为了检测模型性能,在进行实验时需要按一定比例将采集的视频分为训练集和测试集,本实验中将其设置为 8∶2。

15.4.2 案例环境

案例环境为基于 Python3.6 和 Pytorch1.10 框架,操作系统为 Windows10,GPU 为

NVIDIA GTX 1080，通过 CUDA10.2 进行加速运算，CPU 为 Intel i7‐7700K。

15.4.3　模型设计

2015 年由罗纳尔伯格(Ronneberger)等人提出了 U‐Net 网络模型，它是较早用于图像语义分割的全卷积神经网络，在医学图像分割任务上有着优异的表现，是后续多种图像分割网络的设计基础。同时，作为一种自编码器，越来越多的研究也将 U‐Net 结构用于视频帧的重构、预测。本案例使用的 U‐Net 模型如图 15‐7 所示，使用连续的 4 帧对下一帧进行预测。本案例所有的输入帧的像素值被归一化到—1 至 1 之间，并缩放至 256×256，对应地，模型的输出结果的像素值也在—1 至 1 之间，保存结果为图片时应进行反归一化操作。

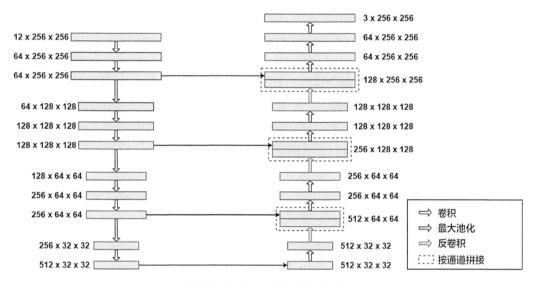

图 15‐7　U‐Net 网络模型结构

15.4.4　代码实现

（1）构建数据集代码，保持文件名为 dataset.py。

```python
import torch
from torchvision import transforms as transforms
from PIL import Image
from torch.utils.data import Dataset
import os

class FishDataset(Dataset):
    def __init__(self, training = True):
        super(FishDataset, self).__init__()
        self.root = os.path.join('data', "training" if training else "testing")
        self.videos_path = os.listdir(self.root)
```

```
        self.videos_path = [os.path.join(self.root, i) for i in self.videos_path]
        self.samples = []
        self.video_folders = self.videos_path
        for video_path in self.videos_path:
            frames_path = os.listdir(video_path)
            frames_path.sort(key = lambda x: int(x.split('.')[0]))
            frames_path = [os.path.join(video_path, i) for i in frames_path]
            # 每组数据 5 张图片,包括 4 张输入一张预测真实值
            for i in range(len(frames_path) - 5):
                consecutive_paths = frames_path[i: i + 5]
                self.samples.append(consecutive_paths)
        self.transform = transforms.Compose([
            transforms.Resize((256, 256)),   # 缩放至 256 * 256
            transforms.ToTensor(),   # 像素值除以 255
        ])

    def __getitem__(self, item):
        frames_path = self.samples[item]
        imgs = [Image.open(i).convert('RGB') for i in frames_path]
        imgs = [self.transform(i) for i in imgs]
        imgs = [(i.unsqueeze(1) - 0.5) / 0.5 for i in imgs]   # 归一化到[- 1,1]
        imgs = torch.cat(imgs, dim = 1)
        return imgs

    def __len__(self):
        return len(self.samples)
```

（2）构建 U - Net 网络模型代码,保持为文件名 unet.py。

```
import torch
import torch.nn as nn

class UNetEncoder(nn.Module):
    def __init__(self):
        super(UNetEncoder, self).__init__()
        self.layers1 = nn.Sequential(
            nn.Conv2d(12, 64, 3, 1, 1),
            nn.BatchNorm2d(64),
            nn.ReLU(),
            nn.Conv2d(64, 64, 3, 1, 1),
            nn.BatchNorm2d(64),
            nn.ReLU(),
        )

        self.layers2 = nn.Sequential(
            nn.MaxPool2d(2, 2),
```

```python
            nn.Conv2d(64, 128, 3, 1, 1),
            nn.BatchNorm2d(128),
            nn.ReLU(),
            nn.Conv2d(128, 128, 3, 1, 1),
            nn.BatchNorm2d(128),
            nn.ReLU(),
        )

        self.layers3 = nn.Sequential(
            nn.MaxPool2d(2, 2),
            nn.Conv2d(128, 256, 3, 1, 1),
            nn.BatchNorm2d(256),
            nn.ReLU(),
            nn.Conv2d(256, 256, 3, 1, 1),
            nn.BatchNorm2d(256),
            nn.ReLU(),
        )

        self.layers4 = nn.Sequential(
            nn.MaxPool2d(2, 2),
            nn.Conv2d(256, 512, 3, 1, 1),
            nn.BatchNorm2d(512),
            nn.ReLU(),
        )

    def forward(self, x):
        x1 = self.layers1(x)
        x2 = self.layers2(x1)
        x3 = self.layers3(x2)
        x4 = self.layers4(x3)
        return x1, x2, x3, x4

class UNetDecoder(nn.Module):
    def __init__(self):
        super(UNetDecoder, self).__init__()
        self.layers1 = nn.Sequential(
            nn.Conv2d(512, 512, 3, 1, 1),
            nn.BatchNorm2d(512),
            nn.ReLU(),
            nn.ConvTranspose2d(512, 256, 2, 2)
        )

        self.layers2 = nn.Sequential(
```

```python
        nn.Conv2d(512, 256, 3, 1, 1),
        nn.BatchNorm2d(256),
        nn.ReLU(),
        nn.Conv2d(256, 256, 3, 1, 1),
        nn.BatchNorm2d(256),
        nn.ReLU(),
        nn.ConvTranspose2d(256, 128, 2, 2)
    )

    self.layers3 = nn.Sequential(
        nn.Conv2d(256, 128, 3, 1, 1),
        nn.BatchNorm2d(128),
        nn.ReLU(),
        nn.Conv2d(128, 128, 3, 1, 1),
        nn.BatchNorm2d(128),
        nn.ReLU(),
        nn.ConvTranspose2d(128, 64, 2, 2)
    )

    self.layers4 = nn.Sequential(
        nn.Conv2d(128, 64, 3, 1, 1),
        nn.BatchNorm2d(64),
        nn.ReLU(),
        nn.Conv2d(64, 64, 3, 1, 1),
        nn.BatchNorm2d(64),
        nn.ReLU(),
        nn.Conv2d(64, 3, 3, 1, 1),
        nn.Tanh()
    )

def forward(self, x1, x2, x3, x4):
    y = self.layers1(x4)
    y = torch.cat([y, x3], dim = 1)
    y = self.layers2(y)
    y = torch.cat([y, x2], dim = 1)
    y = self.layers3(y)
    y = torch.cat([y, x1], dim = 1)
    y = self.layers4(y)
    return y

class UNet(nn.Module):
    def __init__(self):
        super(UNet, self).__init__()
```

```
        self.encoder = UNetEncoder()
        self.decoder = UNetDecoder()

    def forward(self, x):
        return self.decoder( * self.encoder(x))
```

（3）训练模型代码，保持文件名为 train.py。

```
from dataset import FishDataset
from torch.utils.data import DataLoader
from torch import optim
from unet import UNet
import torch

dataset = FishDataset()
loader = DataLoader(dataset, batch_size = 4)
model = UNet().cuda()
optimizer = optim.Adam(model.parameters(), 0.0001)
loss_func = torch.nn.MSELoss()
epoch = 1
model.train()
for e in range(1, epoch + 1):
    print("Epoch{0}".format(e))
    for step, imgs in enumerate(loader, 1):
        input_frames = torch.cat(torch.split(imgs[:, :, 0:4, ...], 1, 2), dim = 1).
        cuda().squeeze()
        gt = imgs[:, :, - 1, ...].cuda()
        prediction = model(input_frames)
        loss = loss_func(prediction, gt)

        print("\rEpoch: {0: 2d}, Step: {1: 4d}, Loss: {2: 3. 8f}".format(e, step,
        loss), end = "")

        optimizer.zero_grad()
        loss.backward()
        optimizer.step()
    print("\nEpoch{0} done.".format(e))

torch.save(model.state_dict(), "model.pth")
```

（4）测试模型代码，保存文件名为 evaluate.py。

```
from dataset import FishDataset
from torch.utils.data import DataLoader
from unet import UNet
import torch
from torchvision.utils import save_image

dataset = FishDataset(training = False)
loader = DataLoader(dataset, batch_size = 1, shuffle = False)
```

```
model = UNet().cuda()
model.load_state_dict(torch.load("model.pth"))
model.eval()

for step, imgs in enumerate(loader, 1):
    input_frames = torch.cat(torch.split(imgs[:, :, 0:4, ...], 1, 2), dim = 1).cuda
    ().squeeze(2)
    gt = imgs[:, :, - 1, ...].cuda()
    prediction = model(input_frames)
    loss = torch.nn.MSELoss()(prediction, gt)

    print("\rStep: {0:4d}, Loss:{1:3.8f}".format(step, loss), end = "")
    save_image(torch.cat([prediction, gt], dim = 0) * 0.5 + 0.5, f"out/{step}.jpg")
```

15.4.5 结果分析

本案例在训练集上共进行 2 轮训练,在测试集上进行测试时平均误差为 0.004 4,部分帧的预测结果如图 15-8 所示,其中左侧为预测结果,右侧为真实帧。模型能够对未来帧进行一定程度的预测。可以通过增加训练次数,优化损失函数,模型能够获得更好的预测性能。

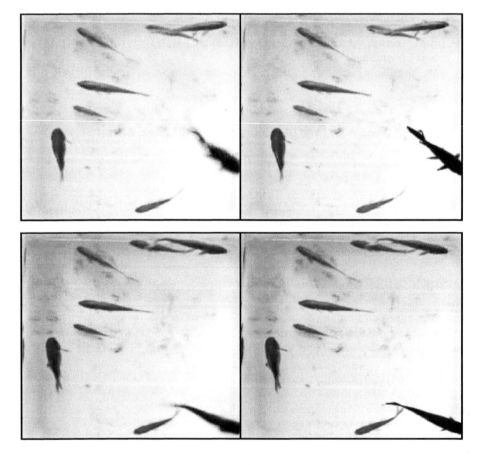

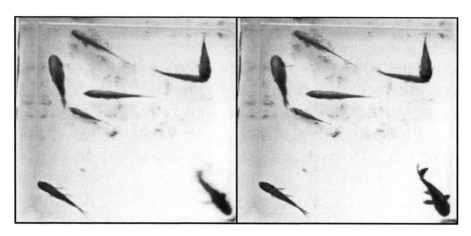

图 15 - 8　部分预测结果

15.5　基于 YOLOv5 的水下珍品目标检测

15.5.1　问题描述

水产养殖作为渔业领域重要分支,在我国发展迅速。我国水产养殖业不仅规模宏大,更积累了丰富的养殖经验,其产量占全球总产量的 70% 以上,成为全球唯一一个水产养殖产量超越捕捞量的国家。这一成就不仅使我国连续多年稳居世界水产养殖产量之首,而且养殖技术仍在持续稳步提升。近年来,随着图像采集与处理技术的不断进步,这些技术在大规模精细化水产养殖中的应用也日益广泛。通过采集鱼群的实时图像信息,并结合先进的控制方法与远程通信技术,我们正逐步实现水产养殖的自动化、数字化与智能化。智能化水产养殖发展趋势,不仅提升了养殖效率,也为水产养殖业的可持续发展注入了新的活力。第一类是双步(two stage)目标检测算法,如 Fast R - CNN、Faster R - CNN 和 Mask R - CNN 等,这些算法都是将目标检测分为两个阶段,首先使用区域候选网络(RPN)来提取候选目标信息,然后再经过检测网络完成对候选目标的位置和类别的预测和识别;第二类是单步(one stage)目标检测算法,如 YOLO、SSD、Retina - Net 等,此类算法不需要使用 RPN,直接通过网络来产生目标的位置和类别信息,是一种端到端的目标检测算法。因此,单步目标检测算法在检测速度上具有显著优势,但相较于双步目标检测网络,其精度略显不足。

虽然地面目标的实时检测算法已相对成熟,但在水下感兴趣目标的实时检测领域仍面临诸多挑战,本案例是利用 YOLOv5 模型对水下珍品目标进行检测。

15.5.2　实验环境

本案例实验环境为基于 Python3.8 的 Pytorch 1.10.0 框架,使用 NVIDIA GTX 3090 显卡,通过 CUDA11.0 进行加速运算,CPU 为 AMD R7 - 5800H。

15.5.3 模型设计

本案例为基于 YOLOv5 深度学习模型的水下生物目标检测算法。把一般地面目标实时检测的 YOLO 网络结构模型移植到水下生物的目标检测,利用水下拍摄的生物图片作为训练、验证和测试数据集,取得较好的分类精度和实时性。

YOLO 目标检测算法将目标检测问题转化为一个回归问题,仅使用一个深度卷积神经网络模型进行目标检测,能以较高的准确率实现快速目标检测与识别。

YOLOv5 的网络结构如图 15-9 所示,主要包括三部分:① 骨干网络,用于提取输入图像的特征,YOLOv5 使用了 CSPDarknet53 作为主干网络,结合了 Cross Stage Partial(CSP)结构以增强特征复用,同时减少计算量。② 颈部网络,负责融合来自不同尺度的特征以提高检测能力,YOLOv5 使用了 PANet(Path Aggregation Network)结构,结合自下而上和自上而下的特征流,以更好地捕捉目标的多尺度信息。③ 头部网络,进行目标分类和边界框回归。YOLOv5 采用了 Anchor-based 机制,通过在特征图上预测目标的类别和坐标信息,完成目标的检测任务。同时为了计算不同大小的目标物体,YOLOv5 返回三个不同大小的 Anchor集,其中 80×80 预测小目标,40×40 预测中等目标,20×20 预测大目标。

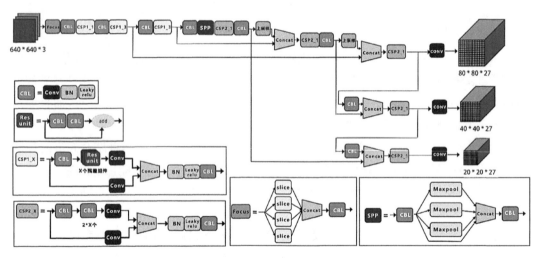

图 15-9 YOLOv5 网络结构示意图

回归输出矩阵包含目标边界框的尺寸和坐标、边界框内包含目标的概率及目标所属类别。这些信息的计算方式如图 15-10 所示。

目标检测结果以边界框选中目标的方式呈现,其中,b_x、b_y 为边界框中心点相对于网格左上方的偏移量,b_w、b_h 为边界框的宽度和高度。为降低网格敏感性,模型实际输出 t_x、t_y、t_w、t_h 并使用相应公式计算实际结果。输出信息中还包括边界内包含目标的置信度 P(c) 以及类别信息 n_{cls},类别信息的长度与类别数量相关。YOLOv5 每个网格提供三个预测结果,可用于预测不同目标。本案例中使用四类目标数据,最终每个网格输出编码长度为 $3\times(4+1+4)=27$。

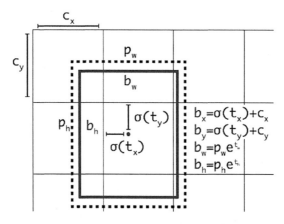

图 15 - 10 YOLOv5 位置信息计算

本案例使用 2020 年湛江水下机器人比赛拍摄的水下生物（海参、海星、海胆和扇贝）数据，在 Windows10 操作系统下，使用 PyTorch 版本的 YOLOv5 训练自己的数据集。

15.5.4 代码实现

（1）下载 YOLOv5 模型。

```
https://github.com/ultralytics/yolov5
```

（2）制作自己的 VOC 数据集。首先安装 Anaconda，然后下载数据标注工具 LabelImg(https://github.com/tzutalin/labelImg)。在 anaconda prompt 使用 cd 命令进入解压后的 LabelImg 文件夹，执行以下相关语句，启动 LabelImg。

```
cd C: \Users\admin\Desktop\labelImg - master
"安装 pyqt"
conda install pyqt = 5
"安装完成后，执行命令，这个执行完成是没有任何返回结果的"
pyrcc5 - o resources.py resources.qrc
"打开 LabelImg"
python labelImg.py
```

（3）VOC 标签格式转 YOLO 格式并划分训练集和测试集。利用数据标注工具 LabelImg，通过可视化的操作界面进行画框标注，就能自动生成 VOC 格式的 xml 文件，而 YOLOv5 训练所需要的文件格式是 txt 格式。因此需要将 xml 格式的标签文件转换为 txt 文件，同时需要将数据集划分为训练集和验证集，代码如下所示。

```
import xml.etree.ElementTree as ET
import pickle
import os
from os import listdir, getcwd
```

```
from os.path import join
import random
from shutil import copyfile

classes = ["scallop", "holothurian","echinus","starfish"]

TRAIN_RATIO = 80

def clear_hidden_files(path):
    dir_list = os.listdir(path)
    for i in dir_list:
        abspath = os.path.join(os.path.abspath(path), i)
        if os.path.isfile(abspath):
            if i.startswith("._"):
                os.remove(abspath)
        else:
            clear_hidden_files(abspath)

def convert(size, box):
    dw = 1./size[0]
    dh = 1./size[1]
    x = (box[0] + box[1])/2.0
    y = (box[2] + box[3])/2.0
    w = box[1] - box[0]
    h = box[3] - box[2]
    x = x * dw
    w = w * dw
    y = y * dh
    h = h * dh
    return (x,y,w,h)

def convert_annotation(image_id):
    in_file = open('VOCdevkit/VOC2007/Annotations/% s.xml' % image_id)
    out_file = open('VOCdevkit/VOC2007/YOLOLabels/% s.txt' % image_id, 'w')
    tree = ET.parse(in_file)
    root = tree.getroot()
    size = root.find('size')
    w = int(size.find('width').text)
    h = int(size.find('height').text)

    for obj in root.iter('object'):
        difficult = obj.find('difficult').text
        cls = obj.find('name').text
        if cls not in classes or int(difficult) = = 1:
            continue
        cls_id = classes.index(cls)
        xmlbox = obj.find('bndbox')
        b = (float(xmlbox.find('xmin').text), float(xmlbox.find('xmax').text),
float(xmlbox.find('ymin').text), float(xmlbox.find('ymax').text))
        bb = convert((w,h), b)
        out_file.write(str(cls_id) + " " + " ".join([str(a) for a in bb]) + '\n')
    in_file.close()
```

```
        out_file.close()

wd = os.getcwd()
data_base_dir = os.path.join(wd, "VOCdevkit/")
if not os.path.isdir(data_base_dir):
        os.mkdir(data_base_dir)
work_sapce_dir = os.path.join(data_base_dir, "VOC2007/")
if not os.path.isdir(work_sapce_dir):
        os.mkdir(work_sapce_dir)
annotation_dir = os.path.join(work_sapce_dir, "Annotations/")
if not os.path.isdir(annotation_dir):
            os.mkdir(annotation_dir)
clear_hidden_files(annotation_dir)
image_dir = os.path.join(work_sapce_dir, "JPEGImages/")
if not os.path.isdir(image_dir):
            os.mkdir(image_dir)
clear_hidden_files(image_dir)
yolo_labels_dir = os.path.join(work_sapce_dir, "YOLOLabels/")
if not os.path.isdir(yolo_labels_dir):
            os.mkdir(yolo_labels_dir)
clear_hidden_files(yolo_labels_dir)
yolov5_images_dir = os.path.join(data_base_dir, "images/")
if not os.path.isdir(yolov5_images_dir):
            os.mkdir(yolov5_images_dir)
clear_hidden_files(yolov5_images_dir)
yolov5_labels_dir = os.path.join(data_base_dir, "labels/")
if not os.path.isdir(yolov5_labels_dir):
            os.mkdir(yolov5_labels_dir)
clear_hidden_files(yolov5_labels_dir)
yolov5_images_train_dir = os.path.join(yolov5_images_dir, "train/")
if not os.path.isdir(yolov5_images_train_dir):
            os.mkdir(yolov5_images_train_dir)
clear_hidden_files(yolov5_images_train_dir)
yolov5_images_test_dir = os.path.join(yolov5_images_dir, "val/")
if not os.path.isdir(yolov5_images_test_dir):
            os.mkdir(yolov5_images_test_dir)
clear_hidden_files(yolov5_images_test_dir)
yolov5_labels_train_dir = os.path.join(yolov5_labels_dir, "train/")
if not os.path.isdir(yolov5_labels_train_dir):
            os.mkdir(yolov5_labels_train_dir)
clear_hidden_files(yolov5_labels_train_dir)
yolov5_labels_test_dir = os.path.join(yolov5_labels_dir, "val/")
if not os.path.isdir(yolov5_labels_test_dir):
            os.mkdir(yolov5_labels_test_dir)
clear_hidden_files(yolov5_labels_test_dir)

train_file = open(os.path.join(wd, "yolov5_train.txt"), 'w')
```

```
test_file = open(os.path.join(wd, "yolov5_val.txt"), 'w')
train_file.close()
test_file.close()
train_file = open(os.path.join(wd, "yolov5_train.txt"), 'a')
test_file = open(os.path.join(wd, "yolov5_val.txt"), 'a')
list_imgs = os.listdir(image_dir)# list image files
prob = random.randint(1, 100)
print("Probability: % d" % prob)
for i in range(0,len(list_imgs)):
    path = os.path.join(image_dir,list_imgs[i])
    if os.path.isfile(path):
        image_path = image_dir + list_imgs[i]
        voc_path = list_imgs[i]
        (nameWithoutExtention, extention) = os.path.splitext(os.path.basename
(image_path))
        (voc_nameWithoutExtention, voc_extention) = os.path.splitext(os.path.
basename(voc_path))
        annotation_name = nameWithoutExtention + '.xml'
        annotation_path = os.path.join(annotation_dir, annotation_name)
        label_name = nameWithoutExtention + '.txt'
        label_path = os.path.join(yolo_labels_dir, label_name)
    prob = random.randint(1, 100)
    print("Probability: % d" % prob)
    if(prob < TRAIN_RATIO):# train dataset
      if os.path.exists(annotation_path):
            train_file.write(image_path + '\n')
          convert_annotation(nameWithoutExtention)# convert label
          copyfile(image_path, yolov5_images_train_dir + voc_path)
          copyfile(label_path, yolov5_labels_train_dir + label_name)
    else:# test dataset
      if os.path.exists(annotation_path):
            test_file.write(image_path + '\n')
          convert_annotation(nameWithoutExtention)# convert label
          copyfile(image_path, yolov5_images_test_dir + voc_path)
          copyfile(label_path, yolov5_labels_test_dir + label_name)
train_file.close()
test_file.close()
```

数据集的文件夹结构如图 15-11 所示。

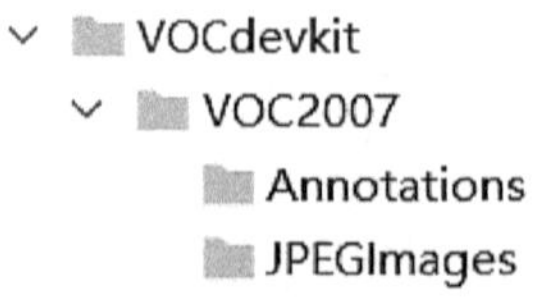

图 15-11 数据集格式结构图片

将代码和数据在同一目录下运行,会得到如图 15-12 所示的结果。

图 15 - 12 运行后的文件夹结构

其中，Annotations 文件夹存放 xml 格式的标签文件，JPEGImages 文件夹存放图片文件。

在 VOCdevkit 目录下生成 images 和 labels 文件夹，文件夹下分别生成了 train 子文件夹和 val 子文件夹，分别保存训练集和验证集的图片及 txt 格式标签。images 文件夹和 labels 文件夹就是训练 YOLOv5 模型所需的训练集和验证集。在 VOCdevkit/VOC2007 目录下还生成了一个 YOLOLabels 文件夹，存放着所有 txt 格式的标签文件，至此数据集处理完毕。

（4）打开下载的 YOLOv5 项目，将自己的数据集放至项目下（见图 15 - 13）。

图 15 - 13 YOLOv5 项目图

（5）环境的安装和依赖的安装。打开 requirements.txt 文件，可以看到里面有很多依赖库和其对应版本要求。打开 PyCharm 的命令终端，输入如下命令，就可以安装。

```
pip install - r requirements.txt
```

（6）修改数据配置文件。在 data 文件夹下新建一个 under－water.yaml 文件，并在文件里面填写如下代码（见图 15－14）。

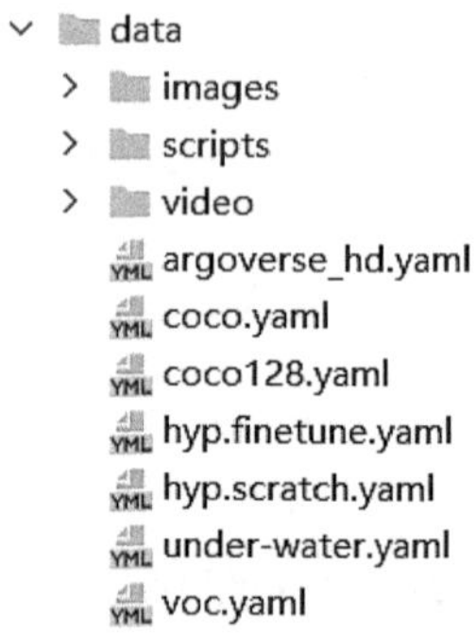

图 15 - 14　添加 under-water.yaml 文件

```
# train and val data as 1) directory: path/images/, 2) file: path/images.txt, or 3) list:
[path1/images/, path2/images/]
train: VOCdevkit/images/train
val: VOCdevkit/images/val

# number of classes
nc: 4

# class names
names: [ 'scallop', 'holothurian', 'echinus', 'starfish']
```

（7）修改模型配置文件。由于项目使用的是 yolov5s.pt 这个预训练权重（训练时模型自动从官网下载），所以需要使用 models 目录下的 yolov5.yaml 文件中的相应配置（因为不同的预训练权重对应着不同的网络层数，所以用错预训练权重会报错）。与修改 data 目录下的 yaml 文件相同，在 models 目录下新建一个 yolov5s_under_water.yaml 文件，并在文件添加如下代码（见图 15－15）。

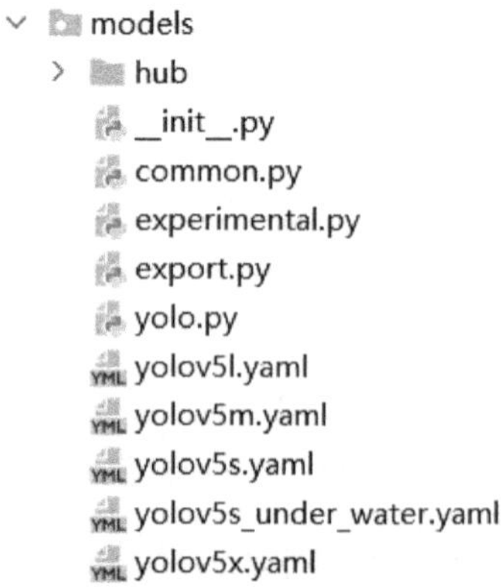

图 15 - 15　添加 yolov5s_under_water.yaml 文件

```
# parameters
nc: 4  # number of classes
depth_multiple: 0.33  # model depth multiple
width_multiple: 0.50  # layer channel multiple


# anchors
anchors:
  - [10,13, 16,30, 33,23] # P3/8
  - [30,61, 62,45, 59,119] # P4/16
  - [116,90, 156,198, 373,326] # P5/32


# YOLOv5 backbone
backbone:
  # [from, number, module, args]
  [[ - 1, 1, Focus, [64, 3]],  # 0 - P1/2
   [ - 1, 1, Conv, [128, 3, 2]],  # 1 - P2/4
   [ - 1, 3, C3, [128]],
   [ - 1, 1, Conv, [256, 3, 2]],  # 3 - P3/8
   [ - 1, 9, C3, [256]],
   [ - 1, 1, Conv, [512, 3, 2]],  # 5 - P4/16
   [ - 1, 9, C3, [512]],
   [ - 1, 1, Conv, [1024, 3, 2]],  # 7 - P5/32
   [ - 1, 1, SPP, [1024, [5, 9, 13]]],
   [ - 1, 3, C3, [1024, False]],  # 9
  ]


# YOLOv5 head
head:
  [[ - 1, 1, Conv, [512, 1, 1]],
   [ - 1, 1, nn.Upsample, [None, 2, 'nearest']],
   [[ - 1, 6], 1, Concat, [1]],  # cat backbone P4
   [ - 1, 3, C3, [512, False]],  # 13

   [ - 1, 1, Conv, [256, 1, 1]],
   [ - 1, 1, nn.Upsample, [None, 2, 'nearest']],
   [[ - 1, 4], 1, Concat, [1]],  # cat backbone P3
   [ - 1, 3, C3, [256, False]],  # 17 (P3/8 - small)

   [ - 1, 1, Conv, [256, 3, 2]],
   [[ - 1, 14], 1, Concat, [1]],  # cat head P4
   [ - 1, 3, C3, [512, False]],  # 20 (P4/16 - medium)

   [ - 1, 1, Conv, [512, 3, 2]],
   [[ - 1, 10], 1, Concat, [1]],  # cat head P5
   [ - 1, 3, C3, [1024, False]],  # 23 (P5/32 - large)

   [[17, 20, 23], 1, Detect, [nc, anchors]],  # Detect(P3, P4, P5)
  ]
```

（8）修改 train.py 文件。找到主函数入口（见图 15-16），修改相关参数。

```
if __name__ == '__main__':
    parser = argparse.ArgumentParser()
    parser.add_argument('--weights', type=str, default='yolov5s.pt', help='initial weights path')
    parser.add_argument('--cfg', type=str, default='models/yolov5s_under_water.yaml', help='model.yaml path')
    parser.add_argument('--data', type=str, default='data/under-water.yaml', help='data.yaml path')
    parser.add_argument('--hyp', type=str, default='data/hyp.scratch.yaml', help='hyperparameters path')
    parser.add_argument('--epochs', type=int, default=300)
```

图 15-16 主函数参数图

修改其中的 cfg、data、epochs 参数。

```
parser.add_argument('--cfg', type=str, default='models/yolov5s_under_water.yaml', help='model.yaml path')
    parser.add_argument('--data', type=str, default='data/under-water.yaml', help='data.yaml path')
    parser.add_argument('--hyp', type=str, default='data/hyp.scratch.yaml', help='hyperparameters path')
    parser.add_argument('--epochs', type=int, default=300)
```

（9）执行训练命令：python train.py。

训练 300 轮后，在 runs/train 文件夹下会生成训练文件（见图 15-17），可以查看文件夹中 P、R 曲线等相关指标（见图 15-18）。

```
∨ ▣ exp56
  > ▣ .idea
  ∨ ▣ weights
        best.pt
        last.pt
    confusion_matrix.png
    events.out.tfevents.1639824504.6685c741fb68.278550.0
    F1_curve.png
    hyp.yaml
    labels.jpg
    labels_correlogram.jpg
    opt.yaml
    P_curve.png
    PR_curve.png
    R_curve.png
    results.csv
    results.png
    train_batch0.jpg
    train_batch1.jpg
    train_batch2.jpg
    val_batch0_labels.jpg
    val_batch0_pred.jpg
    val_batch1_labels.jpg
    val_batch1_pred.jpg
    val_batch2_labels.jpg
    val_batch2_pred.jpg
```

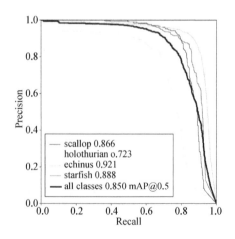

图 15-17　训练文件　　　　　　**图 15-18　P、R 曲线**

(10) 测试模型性能。选择一张图片放入 data/images 目录下,修改 detect.py 相关参数并运行,用来测试模型性能(见图 15-19)。

```
if __name__ == '__main__':
    parser = argparse.ArgumentParser()
    parser.add_argument('--weights', nargs='+', type=str, default='runs/train/exp56/weights/best.pt', help='model.pt path(s)')
    parser.add_argument('--source', type=str, default='data/images/under-water.JPG', help='source')  # file/folder, 0 for webcam
```

图 15-19 detect.py 需要修改的参数

```
parser.add_argument(' - - weights', nargs = ' + ', type = str, default = 'runs/
train/exp56/weights/best.pt', help = 'model.pt path(s)')
parser.add_argument(' - - source', type = str, default = 'data/images/under -
water.JPG', help = 'source')
```

将 weights 参数换成训练最优权重,将 source 参数换成要检测的图片目录。

15.5.5 结果分析

本案例使用 4 700 张图片在预训练权重的指引下经过 300 次循环的训练得到了较好的分类效果,达到 85% 的 mAP 值(见图 15-20)。YOLOv5 使用了特征金字塔网络(FPN)和路径聚合网络(PANet)来融合不同层次的特征,这些方法能够有效地增强模型对不同大小目标的检测能力,可以说 YOLOv5 是目标检测领域性能较好的模型之一。

图 15-20 YOLOv5 网络水下生物目标检测结果图

15.6 基于信息蒸馏的水下图像超分生成

15.6.1 问题描述

视觉引导的自主水下航行器在许多重要应用中需要图像合成和场景理解,如海洋物种和珊瑚礁监测、海底电缆和残骸检查、人机协作等。它利用合成的水下图像进行视觉注意力建模,从而做出导航决策。然而,由于水下能见度低以及水的吸收和散射作用,再加上物理成像设备的限制,水下图像的成像质量往往普遍较差,缺乏重要细节,从而导致感兴趣的对象可能会显得异常模糊。快速而准确的水下图像超分辨率重建技术则可以放大感兴趣区域,实现水下场景的详细感知。

单幅图像超分辨率重建(SISR)旨在通过利用一个低分辨率图像恢复成一个具有良好视觉效果的高分辨率图像,然而 SISR 是一个高度不适定逆问题,解空间并不唯一,这是因为在原始图像降采样获得低分辨率图像的过程中,大量高频信息被丢失,导致恢复过程缺乏足够的可用信息。为了解决这一逆问题,众多超分辨率重建算法已经被提出。目前,这些算法大致可以分为三类:基于插值的方法;基于重建的方法;基于学习的方法。尤其是近些年来基于深度学习(CNN)的方法在图像超分领域取得了显著成果,例如像 SRCNN、SRGAN、EDSR、IDN 等都取得了十分不错的超分效果。

与之前案例采用的深度学习方法不同,本案例采用基于信息蒸馏机制的图像超分辨率重建网络,将低分辨率的水下图像提升至高分辨率的同时,还大大缩减了模型的前向推理时间。

15.6.2　案例环境

案例环境为基于 Python3.7 的 Pytorch 1.0 框架,GPU 为 NVIDIA GeForce RTX 3090 24GB,通过 CUDA11.4 进行加速运算,CPU 为 AMD Ryzen 9 5950X 16-Core。

15.6.3　模型设计

本案例采用基于信息蒸馏机制的超分辨率重建算法 SRIDM,采用端到端的方式自适应地学习低分辨率图像到高分辨率图像的映射关系。该网络主要包含 3 个模块:浅层特征提取、特征蒸馏与融合、上采样。浅层特征提取模块用于提取输入的低分辨率图像的浅层特征。特征蒸馏与融合模块主要由 3 个 RFDB 组成,在每个 RFDB 内部,采用多阶段信息蒸馏机制用于进一步提取深度特征,并将 RFDB 输出的分层特征进行聚合;此外,在获得这些分层特征之前,本案例使用空间注意力模块将网络注意力更多地放在携带高频信息的区域。上采样模块利用亚像素卷积将聚合特征放大至目标尺寸,获得最终的 RGB 重建图像。具体网络结构如图 15 - 21 和图 15 - 22 所示。

为了提高图像重建质量,SRIDM 在普通深度卷积的基础上引入了信息蒸馏机制以及空间注意力模块。基于多阶段信息蒸馏机制的 RFDB,使其更加细致、准确地区分待提炼的特征和需要跨层传递的特征。在 LR 图像的不同空间位置,低频信息和高频信息的分布并不一致。一些区域比较平滑,恢复起来也比较容易;而有一些区域则包含了大量的边界、纹理等高频细节,恢复起来则相对困难。因此,有必要对不同空间区域加以区别对待,将更多的注意力放在携带高频信息的区域。

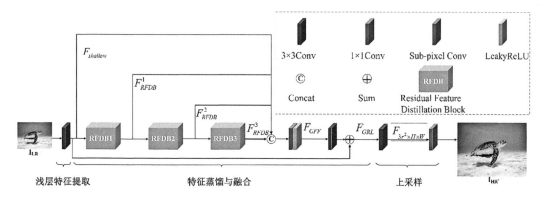

图 15 - 21　SRIDM 网络结构示意图

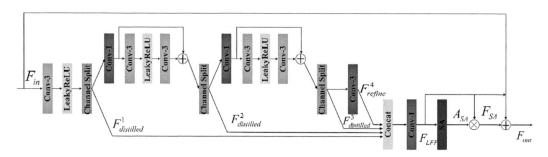

图 15 - 22　残差特征蒸馏块

　　案例使用由 Minnesota University 交互式机器人与视觉实验室公布的水下图像数据集 USR - 248。该数据集包含了大量的水下实体,包括珊瑚、鱼、残骸水下航行器以及潜水员等。训练集包含 1 060 张真实高清水下图像 HR(分辨率)以及对应的低分辨率图像 LR(使用 Bicubic 降采样获得);测试集包含 248 张 HR 图像与以及对应的 LR 图像。

15.6.4　代码实现(部分)

　　(1) 定义基于信息蒸馏机制的超分辨率重建算法相关类。

```
class SRIDM(nn.Module):
    def __init__(self, in_nc = 3, nf = 64, num_modules = 3, out_nc = 3, upscale = 4):
        super(SRIDM, self).__init__()
        self.fea_conv = B.conv_layer(in_nc, nf, kernel_size = 3)
        self.RFDB1 = B.RFDB(in_channels = nf, distillation_rate = 0.25)
        self.RFDB2 = B.RFDB(in_channels = nf, distillation_rate = 0.25)
        self.RFDB3 = B.RFDB(in_channels = nf, distillation_rate = 0.25)
        self.c = B.conv_block(int(nf * (num_modules+ 1)), nf, kernel_size = 1, act_
type = 'lrelu')
        self.LR_conv = B.conv_layer(nf, nf, kernel_size = 3)
        upsample_block = B.pixelshuffle_block
        self.upsampler = upsample_block(nf, out_nc, upscale_factor = upscale)
```

```python
    def forward(self, input):
        out_fea = self.fea_conv(input)
        out_B1 = self.RFDB1(out_fea)
        out_B2 = self.RFDB2(out_B1)
        out_B3 = self.RFDB3(out_B2)
        out_B = self.c(torch.cat([out_fea, out_B1, out_B2, out_B3], dim = 1))
        out_lr = self.LR_conv(out_B) + out_fea
        output = self.upsampler(out_lr)
        return output

class RFDB(nn.Module):
    def __init__(self, in_channels, distillation_rate = 0.25):
        super(RFDB, self).__init__()
        self.distilled_channels = int(in_channels * distillation_rate)
        self.remaining_channels = int(in_channels - self.distilled_channels)
        self.conv1 = conv_layer(in_channels, in_channels, 3)
        self.conv2 = conv_layer(self.remaining_channels, in_channels, 1)
        self.conv3 = sequential(
            conv_layer(in_channels, in_channels, 3),
            activation('lrelu', neg_slope = 0.05),
            conv_layer(in_channels, in_channels, 3)
        )
        self.conv4 = conv_layer(self.remaining_channels, in_channels, 1)
        self.conv5 = sequential(
            conv_layer(in_channels, in_channels, 3),
            activation('lrelu', neg_slope = 0.05),
            conv_layer(in_channels, in_channels, 3)
        )
        self.conv6 = conv_layer(self.remaining_channels, self.distilled_channels, 3)
        self.conv7 = conv_layer(self.distilled_channels * 4, in_channels, 1)
        self.act = activation('lrelu', neg_slope = 0.05)
        self.sa = SALayer()

    def forward(self, input):
        out_c1 = self.act(self.conv1(input))
        distilled_c1, remaining_c1 = torch.split(out_c1, (self.distilled_channels, self.remaining_channels), dim = 1)
        out_c2 = self.conv2(remaining_c1)
        out_c2 = self.act(self.conv3(out_c2) + out_c2)
        distilled_c2, remaining_c2 = torch.split(out_c2, (self.distilled_channels, self.remaining_channels), dim = 1)
        out_c3 = self.conv4(remaining_c2)
        out_c3 = self.act(self.conv5(out_c3) + out_c3)
        distilled_c3, remaining_c3 = torch.split(out_c3, (self.distilled_channels, self.remaining_channels), dim = 1)
        out_c4 = self.conv6(remaining_c3)
        out = torch.cat([distilled_c1, distilled_c2, distilled_c3, out_c4], dim = 1)
```

```
        out_fusion = self.conv7(out)
        sa = self.sa(out_fusion)
        out = out_fusion * sa
        return input + out_fusion + out
```

自定义空间注意力模块
```python
class SALayer(nn.Module):
    def __init__(self):
        super(SALayer, self).__init__()
        self.conv_5 = nn.Conv2d(2, 2, 5, padding = 2, stride = 1, bias = True)
        self.conv_1 = nn.Conv2d(2, 1, 1, stride = 1, padding = 0, bias = True)
        self.sigmoid = nn.Sigmoid()
        self.relu = nn.ReLU(inplace = True)

    def forward(self, x):
        std_pool = torch.std(x, 1, keepdim = True)# keepdim = True 将对应维度变为 1，
即通道为 1
        avg_pool = torch.mean(x, 1, keepdim = True)
        pool_layer = torch.cat((avg_pool, std_pool), 1)
        y1 = self.relu(self.conv_5(pool_layer))
        sa = self.sigmoid(self.conv_1(y1))
        return sa
```

```python
def conv_layer(in_channels, out_channels, kernel_size, stride = 1, dilation = 1,
groups = 1, bias = True):
    padding = int((kernel_size - 1) / 2) * dilation
    return nn.Conv2d(in_channels, out_channels, kernel_size, stride, padding =
padding, bias = bias, dilation = dilation, groups = groups)
```

（2）定义 USR248 数据集预处理类。

```python
class usr248(data.Dataset):
    def __init__(self, opt):
        self.opt = opt
        self.scale = self.opt.scale
        self.root = self.opt.root
        self.ext = self.opt.ext    # '.png' or '.npy'(default)
        self.train = True if self.opt.phase = = 'train' else False
        self.repeat = self.opt.test_every // (self.opt.n_train // self.opt.batch_size)
        self._set_filesystem(self.root)
        self.images_hr, self.images_lr = self._scan()

    def _set_filesystem(self, dir_data):
        self.root = dir_data
        self.dir_hr = os.path.join(self.root, 'hr')
        self.dir_lr = os.path.join(self.root, 'lr_' + str(self.scale) + 'x')

    def __getitem__(self, idx):
        lr, hr = self._load_file(idx)
        lr, hr = self._get_patch(lr, hr)
```

```
            if self.opt.model = = 'SRCNN' or self.opt.model = = 'DSRCNN':
                lr = cv2.resize(lr, (lr.shape[1]* self.scale, lr.shape[0]* self.scale),
                            interpolation = cv2.INTER_CUBIC)
            lr, hr = common.set_channel(lr, hr, n_channels = self.opt.n_colors)
            lr_tensor, hr_tensor = common.np2Tensor(lr, hr, rgb_range = self.opt.rgb_range)
            return lr_tensor, hr_tensor

    def __len__(self):
        if self.train:
            return self.opt.n_train * self.repeat

    def _get_index(self, idx):
        if self.train:
            return idx % self.opt.n_train
        else:
            return idx

    def _get_patch(self, img_in, img_tar):
        patch_size = self.opt.patch_size
        scale = self.scale
        if self.train:
            img_in, img_tar = common.get_patch(
                img_in, img_tar, patch_size = patch_size, scale = scale)
            img_in, img_tar = common.augment(img_in, img_tar)
        else:
            ih, iw = img_in.shape[:2]
            img_tar = img_tar[0:ih * scale, 0:iw * scale, :]
        return img_in, img_tar

    def _scan(self):
        list_hr = sorted(make_dataset(self.dir_hr))
        list_lr = sorted(make_dataset(self.dir_lr))
        return list_hr, list_lr

    def _load_file(self, idx):
        idx = self._get_index(idx)
        if self.ext = = '.npy':
            lr = npy_loader(self.images_lr[idx])
            hr = npy_loader(self.images_hr[idx])
        else:
            lr = default_loader(self.images_lr[idx])
            hr = default_loader(self.images_hr[idx])
        return lr, hr
```

（3）定义训练函数。

```
def train(epoch):
    model.train()
    data_utils.adjust_learning_rate(optimizer, epoch, args.step_size, args.lr,
args.gamma)
```

```
print('epoch = ', epoch, 'lr = ', optimizer.param_groups[0]['lr'])
loss_per_epoch = 0
for iteration, (lr_tensor, hr_tensor) in enumerate(training_data_loader, 1):
    if args.cuda:
        lr_tensor = lr_tensor.to(device)  # ranges from [0, 1]
        hr_tensor = hr_tensor.to(device)  # ranges from [0, 1]
    optimizer.zero_grad()
    sr_tensor = model(lr_tensor)
    loss_ = loss(sr_tensor, hr_tensor)
    loss_sr = loss_
    loss_sr.backward()
    optimizer.step()
    if iteration % 26 == 0:
        print(" = = = > Epoch [{}]({}/{}): Loss: {:.5f}".format(epoch,
iteration, len(training_data_loader),  loss_.item())))
    loss_per_epoch = loss_.item()
writer.add_scalar('loss', loss_per_epoch, global_step = epoch)
```

15.6.5　结果分析

　　本案例通过 1 000 次循环迭代,得到了一个轻量化的超分辨率重建网络模型。将其应用于水下真实图像中,获得的结果如图 15 - 23 所示,对比低分辨图像,使用 SRIDM 模型超分后的图像具有更好的视觉感知效果,尤其在图像细节纹理等方面的恢复效果显著。

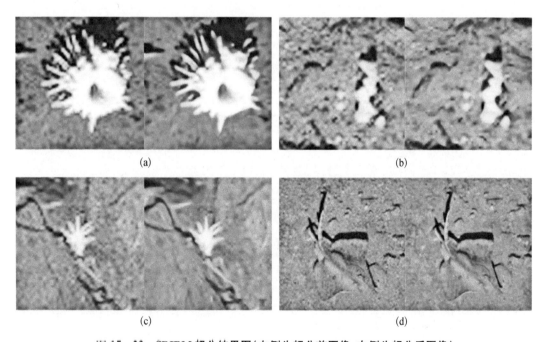

图 15 - 23　SRIDM 超分结果图(左侧为超分前图像,右侧为超分后图像)

附　　录

附录 1 深度学习环境搭建

1. 简介

本搭建方案适用于 windows10 平台，且必须配备具有 CUDA 运算加速能力的 NVIDIA GTX 系列显卡。深度学习对 CPU 的运算要求并不是很高，主要运算工作在于 GPU，一般系统内存应为 GPU 显存的两倍以保证效率最大化。

本方案采用 windows10（专业版）x64 系统环境，深度学习框架采用 Tesnsorflow＋Keras。其中 TensorFlow 是 Google 开发并开源的深度学习工具库，另外还有 Theano 和 Caffe 等。

Keras 是以 TensorFlow 和 Theano 为后端，在其之上开发的高层调用接口。可以让用户更加简单地使用底层框架 TensorFlow（默认使用）和 Theano。即模型的核心工作依然是由底层框架完成，但 Keras 用起来更加简单。

2. Anaconda 环境配置

Anaconda 是一个开源的 Python 发行版本，可以便捷获取包，并对包进行管理，同时也可以对环境进行统一管理。Anaconda 包含了 conda、Python 在内的超过 180 个科学包及其依赖项。

登录 Anaconda 官方网站：https://www.anaconda.com/download/，选择适合自己操作系统的 Anaconda 安装包（见图附 1－1）。本操作演示基于 Windows 的个人版系统 Anaconda3－2022.05（集成 Python3.9）的安装过程。

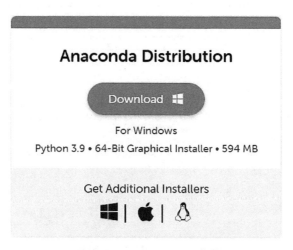

图附 1－1　Anaconda 下载界面

（1）下载完成后双击安装文件，进入安装欢迎界面（见图附 1 - 2）。

图附 1 - 2　Anaconda 安装欢迎界面

（2）单击"next"按钮，进入安装许可协议界面（见图附 1 - 3）。

图附 1 - 3　安装许可协议界面

（3）单击"I Agree"按钮,进入安装类型选择界面(见图附1-4)。

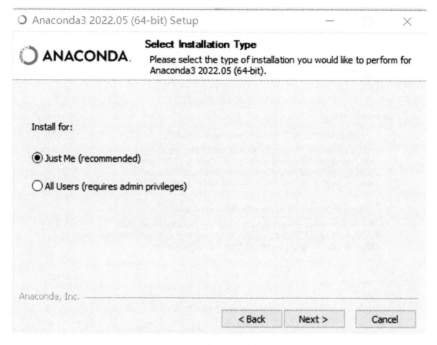

图附 1-4　安装类型选择界面

（4）单击"next"按钮,进入安装路径选择界面(见图附1-5)。

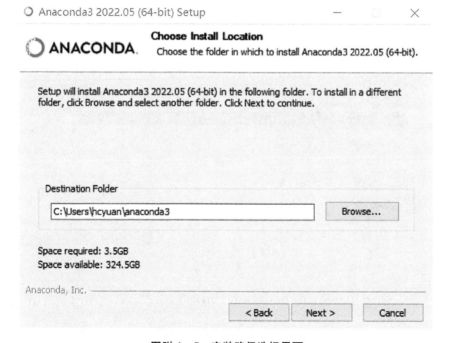

图附 1-5　安装路径选择界面

（5）选择是否将 Anaconda 添加到 PATH 环境变量，建议使用默认，不添加到环境变量，以免对其他软件产生干扰（见图附 1-6）。

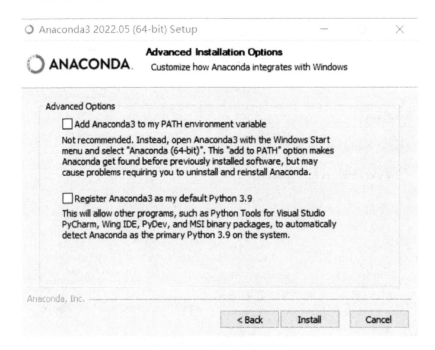

图附 1-6　高级安装选项界面

（6）单击"Install"按钮，进入安装界面（见图附 1-7）。

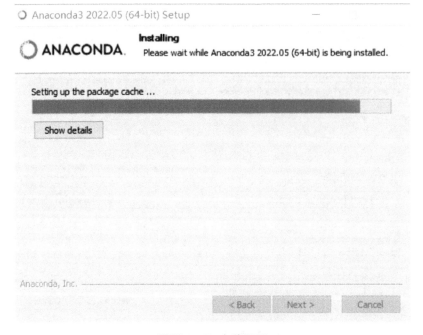

图附 1-7　安装界面

（7）安装完成后，进入数据分析软件 DataSpell 提示界面（见图附 1-8）。

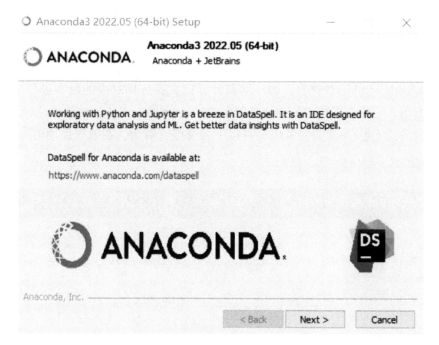

图附 1-8　选择是否安装 VSCode

（8）单击"next"按钮，完成安装（见图附 1-9）。

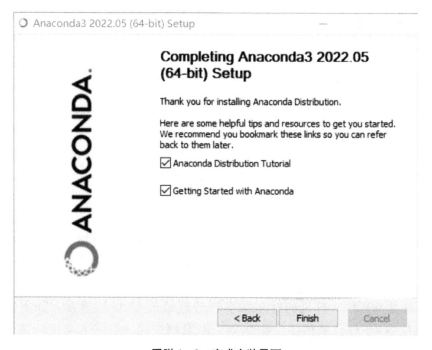

图附 1-9　完成安装界面

3. CUDA 与 CUDNN 环境配置

1) CUDA 安装

CUDA 是 NVIDIA 推出的用于 NVIDIA GPU 的并行计算框架，也就是说 CUDA 只能在 NVIDIA 的 GPU 上运行，而且只有当要解决的计算问题是可以大量并行计算的时候才能发挥 CUDA 的作用。若要安装，可登录英伟达的官方网站：https://developer.nvidia.com/cuda-toolkit，根据自己的环境和计算机设备选择对应的版本进行下载，如图附 1 - 10 所示。CUDA 安装包分为网络版和本地版，网络版安装包比较小，执行安装的时候再去下载需要的包；本地版安装包是直接下载完整安装包。本教程使用的是本地版安装包。

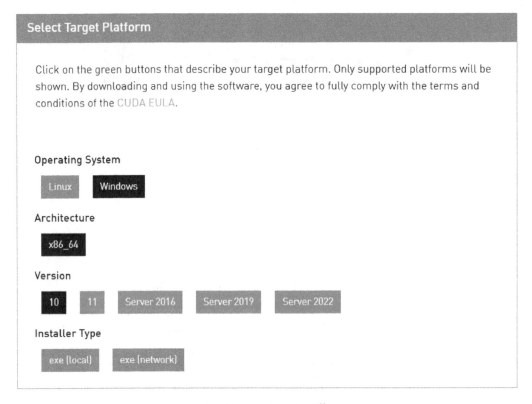

图附 1 - 10　CUDA 下载

（1）下载 CUDA 基本安装包（见图附 1 - 11）。

（2）双击下载的文件，按照屏幕提示完成安装。为了避免可能出现 CUDA 安装失败，最好先安装相应版本的 visual studio，然后再安装 CUDA。

2) cuDNN 安装

cuDNN 是 NVIDIA 打造的针对深度神经网络的 GPU 加速库。如果需要使用 GPU 训练模型，一般会采用这个加速库。本案例采用 cuDNN8.4.0 for CUDA11.0 版本。

图附 1 – 11 CUDA 基本安装包下载界面

登录英伟达官方网站：https://developer.nvidia.com/rdp/cudnn-archive，下载相应版本的 cuDNN（需注册开发者账号）（见图附 1 – 12）。

cuDNN Archive

NVIDIA cuDNN is a GPU-accelerated library of primitives for deep neural networks.

Download cuDNN v8.4.0 (April 1st, 2022), for CUDA 11.x

Download cuDNN v8.4.0 (April 1st, 2022), for CUDA 10.2

Download cuDNN v8.3.3 (March 18th, 2022), for CUDA 11.5

Download cuDNN v8.3.3 (March 18th, 2022), for CUDA 10.2

Download cuDNN v8.3.2 (January 10th, 2022), for CUDA 11.5

图附 1 – 12 下载 cuDNN

将下载好的 cudnn-windows-x86_64-8.4.0.27_cuda11.6-archive.zip 文件解压出来,然后将 bin、include、lib 三个文件夹复制到 CUDA 安装目录下(默认位置为:C:\Program Files\NVIDIA GPU Computing Toolkit\CUDA\v11.6)覆盖对应文件夹,则安装成功。

图附 1-13　使用 Anaconda Prompt 配置环境

4. TensorFlow 与 Keras 环境配置

打开 Windows 开始菜单,在安装程序中找到 Anaconda。Anaconda 的环境配置有 Anaconda Prompt 与 Anaconda Navigator 两种,用户可以根据使用习惯自行选择(见图附 1-13)。

1) Anaconda Prompt 安装

(1) 打开 Anaconda prompt。

(2) 可以通过调用 conda 命令创建名为 tensor 的 python 版本为 3.9 的虚拟环境:conda create —n tensor python=3.9。conda 可以理解为一个工具,也是一个可执行命令,其核心功能是包管理和环境管理。包管理与 pip 的使用方法类似,环境管理则是允许用户方便地安装不同版本的 python 环境并在不同环境之间快速地切换。

创建虚拟环境的代码如下:

```
(base) C: \Users\hcyuan> conda create - n tensor python = 3.9
```

(3) 调用 activate tensor 命令来激活虚拟环境。代码如下:

```
(base) C: \Users\hcyuan> conda activate tensor
```

(4) 调用 conda info ——envs 命令查看已有环境,如果路径前出现 tensor,表示 tensor 虚拟环境已经成功激活。代码如下:

```
(tensor) C: \Users\hcyuan> conda info - - envs
# conda environments:
base                    C: \Users\hcyuan\anaconda3
tensor              *   C: \Users\hcyuan\anaconda3\envs\tensor
```

(5) 调用 conda install tensorflow 自动安装相应的 TensorFlow 版本。代码如下:

```
(tensor) C: \Users\hcyuan> conda install tensorflow
```

（6）输入命令 python，然后输入 import tensorflow，如果没有报错，则安装成功。代码如下：

```
(tensor) C: \Users\hcyuan> python
Python 3.9.12 (main, Apr  4 2022, 05: 22: 27) [MSC v.1916 64 bit (AMD64)]:: Anaconda,
Inc. on win32
Type "help", "copyright", "credits" or "license" for more information.
> > > import tensorflow
```

2）Anaconda Navigator 安装

打开 Anaconda Navigator，选择 Environment→Create 创建新的虚拟环境，在窗口中可以为虚拟环境命名和选择 Python 的版本（见图附 1-14）。

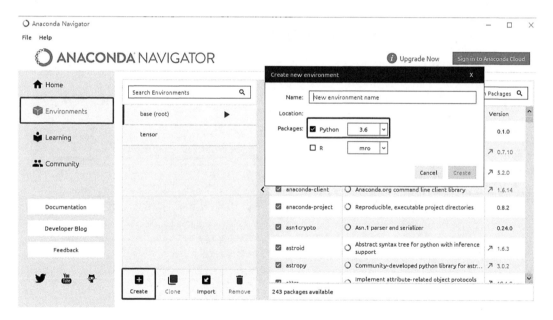

图附 1-14 新建虚拟环境

进入新建的环境，将下拉框选为 All，可以在后面的搜索栏中搜索需要安装的包，右击包名前的候选框可以选择需要安装的版本（见图附 1-15）。

图附 1-15 选择安装包

单击"Apply"可自动安装选中的包(见图附 1-16)。

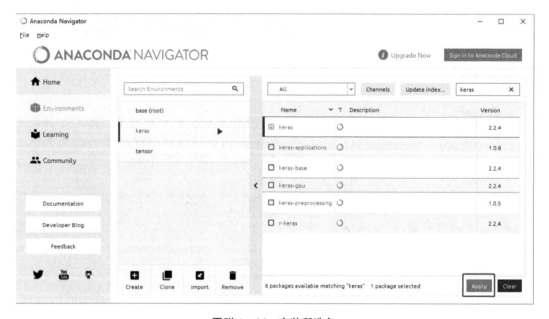

图附 1-16 安装所选包

附录 2　PyCharm 环境配置

　　PyCharm 是一款功能强大的 Python 编辑器，带有一整套可以帮助用户在使用 Python 语言开发时提高其效率的工具，比如调试、语法高亮、Project 管理、代码跳转、智能提示、自动完成、单元测试和版本控制，具有跨平台性。

　　（1）登录官方网站：http://www.jetbrains.com/pycharm/download/＃section＝windows 下载适合自己系统版本的安装包，选择自己需要的 Python 版本（见图附 2 - 1）。

Download PyCharm

Windows　　macOS　　Linux

Professional

For both Scientific and Web Python development. With HTML, JS, and SQL support.

[Download]

Free 30-day trial available

Community

For pure Python development

[Download]

Free, built on open-source

Version: 2022.1.3
Build: 221.5921.27
22 June 2022

System requirements

Installation instructions

Other versions

Third-party software

 Get the Toolbox App to download PyCharm and its future updates with ease

图附 2 - 1　PyCharm 下载界面

　　（2）双击已下载的 PyCharm 安装包，出现如图附 2 - 2 所示的界面，单击"next"。

图附 2-2　PyCharm 安装界面

（3）选择安装目录，然后单击"Next"（见图附 2-3）。

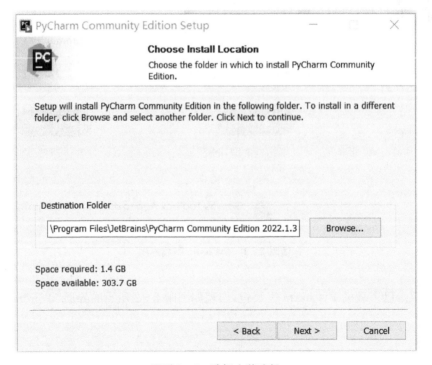

图附 2-3　选择安装路径

（4）进入安装选项界面，对创建桌面快捷方式、更新路径变量、更新上下文菜单、创建关联等进行选择，然后单击"Next"（见图附 2－4）。

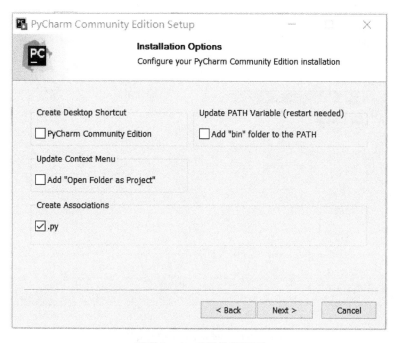

图附 2－4　安装选择界面

（5）选择开始菜单文件夹，然后单击"Install"（见图附 2－5）。

图附 2－5　选择菜单夹界面

（6）正在安装 PyCharm（见图附 2 - 6）。

图附 2 - 6　**PyCharm 正在安装界面**

（7）PyCharm 安装完成（见图附 2 - 7）。

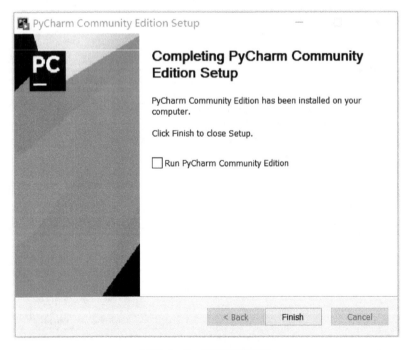

图附 2 - 7　**安装完成界面**